एक देश बारह दुनिया

शिरीष खरे

राजपाल

स्थापित 1912
100 वर्षों की
श्रेष्ठ प्रकाशन परम्परा
राजपाल

₹ 350

ISBN : 9789389373608
पहला संस्करण : 2021, पाँचवाँ संस्करण : 2026

EK DESH BARAH DUNIYA (Reportage)
by Shirish Khare
मुद्रक : जी.एस. ऑफसेट, दिल्ली

राजपाल एण्ड सन्ज़
1590, मदरसा रोड, कश्मीरी गेट, दिल्ली-110006
फोन : 011-23869812, 23865483, 23867791
website : www.rajpalpublishing.com
e-mail : sales@rajpalpublishing.com
www.facebook.com/rajpalandsons

मेरे दोस्त पीडी की सुखद स्मृतियों के लिए
जो बीच सफ़र में साथ छोड़ गया
जिसे आज भी मैं इसी नाम से जानता और याद करता हूँ

क्रम

प्रस्तावना

इस पुस्तक में भारत की वह तस्वीर उभरती है जो अक्सर छिपाई जाती है। इसमें देश के उपेक्षित लोगों की ऐसी आवाज़ों को शामिल किया गया है जिन्हें अमूमन अनसुना और अनदेखा किया जाता है; उन समुदायों के किस्से हैं जिन्हें कभी विकास, कभी आधुनिकता तो कभी परिवर्तन के नाम पर और अधिक हाशिये पर धकेल दिया गया है। दरअसल, यह एक-दूसरे से बहुत दूर की दुनियाओं में रहने वाले वंचितों के दुख, तकलीफ़, संघर्ष, प्यार, उनकी ख़ुशियों और उम्मीदों का अलग-अलग यथार्थ है जिसे देख ताज्जुब होता है कि क्या यह एक ही देश है!

इस पुस्तक में कुल बारह रिपोर्ताज़ पर आधारित दस्तावेज़ हैं। 2008 से 2017 तक पत्रकारिता के दौरान देश के दुर्गम भूखंडों में होने वाले दमन-चक्र का लेखा-जोखा और दस्तावेज़ीकरण का अवसर मिला। यह 'न्यूज़ स्टोरीज़' उसी का नतीज़ा है। पिछले कुछ वर्षों में हमारे शहरों और दूरदराज के गाँवों के बीच भौतिक अवरोध तेज़ी से मिट रहा है, लेकिन सच्चाई यह है कि उतनी ही तेज़ी से एक सामान्य चेतना में गाँव और गरीबों के लिए जगह सिकुड़ती जा रही है। जब सांख्यिकी आँकड़ों के विशाल ढेर में छिपे आम भारतीयों के असल चेहरे नज़र नहीं आ रहे हैं तब मैंने *एक देश बारह दुनिया* के सहारे भारत की आत्मा कहे जाने वाले गाँवों के अनुभवों को यहाँ साझा करने की कोशिश की है। मैंने सपाट सूचनाओं के सहारे विश्वसनीय विवरणों के साथ गहराई में उतरने और लोगों के अनुभवों का दस्तावेज़ बनाने की कोशिश की है। कई बार किसी इन्सान से जुड़ी किसी घटना के बारे में समाचारों में कुछ नहीं कहा जाता है, जबकि उसे कहने की सबसे अधिक ज़रूरत होती है। इसलिए जिन लोगों की सच्ची कहानियों ने सालों तक मेरे मन में बहुत अधिक जिज्ञासा पैदा की, उन्हें मैंने फिर नए सिरे से समझने और उन पर पूरी ईमानदारी से लिखने की कोशिश की है। यहाँ तक कि अधिकाँश पात्र और स्थानों के नामों को भी ज्यों-का-त्यों रखा है।

'न्यू इंडिया' की भ्रांतियों के बीच भारतीय गाँवों की असल तस्वीर दिखाने

की मेरी यह कोशिश है। इस बीच मुझे हर समय यह लगता रहा है खासकर पिछले कुछ वर्षों से; जब चरमपंथी विविधता के विभिन्न रूपों पर निशाना साधकर भय और नफ़रत को हवा दे रहे हैं तो इसका सबसे ज़्यादा नुकसान पंक्ति में खड़े गाँधी के आखिरी आदमी को ही भुगतना पड़ेगा। ऐसे में मैंने मानवीय सरोकारों पर आधारित अपनी पुस्तक में दबे-सताए लोगों की आवाज़ बनने की कोशिश की है। मुझे उम्मीद है कि ऐसा लेखन आम लोगों को मूलभूत मुद्दों के प्रति सजग और संवेदनशील बनाएगा।

अब जब पीछे मुड़कर देखता हूँ तो यह सोचकर अच्छा लगता है कि साल-दर-साल इन बारह तरह की दुनियाओं को नापने के लिए मैं राजमार्गों को छोड़ धूल-धक्कड़ में कई हज़ार किलोमीटर पगडंडियों पर यात्रा करने के बाद पहुँचा और यात्रा भी मैंने सस्ते और सार्वजनिक साधनों से की। इस दौरान महाराष्ट्र, गुजरात, मध्यप्रदेश, छत्तीसगढ़, तेलंगाना, कर्नाटक, बुंदेलखंड और राजस्थान के थार तथा कई जनजातीय अँचलों में स्थानीय लोगों के साथ लंबा समय बिताने का मौका मिला। वहीं, भिन्न-भिन्न बोली और भाषाएँ बोलने वाले लोगों के साथ संवाद स्थापित करना अपनेआप में एक अनूठा अनुभव रहा। हर जगह मेरी कोशिश यही रही कि समकालीन भारत की बेचैनी और विकट परिस्थितियों को सामूहिक चेतना का हिस्सा बना सकूँ। हर एक दुनिया के अधिक से अधिक भीतर घुस सकूँ और वहाँ के सामाजिक, सांस्कृतिक तथा राजनीतिक संकटों की परतों को खोल सकूँ।

सांगली, महाराष्ट्र
अगस्त, 2020

—शिरीष खरे

वह कल मर गया

मेलघाट, महाराष्ट्र

"वह कल मर गया, तीन महीने भी नहीं जिया।"

एक माँ के मुँह से सपाट लहज़े में अपने मासूम बच्चे की मौत की ख़बर सुन मैं भीतर तक हिल गया। अब अपने किए गए सवाल पर शर्मिन्दा हूँ, जिसे दोहरा नहीं सकता हूँ। वह बार-बार पानी के लिए पूछ रही है और मैं हूँ कि ख़ुद 'पानी-पानी' हूँ।

"अब लौटा जाए," कालूराम नहीं बोलता तो मुझे एहसास ही नहीं होता कि मैं यहाँ कितनी देर से बैठा हूँ। फिर हम दोनों उस जगह और स्थिति से उठकर चले आए जिसका सामना करने के लिए तैयार नहीं थे। कालूराम मुझे अपनी मोटरसाइकिल से उस वीरान जंगल के गाँव-गाँव, घाट-घाट और घर-घर घुमा रहा था और मैं उसके पीछे बैठकर सुबह साढ़े छह बजे से अब तक डेढ़ सौ किलोमीटर से कहीं ज़्यादा इलाका घूम चुका था।

हम दोनों कुपोषण की कहानियाँ तलाश रहे थे। इस दौरान हमें बताया गया था कि कई दिनों से एक बच्चा बहुत बीमार है। भूख से सूख-सा गया है। बावजूद इसके, मुझे ऐसी किसी परिस्थिति का अंदाज़ा इसलिए नहीं था कि इससे पहले मैं कई कमज़ोर माँओं और बच्चों को देखने की तकलीफ़ को झेल चुका था, या यूँ कहूँ कि आदी हो चुका था। मैं इस बात से वाकिफ़ था कि भूख किसी के साथ भेदभाव नहीं करती। जानता था कि वह सबका पेट बराबर जलाती है और इस पेट की आग को बुझाने लायक ज़रूरी अनाज सबके हिस्से में नहीं होता।

लेकिन, ताज़ा दृश्य मेरे सब्र की इंतिहा थी। मैंने भूख के निर्मम रूप को इससे पहले इतने क़रीब से कभी कहीं नहीं देखा था।

महाराष्ट्र सरकार के पर्यटन विभाग ने बाघ का फ़ोटो दिखाकर जिन हरी-भरी, सुंदर पहाड़ियों को राज्य के सबसे सुंदर स्थलों में से एक बताया था, अंदाज़ा नहीं था कि यहाँ की माताएँ इस हद तक भूखी होंगी कि भूख से बिलबिलाकर दम

तोड़ने वाले अपने नवजातों को बस देखती रह जाएँगी! यह मेरी कल्पना से परे था कि भला कोई माँ इस तरह सपाट लहज़े में अपने बच्चे की मौत की ख़बर सुना सकती है! मेरे लिए यह सबसे हैरान और परेशान करने वाली बात थी।

यह है 13 नवंबर, 2008 की ढलती हुई दोपहर। मेलघाट में यह मेरा चौथा और आख़िरी दिन है। यदि मेलघाट की चिखलदरा को केंद्र मानें तो तीन सहयात्रियों के साथ एक जीप और दो अलग-अलग मोटरसाइकिलों से चार दिशाओं की ओर मैं अब तक छह सौ किलोमीटर का इलाका घूम चुका हूँ, यानी हर दिन एक अलग दिशा में औसतन डेढ़ सौ किलोमीटर। इस तरह, कुल तेरह गाँवों के विवरण जमा कर चुका हूँ।

चिखलदरा से सवा सौ किलोमीटर दूर यह मेरी मेलघाट यात्रा के आख़िरी गाँव का आख़िरी घर है, लेकिन मैंने तय किया है कि इस घर का नाम मैं छिपा लूँगा। उस औरत का नाम और उम्र भी छिपा लूँगा, जिससे मिलकर अभी-अभी लौट रहा हूँ। अब मैं शायद ही उसके घर लौटूँ, पीछे मुड़कर देखता हूँ तो उसका घर कोरकू जनजाति के बाकी घरों जैसा ही है, पर इतना छोटा है कि उस घर में तीन-चार लोग भी पैर पसारकर नहीं बैठ पाएँगे। घर के नाम पर माटी, घास और कमज़ोर लकड़ियों की चारदीवारी के बूते खड़ी पतरी की छत तो है, लेकिन उसके अंदर भयावह खालीपन पसरा है।

कालूराम नहीं बताता तो मुझे पता ही नहीं चलता कि असल में इससे पहले उस औरत के दो और बच्चों ने भूख से बिलबिलाकर इसी तरह दम तोड़ा है।

मैं हूँ देश की आर्थिक राजधानी मुंबई से उत्तर-पश्चिम की तरफ़ कोई सात सौ किलोमीटर दूर, ''पर मैं हूँ कौन-सी दुनिया में भाई!''

''मेलघाट, बच्चों की मौत के घाट पर!'' कालूराम उत्तर देता है, जो मूलतः उसका उत्तर भी नहीं है। बीते अठारह सालों में भूख से बच्चों की हज़ारों मौतों के बाद यह यहाँ एक आम उत्तर है।

कालूराम बेलसरे, जो चिखलदरा में पहली बार मिला तो महज़ एक सामाजिक कार्यकर्ता की हैसियत से। लेकिन आज मेलघाट यात्रा के इस आख़िरी छोर पर अनायास ही मेरा दोस्त बन गया है। वह मेरी मेलघाट यात्रा का तीसरा सहयात्री है।

''तुम आज इस हकीकत से सामना नहीं कराते तो भी मैं शायद पत्रकार ही रहता, जो इस गुमान में ही जी रहा होता कि किसी पत्रकार के लिए हत्या की धमकी ही सबसे बड़ी चुनौती हो सकती है। मैं कभी यह जान ही नहीं पाता कि इस तरह की तकलीफ़ को झेलने का जज़्बा कायम रखना एक पत्रकार के लिए

उससे भी बड़ी चुनौती हो सकती है।'' मुंबई लौटने से पहले मैंने कुछ इसी तरह की बातें कालूराम से कहीं। लेकिन वह कुछ नहीं बोला।

मोटरसाइकिल पर पीछे बैठा मैं उसे नहीं देख सकता था, इसलिए यह ध्यान नहीं दे पाया कि किस तरह वह एक कमज़ोर और ऊबड़-खाबड़ ढलान की सुनसान सड़क पर सावधानी से मोटरसाइकिल चला रहा है। फिर भी मैंने अंत में उससे यह तो कहा ही, ''अच्छा हुआ जो तुमने मुझे वहाँ से लौटने के लिए कहा।''

ट्रेन की सामान्य गति से मैं मुंबई लौट रहा हूँ। नागपुर से सीएसटी (छत्रपति शिवाजी टर्मिनल), मुंबई की ओर जाने वाली 12106 विदर्भ एक्सप्रेस से। सोच रहा हूँ कि छोटी जगहों पर रहकर काम करने वाले पत्रकार कितने मज़बूत दिल के होते होंगे, जो इस तरह की बुरी-से-बुरी स्थितियों के बावजूद हर समय रिपोर्ट लिखने और भेजने को तत्पर रहते हैं। सच, दर्द को लगातार झेलते हुए लिखना आसान काम नहीं है और ऐसी जगहों के कई पत्रकार इस ज़िम्मेदारी को अपनी-अपनी भाषाओं में बखूबी निभा रहे हैं। लेकिन, जो मुझे जानते हैं उन्हें यह पता है कि ज़ख़्मों को खुला रखना और नए ज़ख़्मों के लिए जगह देकर लिखना, मूलतः मेरा स्वभाव नहीं है।

आधी रात जलगाँव रेलवे स्टेशन पार करते सोच रहा हूँ कि आगे किस तरह की रिपोर्टिंग करूँ, या फिर पत्रकारिता का मोह ही छोड़ दूँ! बडनेरा से रात आठ बजे इस सेकेंड क्लास एसी कोच की अपर सीट पर लेटा हूँ। कुल ग्यारह घंटे के सफ़र का हिसाब लगाते हुए यही सोच रहा हूँ कि गाड़ी समय पर दौड़ती रही तो सुबह सात बजे तक पक्के तौर पर महानगर की सर्वभक्षी दुनिया में लौट जाऊँगा। लेकिन, क्या मेलघाट में बिताए उन चार दिनों की घटनाओं, घाटियों, लोगों और दृश्यों से कभी लौट पाऊँगा, जो बार-बार याद आ रहे हैं! साढ़े तीन घंटों में कंबल को सिर तक ढँककर मेरी तरह ही मुंबई लौट रहे बाकी लोगों की आवाज़ों और चेहरों से कट गया हूँ।

'गाड़ी बीस मिनट लेट है,' की सूचना देने वाली बुज़ुर्गिया आवाज़ को छोड़ दें तो मैं बीते कुछ घंटों से अपने ख़यालों में ऐसा तल्लीन हूँ कि ट्रेन की खटर, खटर, खटर की आवाज़ के समानांतर ढोल, मोटरसाइकिल, आटा-चक्की की अलग-अलग ध्वनियाँ और कुछ अस्थिर चेहरे साथ दिखाई दे रहे हैं। और जल्द ही एक लयबद्ध गीत की आवाज़ ने बाकी आवाज़ों को शांत कर दिया है। यह गीत नहीं मंगल-गीत है, जिसकी धुन के पीछें से मुझे अब खतरे की गूँज सुनाई

दे रही है, जो तब नहीं सुनाई दे रही थी जब इसे पहली बार सुना था। और फिर मैं अपनी आँखें बंद कर लेता हूँ। यहाँ से फिर शुरू होती है मेरी मेलघाट यात्रा...

एक लाल मढ़िया के नज़दीक पचास-साठ औरतें इकट्ठी हैं, लेकिन दूर से हमारा सबसे ज़्यादा ध्यान यदि किसी ने खींचा है तो मढ़िया से सटे एक विशाल, हरे-भरे वृक्ष ने। पीछे कतारबद्ध झोपड़ियाँ हैं और उनके पीछे हरित पहाड़ियाँ, बीच में स्थित हैं शांत, खुले मैदान और पगडंडियाँ। यह दृश्य देखकर लगता है कि जैसे एक छोटी-सी दुनिया उस वृक्ष के नीचे आकर सिमट गई हो। पास आने पर औरतों के गीतों के बोल और ज़्यादा स्पष्ट होते जाते हैं। यहाँ एक भी मर्द नज़र नहीं आता। थोड़ी दूरी पर बारह से पंद्रह साल के कुछ बच्चे बड़े-बड़े पत्तलों में ज़रूर दाल-भात खा रहे हैं।

"अलग-अलग तीज पर अलग-अलग गीत गाए जाते हैं। शिकार, जुदाई, पूजन के गीत अलग और सगाई-विवाह के अलग। विवाह के गीतों में महिलाएँ दूल्हा-दुल्हन बनकर आपस में बतियाती और नाचती-गाती हैं। मगर, अभी हम जो गीत गा रहे हैं, यह विवाह के बाद का है। यह 'सिरिंज' है।"

मंगल-गीतों को यहाँ 'सिरिंज' कहा जाता है। ये सारी बातें हमें मानुबाई नाम की बुज़ुर्ग महिला बता रही हैं। हमारे करीब एक विवाहित जोड़ा खड़ा है और लड़के वालों की ओर से कोरकू महिलाएँ मंगल-गीत गा रही हैं। ये सभी दूल्हा-दुल्हन को खुश रहने के लिए आशीर्वाद दे रही हैं। हम भी उन्हें बधाई और शुभकामनाएँ देकर जीप में बैठे और आगे की ओर बढ़ गए।

आगे मतलब महाराष्ट्र में विदर्भ अंचल के हिल-स्टेशन चिखलदरा की ओर, जो अमरावती ज़िले का एक विकासखंड है और 'एमटीआर' यानी मेलघाट बाघ संरक्षण क्षेत्र का बहुत सुंदर कस्बा है। यहाँ मेरे लिए एक होटल में अगली तीन रातों के लिए ठहरने का बंदोबस्त किया गया है। मोठा गाँव पार करने के बाद चिखलदरा महज़ चार-पाँच किलोमीटर दूर है। अब तक लगातार तेरह घंटे से ज़्यादा की यात्रा कर चुका हूँ। पहले ग्यारह घंटे मुंबई से बडनेरा तक की रेल-यात्रा की और उसके फ़ौरन बाद सड़क मार्ग पर एक जीप द्वारा सवा दो घंटे में कोई 90 किलोमीटर की पहाड़ियाँ पार कर चुका हूँ। बीते दो घंटे की ताज़ा यात्रा ने लंबी, थकाऊ और उबाऊ रेल-यात्रा को पीछे छोड़ दिया है। इसकी एक वजह तो यह है कि सुबह छह बजे बडनेरा से चिखलदरा की ओर हर तरफ़ नज़ारा पहले देखा हुआ-सा लग रहा है।

ऐसा इसलिए कि मेलघाट सतपुड़ा पर्वतमाला का दक्षिण-पश्चिम सिरा

है। यह उत्तर-पूर्व की ओर मध्यप्रदेश की सीमा से सटा है। इसके दूसरे छोर पर है मध्यप्रदेश में स्थित पचमढ़ी हिल-स्टेशन, जहाँ सिर्फ़ घूमने के मकसद से दो-तीन बार जा चुका हूँ।

हालाँकि, मेलघाट की यह मेरी पहली यात्रा है और इस यात्रा के पहले सहयात्री हैं—संजय इंग्ले। इन्होंने कोई पंद्रह साल पहले इस इलाके में कुपोषण से लड़ने के लिए 'प्रेम' नाम से युवकों का एक दल बनाया और तब से ही भूख के खिलाफ़ अभियान में सक्रिय हैं।

हालाँकि, मैं देख रहा हूँ कि वह एक कुशल जीप चालक भी हैं। उन्हें देखकर ही लग रहा है कि वह यहाँ की खाइयों और पहाड़ियों के बीच संकरी, घुमावदार सड़कों पर संतुलन साधते हुए जीप दौड़ाने के अभ्यस्त हैं।

इधर, बीच-बीच में देर तक आकाश की ओर देखता हूँ तो वह कुछ ज़्यादा ही खुला दिखाई दे रहा है। यह देख मुझे ध्यान आता है कि मुंबई में छह महीने रहते हुए मैंने देखने के मकसद से न सुबह में सूरज देखा और न रात में चाँद। मुझे याद नहीं आया कि मैंने वहाँ सिर्फ़ खुले आसमान को देखने के मकसद से आकाश की ओर कब देखा था!

डेढ़ घंटे में कोई सत्तर किलोमीटर की यात्रा करके हम परतवाड़ा नामक एक छोटे कस्बे में पहुँचते हैं। इस रास्ते पर यह चाय, स्वल्पाहार के लिए ठीक ठिकाना है। साथ ही मैंने मेलघाट की गुलाबी सर्दी से बचने के लिए यहीं की एक दुकान से स्वेटर भी खरीदा है। नवंबर के दूसरे हफ़्ते में यहाँ तापमान पंद्रह डिग्री सेल्सियस तक गिर जाता है। इन्हीं दिनों मुंबई का न्यूनतम तापमान चौबीस डिग्री सेल्सियस के इर्द-गिर्द रहता है।

"अब यहाँ से बस चालीस किलोमीटर दूर है चिखलदरा। विदर्भ की सबसे ऊँची चोटी की ओर ले जा रहा हूँ आपको!" जीप पर दोबारा सवार होने से पहले यह सूचना संजय इंग्ले ने दी है। लेकिन, सच्चाई तो यह है कि मेलघाट में छोटे बच्चों की मौत के आँकड़े यहाँ की पहाड़ियों से कहीं ऊँचे होते जा रहे हैं।

वर्ष 1991 से अब तक यहाँ 10,762 बच्चों की मौत हो चुकी है। यह महाराष्ट्र सरकार का आँकड़ा है। सरकार मौतों का आँकड़ा मानने को तैयार है, बस इस बात पर राज़ी नहीं कि ये सभी मौतें भूख से हुई हैं। मेरे पास साल-दर-साल सरकारी आँकड़ों का हिसाब है, उसके मुताबिक मेलघाट में हर साल छह साल तक के औसतन छह सौ से ज़्यादा बच्चों की मौत हो रही है। मेलघाट का क्षेत्रफल दो हज़ार वर्ग किलोमीटर से ज़्यादा है, जो मुंबई के क्षेत्रफल का तीन

गुना है। मेलघाट की कुल तीन लाख आबादी के अनुपात में यहाँ हर साल कम उम्र के इतने सारे बच्चों की असमय मौतें 'राष्ट्रीय शर्म' की बात होनी चाहिए, लेकिन ऐसा है नहीं।

वर्ष 1991 में पहली बार यहाँ भूख से बच्चों के मरने की सूचनाएँ सामने आई थीं। मैंने यहाँ आने से पहले कुछ जानकारियाँ जुटाईं तो पता चला कि वर्ष 1991 में पूर्व राष्ट्रपति प्रतिभा पाटिल अमरावती लोकसभा क्षेत्र से चुनाव जीतकर संसद पहुँची थीं। शरद पवार तब महाराष्ट्र के मुख्यमंत्री थे। समय के इस अंतराल में विदर्भ को देशभर में किसानों की आत्महत्या वाले इलाके के तौर पर जाना जाने लगा।

दूसरी तरफ़, मेलघाट इलाके की इन पहाड़ियों में भूख से हो रही बच्चों की मौतों को लेकर न जाने क्यों खामोशी पसरी रही।

एक लंबी खामोशी के साथ हम जंगल के भीतर से एक कस्बे में प्रवेश करते हैं। मेलघाट के भीतर यह चिखलदरा है, एक कस्बाई क्षेत्र, जो बुनियादी सुख-सुविधाओं के लिहाज़ से बाकी कस्बों जैसा ही है। लेकिन शांत, व्यवस्थित, अनुशासित और हरियाली की चादर ओढ़े देश के सामान्य कस्बों से बहुत अलग भी है। करीब साढ़े चार हज़ार की आबादी वाले इस कस्बे के आस-पास पहाड़ियों पर सूर्योदय और सूर्यास्त का अवलोकन करने की दर्जन भर सुंदर जगहों के अलावा यहाँ कई झीलें और झरने हैं, जिन्हें देखने देश और दुनिया से लोग चिखलदरा के होटलों में ठहरते हैं।

ऐसे ही एक होटल के कमरे में मुझे ठहराया गया है। सोचता हूँ कि बीते छह सालों से अनगिनत रेल के डिब्बों और होटल के कमरों में पनाह ली, जहाँ सैकड़ों रिपोर्ट तैयार कीं और साथ ही खुद के बारे में सोचा और फिर वहीं-के-वहीं उन्हें भूलता और जगह बदलता गया। सोचता हूँ कि चिखलदरा का यह कमरा बाकी होटल के कमरों से थोड़ा बड़ा है, लेकिन इतने बड़े कमरे की ज़रूरत क्या थी! फिर मैं अपनी निम्न-मध्यमवर्गीय उस आदत के बारे में सोचता हूँ तो खुद पर हँसता हूँ, जो अक्सर मुझसे पूछती रहती है कि यदि ऑफ़िस में एक छोटी जगह पर लिखा-पढ़ी का काम चल सकता है तो इतनी ज़्यादा जगह घेरने की ज़रूरत क्या है। रेल के स्लीपर में सीट मिल सकती है तो सेकेंड क्लास एसी से चलने की ज़रूरत क्या है और जब सिंगल बेड पर ही अकेला सोया जा सकता है तो इस वक्त इस डबल बेड की ज़रूरत क्या है!

यही सब सोचते हुए जब मैं टीवी के चैनल बदल रहा हूँ तो डीडी न्यूज़

पर ठहरकर सुखद आश्चर्य से लगभग उछल पड़ता हूँ। किसी ख़बर के मारे नहीं, बल्कि ख़बरों को बताने वाली एंकर को देखकर। यह नीतू सिंह है। कई सालों से मैंने न न्यूज़ चैनल देखा है और न नीतू सिंह को। और आज देख रहा हूँ तो मेलघाट के इस कमरे में टीवी पर। नीतू सिंह और चित्रा अग्रवाल दोनों भोपाल से पत्रकारिता की पढ़ाई पूरी करने के बाद नौकरी की तलाश में दिल्ली पहुँची थीं। उन्हीं दिनों आगरा शहर की ये दोनों लड़कियाँ आख़िरी बार नोएडा स्थित *सहारा समय* कार्यालय के मुख्य गेट पर मिली थीं, फ़िलहाल दोनों ही डीडी न्यूज़ में हैं और मैं ग्राम मदनपुर का लड़का वाया मुंबई मेलघाट के इन जंगलों में कहानियाँ तलाशने आया हूँ।

मेरे पास नीतू सिंह का मोबाइल नंबर होता तो पक्का बात करता। लेकिन, वर्ष 2002 में मोबाइल मुझ जैसे बेरोज़गार के हाथ नहीं आया था और तब से याद नहीं आ रहा है कि ऐसे ही दिल्ली जाने वाले कितने सारे दोस्तों से आख़िरी बार कब-कब बातें हुईं! कभी बेकारी और कभी खाली समय में कुछ यादें ख़ुद-ब-ख़ुद आती हैं, दोस्त याद आते हैं। जैसे उन्हीं दिनों मेरे साथ एक बार भोपाल एक्सप्रेस से दिल्ली जाने वाले दो और दोस्त अनवर माजिद और अनुराग द्वारी याद आते हैं। संघर्ष के छह सालों में अनवर माजिद *दैनिक भास्कर*, दिल्ली और अनुराग द्वारी *एनडीटीवी*, मुंबई में कार्यरत हैं।

खैर, आज आधा दिन शेष है, चाहूँ तो कोई तीस किलोमीटर का इलाका घूम सकता हूँ, लेकिन नहीं। बतौर रिपोर्टर मुझे लगता है कि रिपोर्टिंग के लिए जाने से पहले जितना हो सके उतना सोया जाए, जिससे लंबी यात्रा की थकान कम हो जाए और अगले दिन एक बार में ही कोई सौ किलोमीटर से अधिक घूमा जा सके। लिहाज़ा, नहाने, दोपहर के भोजन और रिपोर्टिंग की पूर्व तैयारी के बाद बाकी दिन और पूरी रात सोने की तैयारी है। इस उम्मीद से कि अगली सुबह मेरी ज़िन्दगी की एक नई सुबह होगी।

~

और वाकई यह मेरी ज़िन्दगी की नई सुबह है! सूर्योदय का इतना सुंदर दृश्य मैंने ज़िन्दगी में पहले कभी नहीं देखा। बचपन में अपने गाँव में भी नहीं। समुद्र तल से करीब ग्यारह सौ मीटर की ऊँचाई पर स्थित मेलघाट में घाटों के सुंदर मेल और पक्षियों के कोलाहल के बीच धरती के इतने निकट से सूर्य का दर्शन

कभी नहीं किया था। पहाड़ी और खाई के इस ओर बसाहट के बीच मुंबई की भागमभाग से दूर यह सुबह मेरे लिए राहत लेकर आई है।

यह सब संभव हो सका मेलघाट की यात्रा के दूसरे सहयात्री और संजय इंग्ले की टीम के साथी सूरज शेडलीवार की बदौलत। जिसके साथ यदि तड़के चार बजे ही मोटरसाइकिल पर बैठकर चिखलदरा से कोई एक सौ दस किलोमीटर का फ़ासला सवा तीन घंटे में पूरा नहीं कर पाता तो सलीता गाँव में सूरज देखना नसीब नहीं होता।

आदि-प्रजाति कोरकू बहुल सलीता गाँव में हर रोज़ ऐसी ही सुबह होती है! कोई साठ घर और साढ़े तीन सौ की आबादी वाले सलीता गाँव में हमारी पहली मुलाकात होती है झोपड़ी के बाहर छोटे आँगन में बैठीं एक बूढ़ी अम्मा से। इन्होंने सुबह जल्दी उठकर भी सूरज की ओर नहीं देखा। अक्सर जल्दी उठने के बावजूद इन्होंने कई महीनों से सूरज की ओर नहीं देखा। वजह, इनकी आँखों की रोशनी करीब-करीब गायब हो चुकी है। अब पहले की तरह सब कुछ दिखाई देने लगे, यही इनका सपना है। जल्द ही यदि इलाज नहीं कराया गया तो इनकी ज़िन्दगी में उजाले की गुंजाइश नहीं बचेगी। फिर भी, इन्हें अंधे होने से कहीं ज़्यादा फ़िक्र है अपने बेटे के लौट आने की। कहती हैं, ''बेटा घर जल्द लौटे, बस यही चाहती हूँ।''

यहाँ के कई जवान बेटे, बहू अपने परिवार के बुज़ुर्ग और छोटे बच्चों को यहीं छोड़कर काम की तलाश में अमरावती और दूर-दराज के मैदानी इलाकों की ओर चले जाते हैं। दरअसल, संघर्ष ही यहाँ ईमानदारी की एकमात्र परिभाषा है। संघर्ष, पूरी ईमानदारी से जंगल में जीने का। संघर्ष, पूरी ईमानदारी से मैदानी इलाकों में काम तलाशने का।

संघर्ष की इसी ज़मीन पर हमें सरिता (परिवर्तित नाम) की बच्ची मिलती है, जिसकी उम्र महज़ सत्रह महीने है। उसका शरीर कमज़ोर होकर सूख-सा गया है। लोगों की सुनें तो इसे 'सूखी' हो गया है। 'सूखी' यानी कुपोषण की स्थिति, जिससे यहाँ के लोग सबसे ज़्यादा डरते हैं, क्योंकि यह बच्चों को मौत के घाट उतार देती है। गाँववाले बताते हैं कि सलीता के उप-प्राथमिक स्वास्थ्य केंद्र में इलाज की व्यवस्था पहले से ज़्यादा खराब हो गई है। कारण है कि पाँच साल पहले यहाँ एक बच्ची मर गई थी, इसलिए आपातकालीन मरीज़ यहाँ से पंद्रह किलोमीटर दूर हतरु गाँव के प्राथमिक स्वास्थ्य केंद्र भेजे जाते हैं।

जब हमारे पास मोटरसाईकिल है तो पंद्रह किलोमीटर की दूरी ज़्यादा नहीं

लगती, यहाँ से हम हतरु पहुँचते हैं, जो डेढ़ हज़ार आबादी वाला थोड़ा बड़ा गाँव है। यहाँ हमारी मुलाकात गाँव के सरपंच केण्डे सावलकर से होती है, जिनसे चाय-नाश्ते की एक दुकान पर लंबी चर्चा होती है। मिर्च-पकोड़ा और चाय पीकर हम अपनी भूख मिटाते हैं। सावलकर हमें बताते हैं, "यहाँ के अस्पताल में आपातकाल की स्थिति में इलाज की विशेष व्यवस्था नहीं है। ऐसे मरीज़ और साठ किलोमीटर दूर धारणी के बड़े सरकारी अस्पताल पहुँचाए जाते हैं।"

एक पल के लिए मेरे मन में ख़याल आया कि क्या मेलघाट के नज़ारे तभी तक सुंदर हैं जब तक कि आप बीमार नहीं होते। एक बार यदि तबीयत ज़्यादा बिगड़ी तो 70 किलोमीटर भागने के बाद भी कोई गांरटी नहीं कि आप सही-सलामत इन जंगलों से बाहर निकल पाएँ! यह एक पहाड़ी जंगल है, जहाँ हर छोटी ज़रूरत से लेकर अपनी जान बचाने तक के लिए आदिवासियों को मीलों लंबा सफ़र करना पड़ता है, बगैर किसी मोटरसाइकिल के, पैदल।

यहाँ के बच्चों के लिए पेट भर भोजन और इलाज के लिए उचित दवाइयाँ कब हासिल होंगी? यह इस पूरे इलाके के लिए एक अनुत्तरित प्रश्न है। इसी उत्तर की तलाश में मैंने और सूरज ने दिनभर में हतरु के आस-पास स्थित सुमिता और सिमोरी जैसे चार-पाँच गाँव घूम डाले। इसके बाद मेरे मन में एक कल्पना जागी, कल्पना भी कोई छोटी-सी नहीं, महाराष्ट्र के मुख्यमंत्री से मोबाइल पर बातचीत की। कल्पना में सोचता हूँ कि 'मुख्यमंत्री विलासराव देशमुख मुझसे यदि पूछें कि संक्षेप में बताओ कि तुमने दिनभर में क्या देखा तो मैं उनसे क्या कहूँगा!'

मैं यही सोच रहा होता हूँ कि मुख्यमंत्रीजी का कॉल आ जाता है। वे वही पूछते हैं जो मैंने सोच रखा था। मैं शुरू हो जाता हूँ, "सर, मेलघाट की कहानियाँ बताती हैं कि बच्चों की मौतों की बड़ी वजह है भूख। दूसरी ओर भूख से निपटने की सरकारी व्यवस्था कई बार बड़ी बाधा बन रही है। ऐसा इसलिए कि इसे एहसास नहीं है कि भूख क्या होती है! भोजन करने की इच्छा भूख का एहसास तो कराती है, लेकिन मेलघाट में कोई बच्चा भूख से एक दिन में तो मरा नहीं। जैसा कि होता है कि हाइपोथैल्यस के हार्मोन छोड़ने से भूख बढ़ती गई होगी, अंतड़ियों में मरोड़ बढ़ती गई होगी। कई दिनों तक ज़्यादा भूखा रहने के कारण तब कहीं जाकर भुखमरी की नौबत आई होगी और बच्चे का शरीर कंकाल बना होगा।"

यह कहते-कहते मुझे लगा कि मैं अकेले ही बोले जा रहा हूँ। तभी दूसरी

ओर से अचानक जयकारे सुनाई देते हैं और मोबाइल कट जाता है। मुझे लगा कि नेटवर्क न होने के कारण मोबाइल कॉल कट गया होगा, लेकिन बार-बार घंटी जाने के बावजूद वे मोबाइल नहीं उठाते।

आगे बात होती तो बताता कि भूख से होने वाली हर बच्चे की मौत पर लगाम कसने के लिए व्यवस्था के पास पर्याप्त समय था और है। इसके बावजूद मेलघाट में सालों से बच्चों की मौत का सिलसिला नहीं थमा तो इसकी एक वजह तो यही है कि गाँव-गाँव में सार्वजनिक वितरण प्रणाली के तहत किसी परिवार को आठ-दस महीनों से तो किसी परिवार को दो-दो सालों से अनाज नहीं मिल रहा है। लेकिन, उनकी व्यस्तता ने मुझे कल्पनाओं से फिर संघर्ष की ज़मीन की ओर धकेल दिया और मैं फिर लोगों से संवाद करने लगता हूँ—

"आपके पास कितनी ज़मीन है?"

"मेरे पास कोई ज़मीन नहीं है!"

भगनू (परिवर्तित नाम) के इस एक पंक्ति के उत्तर में मेलघाट की हकीकत बयां होती है। दरअसल, भूख की जड़ में गरीबी और बेकारी है। मेलघाट भारत के सबसे निर्धन अंचलों में से है। भारत सरकार के आँकड़े बताते हैं कि यहाँ बावन प्रतिशत परिवार गरीबी रेखा के नीचे हैं। सुमिता गाँव के भगनू की तरह ज़्यादातर लोग भूमिहीन हैं। वहीं, पूरे मेलघाट को देखें तो महज़ सत्ताइस प्रतिशत पथरीली ज़मीन पर खेती होती है, जो कि बारिश के भरोसे है। बाकी तिहत्तर प्रतिशत ज़मीन जंगलों से ढँकी है।

"तो क्या आप हर साल एक अच्छी बारिश का इंतज़ार करते हैं?"

"नहीं, क्योंकि वे दिन हमारे लिए और भी बुरे होते हैं। तब तेंदूपत्ता का काम भी बंद हो जाता है, लोग काम के लिए जंगल से बाहर नहीं निकल पाते।"

सिमोरी गाँव के सुखदेव (परिवर्तित नाम) की तरह बाकी लोग भी 'सूखी' के बाद यदि सबसे ज़्यादा डरते हैं तो बारिश के दिनों से। कारण यह है कि बारिश के दिनों में मेलघाट का मौसम और परिदृश्य भले ही सुहावना प्रतीत हो, लेकिन ज़्यादातर लोगों के घरों में अकाल पड़ जाता है।

शाम होने को है और रात आठ बजे से पहले हमें इस जंगली इलाके से चिखलदरा की ओर लौटना भी है। इसलिए वापस परिचित रास्तों से लौट रहे हैं। आकाश का सूरज हमारे साथ लौट रहा है और मोटरसाइकिल से ले जाने वाला सहयात्री सूरज बताता है कि साल में छह महीने लोग बड़ी तादाद में मज़दूरी के लिए पलायन करते हैं। बारिश के दिनों में लोग मज़दूरी के लिए बाहर नहीं

निकल पाते हैं। इसलिए उनके सामने भोजन का संकट गहरा जाता है। सबसे ज़्यादा बच्चे भी इसी मौसम में दम तोड़ते हैं। जब तक भूख से मौतों के समाचार बाहर पहुँचते हैं तब तक बारिश के दिन खत्म हो चुके होते हैं। तभी प्रशासनिक अमला कुछ दिनों के लिए जागता है।

परंतु, मेरे मन में प्रश्न है कि क्या भूख ही यहाँ की एकमात्र समस्या है? इसका उत्तर जानने के लिए मुझे कल सुबह जल्दी जागकर एक अलग दिशा की ओर जाना होगा।

~

आज मैं फिर जल्दी जागा हूँ, फटाफट नहाकर और तैयार होकर एक बार फिर सुबह छह बजे के पहले होटल से बाहर आने में सफल रहा हूँ। लेकिन, सूरज शेडलीवार मुझसे भी पहले तैयार होकर होटल के सामने वाली सड़क पर मेरी प्रतीक्षा कर रहा है। मेलघाट में इतना अनुशासित साथी पाकर मैं धन्य हूँ! खैर, सूरज की मोटरसाइकिल पर पीछे बैठकर मैं उसके साथ आज एक नई दिशा की ओर निकल पड़ा हूँ, लेकिन इस दिशा की सड़क पर गाड़ियों की आवाजाही ज़्यादा है।

कारण यह है कि चिखलदरा से महज़ दस किलोमीटर दूर भीमकुंड नाम से एक दर्शनीय स्थल है। यहाँ हमारे साथ और हमसे पहले बहुत सारे पर्यटक सुबह का आनंद उठाने पहुँच गए हैं। यहाँ लगभग साढ़े तीन हज़ार फ़ीट की गहरी खाई और एक भव्य झरना है, दूर तक पहाड़ी जंगल नज़र आता है। प्रकृति के हरे, सफ़ेद, कत्थई रंगों के बीच रजत आसमान में सोने जैसा चमकता सूरज सबका ध्यान खींच रहा है। लेकिन, फिर भी आज का सूरज मुझे कल की अपेक्षा थोड़ा कम चमकीला लग रहा है। यहाँ आने वाले पर्यटक नज़दीक स्थित दूसरे दर्शनीय स्थल गाविडगड का किला देखने ज़रूर जाते हैं।

भीमकुंड के मिथक और गाविडगड के किले के इतिहास के बारे में सूरज ने मुझे कई बातें बताईं। लेकिन, आस-पास आदिवासियों की ज़िन्दगी के चिन्ह कहीं नहीं दिखाई देते। मेलघाट में 80 प्रतिशत कोरकू आदिवासी होने के बावजूद उनका जीता-जागता संसार मानो यहाँ से दूर-दूर तक विस्थापित कर दिया गया हो।

मैं नहीं जानता हूँ कि कोरकू बोली में 'मिथक', 'अतीत' या 'भविष्य' के लिए कौन-से शब्द प्रचलित हैं, मुझे तो अपनी भाषा में उनसे उनके वर्तमान के

बारे में जानना है। मुझे तो घाटियाँ ही नहीं इनके पीछे छिपी घटनाएँ भी देखनी हैं। और इन पर्यटकों में एक भी इन घाटियों का आदिवासी दिखाई नहीं देता, जिससे जंगल के भीतर की दुनिया के बारे में पूछा जा सके।

लिहाज़ा, जल्द ही हम यहाँ से ठीक विपरीत दिशा की ओर बिना देर किए निकल पड़ते हैं। हालाँकि, भीमकुंड की दक्षिणी दिशा की ओर डेढ़ सौ से डेढ़ हज़ार फ़ीट गहरे कई जलकुंड और छोटे-छोटे झरने हैं। यही वजह है कि एक ओर विदर्भ सूखा क्षेत्र के तौर पर जाना जाता है, वहीं दूसरी तरफ़ मेलघाट की तस्वीर पानीदार पहाड़ियों के रूप में उजागर होती है। लेकिन, हमारी मोटरसाइकिल दौड़ रही है इस तस्वीर की ठीक उलटी दिशा में, जहाँ कल्पना भी नहीं की जा सकती है कि कई गाँव पानी की बूँद-बूँद के लिए तरस रहे होंगे।

माखला ऐसा ही एक गाँव है। यहाँ बस्ती के रास्ते पाँच-छह महिलाएँ सिर पर स्टील के तीन-चार बर्तनों को एक के ऊपर एक साधे चल रही हैं। उनके पीछे बच्चे साइकिल के टायर चलाते हुए नंगे पैर चल रहे हैं।

"आप पानी लेने के लिए कहाँ जा रही हैं?"

"पहाड़ियों पर, दो किलोमीटर दूर।"

"क्यों, आस-पास में कोई हैंडपंप नहीं है?"

"नहीं है, पीने का पानी पहाड़ियों से चढ़कर लाते हैं।"

हम भीमकुंड से पचास किलोमीटर दूर आ गए हैं, यहाँ परिवार के सदस्यों की प्यास बुझाने की पहली ज़िम्मेदारी महिलाओं के सिर पर है। इनके साथ पहाड़ियों की तरफ़ चलते हुए बातचीत की तो जाना कि यह तो इनकी दिनचर्या की अनिवार्य गतिविधि है। सुबह जल्दी उठना और पानी भरने के लिए हर रोज़ डेढ़-दो किलोमीटर जाना और लौटना एक सामान्य बात है। मीना (परिवर्तित नाम) जैसी महिलाओं के घर में छह से सात जन हैं, इसलिए इन्हें पानी के लिए दो बार चक्कर लगाना ही पड़ता है।

एक घर के सामने बिना बैलों की गाड़ी पर नीली प्लास्टिक की बड़ी टंकी रखी है, झाँककर देखता हूँ तो उसमें चार-पाँच बाल्टी ही पानी है। माखला करीब ढाई सौ घरों और लगभग एक हज़ार आबादी वाला छोटा गाँव है। इसके आस-पास की वीरानगी का अंदाज़ा इसी बात से लगाया जा सकता है कि माखला का निकटतम बड़ा गाँव सेमादोह यहाँ से दस किलामीटर दूर है।

ग्रामीण बताते हैं कि गाँव में बिजली नहीं है, लेकिन पानी की कमी इन्हें सबसे ज़्यादा सताती है। हालाँकि, यह बाघ संरक्षण परियोजना से प्रभावित गाँव

नहीं है, इसके बावजूद लोग पानी जैसी बुनियादी सुविधा के लिए भी तरस रहे हैं।

और फिर शाम से ठीक पहले चिखलदरा से अपने ठिकाने की ओर लौटते हुए हमने एक बात नोटिस की कि इस मार्ग पर वाकई इतना सन्नाटा है कि सेमादोह को छोड़कर कहीं ढंग का भोजनालय भी नहीं दिखा। एक जगह चाय पीने बैठे तो और एक बात ध्यान आई। हमने ज़्यादातर लोगों को अपने सिर पर कुछ-न-कुछ बोझा लादे देखा है। किसी के सिर पर पानी के बर्तन, किसी के सिर पर यात्रा के बैग, किसी के सिर पर बाज़ार के थैले, छोटे बच्चों के सिर पर छोटे थैले, बुज़ुर्गों के सिर पर टोकरियाँ, युवकों के सिर पर तसले। यदि कोई थककर लेटा भी है तो इन्हीं बैगों, थैलों, टोकरियों, तसलों को सिर टिकाने का सहारा बनाकर।

अँधेरा हो ही गया। फिर भी हम मोटरसाइकिल की मद्धिम रोशनी से चमकती काली सड़क के सहारे सकुशल लौट आए हैं।

~

"पैसे देकर हमने सबसे पहले नमक खरीदा था! बचपन में मैंने दुकान नहीं देखी थी।"

यह कहकर झोलेमुक्का धाण्डेकर फिर चुप हो गए। बागलिंगा गाँव के धाण्डेकर अपने जीवन के नौवें दशक में हैं। लोग बताते हैं कि ये यहाँ के सबसे बुज़ुर्ग और जानकार आदमी हैं। हम उनकी छोटी और सुंदर झोपड़ी के भीतर उन्हीं के साथ नीचे बोरे पर बैठे हैं। यह शायद उम्र का असर है या उनके व्यक्तित्व का कि उनके चेहरे पर मासूम बच्चों से भी ज़्यादा मासूमियत है। कुछ पूछने पर थोड़ा-सा बोलकर चुप हो जाते हैं। आवाज़ महिलाओं जैसी पतली और बातें विशुद्ध कोरकू बोली में, इसलिए मुझे उनकी बातें समझ नहीं आ रही हैं। इसलिए, मेरे साथ आया कालूराम बेलसरे ही उनसे पूछ रहा है और उनकी कही हर बात को मुझे हिन्दी में लिखवा रहा है।

"बाबा, तब भी क्या पंचायत होती थी, कायदा (कानून) बनता था?"

"साल में सब एक बार बैठते थे, भवई (एक त्यौहार) पर। तब साल भर का काम-काज बाँटा जाता था, मिलकर कायदा बनाते थे।"

"बैठक में महिलाएँ होती थीं!...शादियाँ कैसे होती थीं?"

"हाँ, भवई के दिन वे भी बैठती थीं, वे अपनी मर्ज़ी से दूसरी, तीसरी या

उससे भी अधिक बार शादियाँ कर सकती थीं।"

बागलिंगा कोई आठ सौ लोगों की आबादी वाला गाँव है, जो चिखलदरा से पैंतीस किलोमीटर दूर पक्की सड़क पर है।

घर के भीतर बहुत अँधेरा है, इसलिए लिखने में दिक्कत होने के कारण हम उनसे बाहर बैठने की गुज़ारिश करते हैं। फिर तीनों खुले दालान में बोरा बिछाकर बैठते हैं। धाण्डेकर अपनी पनीली आँखों से गाँव की ओर देखते हुए पहली बार बोलते हैं, "हमारी बस्ती पेड़ों से घिरी थी। सागौन, हल्दू, साजड़, बेहड़, तेंदू, कोसिम, सबय, मोहिम, धावड़ा, तीवस, कोहा से।"

"बाबा, आपने अंग्रेज़ों का ज़माना देखा है। क्या वे आपको तंग करते थे?"

"वे हमसे लकड़ियाँ कटवाते थे। वे तंग नहीं करते थे। जंगल में आग लगती थी तो हम ही बुझाते थे, इसलिए (जंगल में) वे रहने देते थे। यहाँ किसी चीज़ के इस्तेमाल की मनाही नहीं थी तब।"

कालूराम, बाबा को पुरानी साग-सब्ज़ियों, दालों, छालों और फलों के नाम लिखवाने के लिए तैयार करता है। वे रुक-रुक बताते हैं और हम लिखते जाते हैं। वे बताते हैं कि उनके ज़माने में सालगिरी, गालंगा और आरा की भाजियाँ थीं, जो अब कम ही खाई जाती हैं। शहद, चिरौंजी और महुआ की भरमार थी। बेचंदी को चावल की तरह उबालकर खाते थे। काला गदालू, बैलकंद, गोगदू और बाबरा जैसी कच्ची खाई जाने वाली चीज़ें खूब मिलती थीं। ज्वास नाम की बूटी को उबली सब्ज़ी में डाल दो तो वह तेल की तरह काम करती थी। इसी तरह, तेंदू, आंवला, महुआ, हिरडा जैसे फलों के पेड़ ही पेड़ थे। खेती के लिए कोदो, कुटकी, जगनी, भल्ली, राठी, बड़ा आमतरी, गड़मल और सुकड़ी के बीज थे, जो बंजर ज़मीन पर भी उग जाते थे। जानवरों के चारे के लिए पैसा नहीं देना पड़ता था।

इतनी सारी जानकारियाँ हासिल करने के बाद धाण्डेकर के झुर्रीदार चेहरे पर मुझे कोरकू समुदाय की सरल, सहज और समृद्ध जीवनशैली की झलक दिखाई दी। लेकिन, अब हरी घाटियों के भीतर इस जगह भरी-पूरी एक संस्कृति बूढ़ी होकर अपनी समाप्ति की कगार पर है। इन्होंने जंगल से जीवन जीना सीखा था, लेकिन जैसे-जैसे जंगल से उनके जीवन को अलग-थलग किया गया, वैसे-वैसे इनका जीना दूभर होता चला गया।

मेलघाट में 1974

ठीक से 100 तक गिनती न आने के बावजूद मेलघाट में वर्ष 1974 कई बड़े-बूढ़ों की जुबान पर है, क्योंकि इसी वर्ष 'मेलघाट टाइगर रिज़र्व' वजूद में आया और कोरकू जनजाति का जीवन दो टुकड़ों में बँट गया—विस्थापन और पुनर्वास। ऊँट के आकार में फैले विस्थापन के सामने पुनर्वास जैसे ऊँट के मुँह में जीरे के बराबर साबित हुआ। आज़ाद भारत में कोरकू जनजाति पर एक के बाद एक कई प्रहार हुए और इनका जीवन जंगल से कटता गया।

"1974 में (तत्कालीन) प्रधानमंत्री इंदिरा गाँधी आई थीं। वे कोलकस रेस्टहाउस में ठहरी थीं। उस समय रामू पटेल प्रदेश के वनमंत्री थे। उन्होंने कुछ खास लोगों को रेस्टहाउस बुलवाया था। कहा था, 'सरकार शेरों को बचाना चाहती है, इसलिए मेलघाट में शेरों के चमड़े बराबर जगह चाहिए' और आज आप देख ही रहे हैं कि शेर का चमड़ा कैसे चौड़ा होते-होते पूरे मेलघाट को ढँकने लगा है।"

वैराट गाँव के ठाकुजी खड़के जब यह सब बता रहे हैं तो मुझे यात्रा के दौरान टाइगर रिज़र्व परियोजना के कुछ बोर्ड याद आते हैं, जिन पर मराठी भाषा में कई संदेश लिखे हुए थे। वहीं एक बोर्ड पर लिखा था, 'बाघ पर्यावरणाचे प्रतीक आहे' अर्थात् बाघ अच्छे पर्यावरण के प्रतीक हैं।

मैं सोचता हूँ कि क्या जंगलों में आदिवासियों का होना भी अच्छे पर्यावरण का प्रतीक नहीं समझा जा सकता! बीते चार दिनों में मैंने देखा कि वन्यजीवों को देखने के लिए बड़ी संख्या में पर्यटक यहाँ आते हैं, लेकिन उनमें से कितने लोग आदिवासियों से बतियाते हैं! दरअसल, देश जंगल के भीतर बनाम जंगल के बाहर की दुनिया में विभाजित है। जंगल के भीतर की दुनिया में भले ही टाइगर रिज़र्व सुरक्षित हो रहा हो, लेकिन यहाँ के लोगों की रोटियों का संकट ज़रूर गहराता जा रहा है। जंगल के बाहर की दुनिया इस बात से अनजान है, या उसे इस बात से मतलब ही नहीं है कि बीते तीन दशकों से यहाँ जनजातियों का ही शिकार जारी है। लोगों ने सालों से यहाँ शेर नहीं देखा। रेंजर ही जंगल का शेर है। रेंजर ही जंगल का राजा है।

और इसी कड़ी में अब वैराट और पसतलई जैसे गाँवों पर विस्थापन की तलवार लटका दी गई है। चिखलदरा से महज़ बारह किलोमीटर की दूरी पर एक-दूसरे से सटे ये दो छोटे-छोटे गाँव हैं, जबकि यहाँ घूमते समय मुझे लगा कि ये एक ही गाँव की दो बस्तियाँ होंगी।

दोनों गाँवों के कुल पंचानवे घरों में करीब पाँच सौ लोग रहते हैं। लेकिन, इस संख्या का अब कोई अस्तित्व नहीं रह गया है। इनका होना या न होना यहाँ एक बराबर हो गया है। बाघ संरक्षण का पहिया इस हरे-भरे जंगल को अमीरों के ऐशगाह में बदल रहा है। इस पहिये के नीचे विस्थापन का इतिहास शायद ही मिले।

"1974 के पाँच-छह साल बाद सरकार ने जल से मछली, जंगल से पेड़ों की पत्तियाँ और ज़मीन से कंदमूल खोदने पर रोक लगा दी। 1974 के बाद से जब अफ़सर फ़ाइल लेकर इधर-उधर घूमते तो हमने सोचा नहीं था कि एक दिन वे हमें जंगलों से इस तरह अलग कर देंगे। वे जीपों से आते और कहते कि तुम्हें घर और खेती के लिए ज़मीन दी जाएगी। हमें अचरज होता कि जो ज़मीन हमारी ही है, उसे वे क्यों देंगे!"

दरअसल, पसतलई गाँव के तुकाराम सनवरे का यह बयान जंगल के मालिकों को मज़दूर बनाने की लघुकथा है। मनरेगा के तहत मेलघाट की पहाड़ियों से पचास हज़ार लोगों के नाम जोड़े जा चुके हैं।

"ज़िंदाबाद!"

कई लोगों ने एक जगह से मिलकर यह नारा लगाया। मैं खुश हूँ, बल्कि गद्‌गद हूँ, यह देखकर कि वैराट गाँव में एक घर के लंबे और खुले दालान पर वैराट और पसतलई गाँव के लोगों ने मेरे यहाँ आने की सूचना मिलने पर बैठक रखी है। पचास से ज़्यादा लोग और खासतौर से महिलाएँ अपने-अपने काम छोड़कर यहाँ क्या सोचकर बैठी हैं! मैं इनके बारे में बात करने आने वाला कोई पहला पत्रकार या सामाजिक कार्यकर्ता भी नहीं हूँ! फिर कालूराम मुझे बताता है कि ये बाहर से आए व्यक्तियों का इसी तरह से स्वागत और सम्मान करते हैं। 'ज़िंदाबाद' के जवाब में मेरा एक हाथ अपने आप ही उठ गया, भीतर-ही-भीतर यह सोचकर कि न मैं मंत्री हूँ और न अफ़सर कि मेरे लिखे से इनकी तकदीर बदल जाएगी! फिर भी इनकी उम्मीद और इनका प्यार मेरी जिन्दगी की पूँजी है।

यह सच्चाई है कि कोरकू समुदाय के लोग अपनी पहचान के लिए संघर्षरत हैं, लेकिन यह भी सच्चाई है कि इस तरह के समुदायों के सामने आकर मुझे मेरी पहचान हासिल होती है, वरना मेरी दुनिया के अनुसार तो मुझमें कोई बात नहीं है। मेरी दुनिया से अलग इस दुनिया के लोग हर बार पूरे अनुशासन और ध्यान से मेरी बातें सुनते और अपनी बातें सुनाते हैं, लेकिन इस दुनिया से बाहर जब यही बातें मैं सुनाता हूँ तो कौन सुनता है! मैं खुद इनकी तरह ही वंचित हूँ, ये व्यवस्था से वंचित हैं और मैं अपने पेशे से।

चर्चा शुरू होती है तो मुझे पता चलता है कि मेलघाट में इसके पहले तीन गाँव कोहा, कुण्ड और बोरी के बारह सौ घरों को विस्थापित किया जा चुका है। पुनर्वास के नाम पर उन्हें यहाँ से एक सौ किलोमीटर दूर अकोला ज़िले के अकोट तहसील क्षेत्र में राजूरा गाँव के पास बसाया जा चुका है। अब हम पुनर्वास के बहाने पुनर्जीवन की संभावनाओं को टटोल रहे हैं।

कालूराम खड़े होकर बता रहे हैं कि शिरीष भाई ने उन तीन गाँवों का पुनर्वास नहीं देखा। वे लोगों से पूछ रहे हैं कि उन तीन गाँवों का पुनर्वास कैसे हुआ और क्या वे भी उसी तरह से बसना चाहते हैं?

"नहीं, नहीं," सभी हाथ हिलाकर एक सुर में पुनर्वास का विरोध कर रहे हैं।

तेजुजी सनवारे कहते हैं, "अफ़सर ठीक से सर्वे नहीं करते। कागज़ और ज़मीन पर फ़र्क होता है। कुण्ड गाँव के ही छह परिवार ऐसे हैं जिन्हें खेती के लिए जो ज़मीन बताई गई थी वह तालाब के भीतर पाई गई। फिर, कई लोगों को अपने जानवर बेचने पड़े, क्योंकि वहाँ चराने के लिए ज़मीन नहीं थी।"

फकीरजी खड़के कहते हैं, "हम मरने के बाद आदमी को ज़मीन के नीचे दफ़नाते हैं। वहाँ दफ़नाने के लिए ज़मीन नहीं मिलेगी तो हम कहाँ जाएँगे। लड़कियाँ असुरक्षित हैं। माता-पिता उन्हें अकेले छोड़कर मज़दूरी करने नहीं जा सकते।"

किशन खड़के बताते हैं, "वहाँ गए कुण्ड के ग्यारह परिवारों को सरकार ने न घर बनाने के लिए पैसा दिया, न ज़मीन दी। वहाँ पेड़ न होने से गर्मी बहुत लगती है।"

सुखदेव एवले बताते हैं, "बस्तियाँ तोड़ने से पहले अफ़सर आते हैं और बताते हैं कि बस अब इतने दिन और बचे हैं, फिर तुम्हें यहाँ से जाना पड़ेगा। अफ़सर के आने का मतलब है, कोई खतरा आ गया।"

शांता सनवारे कहती हैं, "बस्तियों को तोड़ने का उनका तरीका ही गज़ब है। जिस बस्ती के आस-पास आठ-दस दिन पहले ट्रक घूमने लगें, समझो घर-गृहस्थी समेटने का समय आ गया। घर तोड़ने वाले वे बाबू लोग (कर्मचारी) चाय की दुकानों पर चर्चा करते हैं कि पूरी बस्ती को कैसे तोड़ेंगे!"

फूलाबाई खड़के आगे जोड़ती हैं, "वे (कर्मचारी) कहते हैं, बंबई से चला तीर लौटता नहीं है, इसलिए जाना तो पड़ेगा ही, समय रहते चले गए तो कुछ मिल ही जाएगा, नहीं तो घर की लकड़ियाँ, खपड़े और ईंट निकालने का समय भी न देंगे। ऐसी बातों को सुनकर जब हमारे बच्चे अपने घरों की लकड़ियाँ निकालने लगते हैं तो वे हमारे बच्चों को शाबाशी देते हैं और बस्ती तुड़वाने में हमारी मदद

करते हैं। फिर देखते-ही-देखते पूरी बस्ती के घर टूट जाते हैं।"

यह कहानी है कोहा, कुण्ड और बोरी गाँवों के उजड़ने की, जहाँ के बाशिंदे मेरे आने के सात साल पहले उजड़ गए थे। अंत में उन न मिल सके लोगों के लिए :

जो तिनका-तिनका जोड़कर
ज़िन्दगी बुनते थे
वो बिखर गए।
गाँव-गाँव टूट-टूटकर
ठांव-ठांव हो गए।
अब उम्मीद से उम्र
और छांव-छांव से पता
पूछना बेकार है।

पिंजरेनुमा कोठरियों में ज़िन्दगी

कमाठीपुरा, महाराष्ट्र

'याद आ रही है, तेरी याद आ रही है...' रेडियो पर यह गाना बज रहा है। वैसे तो पूरी रात ही गाने बज रहे हैं, लेकिन यह गाना उसे पसंद नहीं आया। पता नहीं क्यों यह गाना सुनकर वह चिढ़ गई, फिर उसने बगैर आँखें खोले लेटे-लेटे रेडियो बंद कर दिया।

"सुबह-सुबह इसे (रेडियो) क्यों इतनी याद आ रही है," कहते हुए उसने अपना चेहरा साड़ी से ढँक लिया। वह मुझे रात में ही बोली थी कि आज के दिन पता नहीं कितने दिनों के बाद वह बहुत लंबी और गहरी नींद सो जाना चाहती है।

आज यानी वर्ष 2009 के एक रविवार, 6 दिसंबर का दिन। यूँ तो पूरी रात जागना उसे कभी अच्छा नहीं लगा था, फिर भी उससे तो हरदम और हर बार ही चुस्त-तंदुरुस्त रहने की उम्मीद की जाती है।

इस उम्मीद के बगैर दुनिया चल सकती है, ऐसा वह सोच भी नहीं सकती। इस शहर या यूँ समझें कि इतनी बड़ी दुनिया में अब उसका कोई दूसरा ठिकाना नहीं है, जहाँ वह जा सकती है, या रह सकती है। कोई सोलह साल पहले उसे यहाँ लाया गया था और तब से वह यहीं की होकर रह गई है।

"तुमने पैंतीस की उम्र में भी अपना भोलापन बचाकर रखा है," मैंने बगैर उसे देखे उससे कहा। लेकिन, उसने कोई जवाब नहीं दिया। वह शायद कई दिनों बाद लंबी-गहरी नींद सो गई। रात में बताया तो था कि उसमें अब पहले जैसी बात नहीं रही। बचपन तो बहुत सालों पहले ही बीत चुका था, जवानी भी साथ छोड़ रही है। वह शादी करना चाहती है। असल में शादी करने की चाहत ही तो उसे यहाँ तक ले आई। किससे?...और अचानक मुझे याद आता है कि मैंने तो उसका नाम ही नहीं पूछा। मैं पूछता हूँ, "तुम्हारा नाम क्या है?"

"बेला," मतलब वह फिर सो नहीं पाई है। वैसे मुझे नहीं पता कि बेला उसका असली नाम है, या उसने मुझे गलत नाम बताया है। वैसे मैं भी तो यहाँ

किसी भी 'बेला' को उसके असली नाम से कहाँ जानना चाहता हूँ। लेकिन, यह सच है कि इस समय बेला जागी है। बेला कहती है, "मैं यह जगह कभी नहीं छोड़ूँगी। मैं मरूँगी भी तो यहीं!"

यह बताने की ज़रूरत नहीं है कि बेला कौन है। इसे उन्नीस की उम्र में यहाँ बेचा गया था। पिछले सोलह सालों से वह यहीं रहती है। अब यही उसकी बस्ती है। यही उसका घर है। बेला यहीं जीना चाहती है और यहीं मरना भी। मुंबई महानगर में कमाठीपुरा की यह मंडी एशिया की सबसे बड़ी देह-मंडी कही जाती है। कमाठीपुरा की यह कोठरी इतनी तंग है कि यहाँ सिर्फ़ एक बेड रखने लायक जगह है।

बेला ने कमाठीपुरा से बाहर जीने की कल्पना छोड़ दी है। वजह, बाहर वह हर आदमी से डरती है। वहीं, यहाँ वह हर बाहरी आदमी के साथ होकर भी खुद को सुरक्षित महसूस करती है।

बेला मूलतः नेपाल की है। इसे कम उम्र में धोखा देकर लाया गया। धोखा दिया था इसके प्रेमी ने। जिसे इसने सबसे ज़्यादा चाहा था। सबसे ज़्यादा भरोसा किया था। उसी ने बेला को बेच दिया। बेला गरीबी की नहीं, अंधे प्रेम की शिकार हुई है। लेकिन, मेरे लिए ताज्जुब की बात यह है कि इतने सालों बाद भी बेला न अपने प्रेमी से अलग हो सकी है और न ही कमाठीपुरा की गलियों से। उसका प्रेमी आज भी उससे मिलने कमाठीपुरा की इन्हीं गलियों में आता है और यह उससे शादी करना चाहती है।

बेला अपने प्रेमी और कमाठीपुरा की गलियों के बगैर क्यों नहीं रह सकती, यह समझना मेरे बस की बात नहीं। मुझे तो यही लगता है कि मैं उसे जितना समझने की कोशिश करता हूँ उतना ही नासमझ साबित होता हूँ। बेला ने रात में देर तक बातें की थीं और इस बारे में मुझे बताया था। उसने कहा था, "और मैं कर भी क्या सकती हूँ! मेरे पास कोई चारा नहीं।...यहाँ यह तो है कि मैं किसी पर बोझ नहीं हूँ।" यही बात उसे सुकून देती है। यही बात उसे आत्मविश्वास देती है।

पता नहीं यह मजबूरी है या कुछ और कि विकट से विकटतम परिस्थितियों में भी उसने अपने प्रेमी के साथ खुशी ढूँढ़ ली है और इस जगह पर अपनी मर्ज़ी से न आने के बावजूद वह अब यहीं ज़िन्दगी बिताना चाहती है।

सच है कि कमाठीपुरा सेक्स की सबसे सस्ती जगहों में से है। लेकिन, मेरे लिए शुरू से ही यह जगह जिज्ञासाओं का केंद्र रही है। आदमी की जिज्ञासाएँ आदमी से जो करवा दें, कम हैं। जिज्ञासाएँ विपरीत के प्रति। इन्हीं जिज्ञासाओं ने

मुझे मेरी दुनिया से निकालकर यहाँ आने पर मजबूर कर दिया।

इनकी वजह से ही मैं कमाठीपुरा से महज़ एक किलोमीटर दूर नागपाड़ा स्थित अपने ठिकाने से इन गलियों और फिर इन गलियों से गुज़रते हुए इस बेहद तंग कोठरी तक आया हूँ। यहाँ मैंने जाना है कि बेला जैसी लड़कियों के ग्राहक ही उन्हें बाहर की दुनिया के कुछ किस्से सुनाते हैं। और अजीब बात है कि मैं बाहर का आदमी इनके बारे में जानने के लिए इनकी दुनिया की इन पिंजरेनुमा कोठरियों में एक के बाद एक दाखिल होता जा रहा हूँ।

बेला जैसी कई लड़कियों को जब मैंने बताया कि मैं सिर्फ़ बातचीत करने के लिए आया हूँ तो उनमें से कुछ लड़कियों को बिलकुल भी हैरानी नहीं हुई, क्योंकि उनकी रोज़मर्रा की ज़िन्दगी में मैं ऐसा पहला आदमी नहीं हूँ। उल्टा मुझे तो इस बात पर हैरानी हुई कि मैं क्यों ऐसा पहला आदमी नहीं हूँ जो सिर्फ़ और सिर्फ़ उनसे बातें करने के लिए आता हूँ।

मुझे याद आता है कि इन्हीं लड़कियों में से एक ने मुझे बताया था कि कुछ आदमी अपनी बातें सुनाने के लिए आते हैं, जबकि कुछ आदमी उनकी बातें सुनने के लिए आते हैं। उनकी नज़रों में मैं दूसरी तरह का आदमी हूँ, जो उनकी बातें सुनने के लिए यहाँ आता हूँ। यह सच है कि मैं इन दिनों उनके एहसास, अनुभव, मर्ज़ी और शर्तों के बारे में जानना चाहता हूँ। मैं उन परिस्थितियों के बारे में समझना चाहता हूँ जिनमें वे रहती हैं। उन सपनों के बारे में पता करना चाहता हूँ जो उनकी आज़ादी, अतीत और भविष्य से जुड़े हैं।

पर, रात में जब से बेला ने मेरे जैसे लोगों को सनकी कहा है तब से मैं दिमागी तौर पर खुद को कुछ बीमार-सा महसूस कर रहा हूँ। असल में उसने कुछ आदमियों की अजीब हरकतों के बारे में मुझे बताया तो मेरा ध्यान मेरी एक आदत पर गया। आदत यह कि उसकी कही कुछ बातों को सुनने के बाद मैं बार-बार उसका माथा चूम लेता हूँ। फिर मुझे ध्यान आया कि मैं यहाँ की अन्य लड़कियों के साथ भी अक्सर ऐसा ही करता रहा हूँ, जिसे शायद न वे सेक्स समझती होंगी और न ही इसमें मुझे सेक्स जैसा कुछ महसूस होता है। यह उनके प्रति मेरा प्यार और आभार है, जो बताता है कि मैं उनके साथ 'कम्फ़र्ट' हूँ।

लेकिन मैं अभी जितना निडर और बेझिझक हूँ, शुरू-शुरू में ऐसा बिलकुल नहीं था। शुरू-शुरू में तमाम तरह के डर और धारणाओं से आगे बढ़ पाना मेरे लिए आसान न था। डर की सबसे बड़ी वजह तो यह थी कि कहीं इन लड़कियों से यौन-संबंध स्थापित न हो जाएँ, क्योंकि यहाँ आने से पहले मैंने एड्स की

स्थिति और अन्य बीमारियों के बारे में अच्छी तरह से जान और समझ लिया था। कहा जा सकता है कि एड्स की स्थिति और अन्य बीमारियों से पीड़ित व्यक्तियों की भयावह कहानियों ने भी मुझ पर नियंत्रण बनाए रखा। फिर इनसे मिलने और इनकी सच्ची कहानियाँ सुनने के बाद मुझे इनके साथ एक अच्छी दोस्ती का एहसास तो हुआ, लेकिन सच बात यह भी है कि इनमें से कोई ऐसी न थी जो मेरी 'फ़ेंटेसी' बने। असल बात तो यह है कि इन्हीं दिनों मैं एक रिश्ते में हूँ और वही मेरी 'फ़ेंटेसी' है।

बेला के साथ यह मेरी पहली रात थी, जबकि आज की तारीख तक कमाठीपुरा की पिंजरेनुमा कोठरियों में अलग-अलग लड़कियों के साथ शनिवार की आठ रातें और रविवार की बारह दोपहर गुज़ार चुका हूँ।

इस दौरान मुझे चौदह लड़कियों से खुलकर और विस्तार से बातचीत का मौका मिला है। अपने अनुभव के आधार पर एक बात बता सकता हूँ कि इनमें से किसी भी लड़की ने मुझसे न तो ज़्यादा पैसे माँगे और न ही कोई भी बेइमान थी। हाँ, कुछ लड़कियों ने बातचीत के दौरान अश्लील गालियों का इस्तेमाल किया, जिनसे मुझे कोई आपत्ति नहीं, फिर भी जिन्हें मैंने लिखते समय काट-छांट दिया। पता नहीं यह सही है या गलत, लेकिन यह सही है कि मैंने उनकी भावनाओं को अपनी भाषा में लिखा है।

~

13 दिसंबर 2009 और दिन है रविवार...'खट, खट, खट, खट' की आवाज़ सुन मेरा ध्यान अचानक बंद दरवाज़े की तरफ़ गया, जिसे बाहर से 'घरवाली' बजा रही है। इसका मतलब है कि मेरा कोठरी से बाहर निकलने का समय हो चुका है। 'घरवाली', 'कोठेवाली' या 'मैडम', आप इसे जिस नाम से भी संबोधित करें, कोठरी की लड़कियों का इससे माँ-बेटी जैसा रिश्ता है। अजीब बात है कि यहाँ की लड़कियाँ इससे लगाव रखती हैं और डरती भी हैं। लगाव और डर के बीच के इस रिश्ते का मनोविज्ञान समझना आसान नहीं है। लेकिन, सुबह हो चुकी है और मुझे यहाँ से तुरंत निकलना होगा। मैं चंपा को बगैर जगाए दरवाज़ा खोलकर सीधे लकड़ियों की संकरी सीढ़ी द्वारा पहली मंज़िल से उतरता हूँ। फिर हल्की रोशनी में अंदाज़ लगाते हुए ऐसी ही एक दूसरी सीढ़ी से उतरते हुए बाहर कमाठीपुरा की गली नंबर-1 पर आकर खड़ा हो जाता हूँ।

आज फिर रविवार है, लेकिन मुंबई जैसे शहर में जहाँ भीड़ के न सोने का समय है और न ही सुबह जल्दी उठने का ठौर, वहाँ भोर के पाँच-साढ़े पाँच बजे ही यह शहर के जागने का समय भी है। लोकल ट्रेन मुंबई की जीवनरेखा है और बगैर इसके इस शहर की कल्पना नहीं की जा सकती। जहाँ तक मेरी बात है तो मुझे हर समय और हर तरफ़, हर जगह और हर चीज़ लोकल ट्रेन की बर्थ-सी नज़र आती है। जैसे आज रविवार की सुबह का यह समय भी मेरे लिए बोरीवली से मुंबई सेंट्रल आने-जाने वाली किसी लोकल ट्रेन के ठहरने और फिर चल पड़ने का समय है। जैसे लोकल से सैंकड़ों की तादाद में जनसैलाब के उतरने और उसमें चढ़ने का यह समय स्टेशन के बाहर और भीतर दौड़ने का भी समय है।

स्टेशन के बाहर मिलती हैं बेस्ट यानी बॉम्बे इलेक्ट्रिक सप्लाई एंड ट्रांसपोर्ट की लालधारी बसें, जो यात्रियों को खुद में समाकर चौतरफ़ा दौड़ पड़ती हैं। और मैं इस समय वहाँ आने वाली एक बस के इंतज़ार में हूँ, जो मुझे वहाँ से कोई एक किलोमीटर दूर नागपाड़ा पुलिस स्टेशन के पास छोड़ देगी। इसलिए, मैं इतनी सुबह इस सड़क के बीच से मुड़ने वाली इस गली में खड़ा हूँ, कमाठीपुरा की गली नंबर-1 में, इस जर्जर और पिंजरेनुमा कोठे के सामने।

मुंबई सेंट्रल की सड़क के किनारे समुद्र, बार एंड रेस्टोरेंट, मुंबई सेंट्रल हैड ऑफ़िस, सिटी सेंट्रल मॉल और बैंकिंग पॉइंट के बाद भीतर की ओर जाने वाली इन गलियों के भीतर भी एक भरा-पूरा बाज़ार है। जैसे कमाठीपुरा की गली नंबर-1 में नीचे रोज़मर्रा की ज़रूरी चीज़ों की दुकानें हैं और ऊपर हर उम्र की लड़कियाँ खड़ी होती हैं। हालाँकि, इस समय इतनी सुबह ये नदारद हैं। इस समय इतनी सुबह जब शहर की बाकी लड़कियाँ प्यार का खुशनुमा एहसास लिए सो रही होंगी तो सो तो यहाँ की लड़कियाँ भी रही होंगी, लेकिन किसी के भी साथ खुद को किराए पर खुला छोड़ देने के बाद। शहर की बाकी लड़कियों के लिए सुबह, शाम, दोपहर, रात के अलग-अलग मायने हो सकते हैं। लेकिन, यहाँ की लड़कियों के लिए सुबह, शाम, दोपहर, रात का अर्थ एक ही है—अपने ग्राहकों के साथ होना।

''हाँ भाई, एकदम नया है,'' कोठरी के सामने खड़ा देख एक आदमी ने मुझे हिन्दी में टोका। उसे देखते ही यह समझते देर न लगी कि यह आदमी एक दलाल है। वह मुझे ताड़ता हुआ और करीब आया और बोला, ''गलत (जगह) नहीं ले जाऊँगा, चल। नेपाली, बंगाली, साउथ इंडियन...क्या चाहिए। पहले देख

ले...12,14,15,16,18,20 तक की हैं।'' इससे बगैर उलझे आगे बढ़ना ठीक रहेगा, यह सोच मैं थोड़ा और आगे बढ़ गया हूँ। लेकिन, पीछे से एक और दलाल ने मुझे बुलाया। लेकिन, मैं नहीं रुका।

'इतनी जल्दी न मेरे ठिकाने नागपाड़ा नेबरहाउस का मेन-गेट खुला होगा और न मेरे कमरे में साथ रहने वाला सोनू जागा होगा!' यह सोच मैं नागपाड़ा पुलिस स्टेशन की ओर जाने वाली मुख्य सड़क तक आ गया हूँ। इस तरफ़ है एलेक्ज़ेंडरा टॉकीज़ का गेट, जिसके सामने के बस स्टॉप पर आकर मैं बैठ गया हूँ। यह टॉकीज़ सालों पहले ही बंद हो गया है। बताते हैं कि यहाँ भोजपुरी फ़िल्में लगा करती थीं। बस स्टॉप से सड़क पार उस तरफ़ स्थित महाराष्ट्र कॉलेज के आस-पास वीरानगी है। इस तरफ़ से बस स्टॉप कमाठीपुरा के लिए एक चौड़ी सड़क मुड़ती है।

यहाँ दिन के उजाले से देर रात तक अक्सर भारी भीड़ के बीच पैदल चलते बाहरी आदमी ज़्यादा ही ठहर जाते हैं। जब सोनू मुझे यहाँ पहली बार लाया था तब मैं भी तो कुछ ज़्यादा ही ठहर रहा था। मेरा दिल भी तो धक-धक की आवाज़ पर काबू पाने के चक्कर में बैठता ही जा रहा था। ज़ुबान अपने आप सिलती ही जा रही थी। दर्जनों आँखें मुझ पर भी तो उम्मीद के मारे अटक ही गई थीं। मेरा बदन भी तो डर के मारे जैसे पीला-सा पड़ता जा रहा था।

सोनू को इस इलाके की पूरी जानकारी पहले से ही थी और उसी ने मुझे बताया था कि दो से पाँच सौ रुपए में एक लड़की मिल सकती है, जो कॉलेज जाने वाली लड़की की उम्र की और वैसी ही सुंदर हो सकती है, एक घंटे के लिए पाँच सौ और रात भर के लिए हज़ार-डेढ़ हज़ार रुपए से ज़्यादा नहीं। उसी ने मुझसे कहा था कि किसी दलाल के ज़रिए कहीं जाने की ज़रूरत नहीं है और दलालों से कैसे निपटना है।

उसने कहा था, ''औरतें ख़ुद रंग-ढंग और चाल से कस्टमर पहचान लेती हैं, तू बिंदास जा! मोबाइल, घड़ी या चेन मत रखियो और जेब में हज़ार से ज़्यादा नहीं।'' शुरू-शुरू में मैंने उसकी सलाह को निभाया। लेकिन, बाद में हाथों में घड़ी पहनकर जाने के बावजूद मेरे साथ लूटपाट जैसी कोई घटना नहीं घटी। हालाँकि, सोनू ने यहाँ तक बता दिया था कि किन गलियों में अकेले भूलकर भी मत जाना। और किन गलियों में देश के किन राज्यों का असर ज़्यादा है। कभी कोई लफड़ा हो जाने पर उनसे मुझे बचने के लिए यहीं के कुछ नाम और नंबर भी दिए थे।

बस का इंतज़ार जब लंबा हो गया तो मैं नागपाड़ा पुलिस स्टेशन की ओर पैदल ही चलने को हुआ। मैंने पाया कि पीछे की ओर कई नज़रें ग्राहकों के इंतज़ार में लगनी शुरू हो चुकी हैं। इस सड़क पर सीधा चलते हुए लगा कि दाऊद नर्सिंग होम तक कई नज़रें मेरा पीछा कर रही हैं और जैसे ही डिमटिककर रोड का चौराहा पार किया तो लगा कि पाँच-दस मिनट बाद दूसरी दुनिया में आ पहुँचा हूँ। यहाँ की दुनिया भले ही सो रही है, लेकिन चंद कदमों की दूरी पर रेडलाइट की उस दुनिया की गलियाँ रात भर जागी हैं और अब भी अपने ग्राहकों के इंतज़ार में सोना नहीं चाहतीं।

डिमटिककर रोड का चौराहा पार करते ही सोफिया जुबेर रोड पर आता हूँ, जिसके एक ओर है नागपाड़ा पुलिस स्टेशन परिसर और दूसरी ओर मशहूर ईरानी होटल—सारवी, जो इस बात के लिए भी मशहूर है कि सिनेमा के शो-मैन दिवंगत राजकपूर कभी अक्सर यहाँ खाना खाने के लिए आते थे। सारवी के बाज़ू में है मेरा ठिकाना यानी नागपाड़ा नेबरहाउस का परिसर, जिसका मेन-गेट खुला देख कर भीतर दाखिल हो जाता हूँ, इस भरोसे के साथ कि किसी को भनक तक न लगी होगी कि पूरी रात मैं कहाँ था, सिवाय सोनू को छोड़कर। लेकिन, अब यह समय सोनू सरदार, कमाठीपुरा की लड़कियों, वहाँ की गलियों, पिंजरेनुमा कोठरियों, घरवालियों, दलालों, अंडरवर्ल्ड और मेरे रिश्ते के बारे में सोचने का नहीं है। आज छुट्टी वाले दिन यह मेरे लिए दोपहर तक सोने का समय है।

~

21 दिसंबर 2009...

सोनू सरदार है, लेकिन बगैर दाढ़ी-मूँछों वाला! वैसे सोनू का असली नाम मुझे भी नहीं पता। उसने मुझे अपना निकनेम सोनू बताया है और मैं उसे इसी नाम से बुलाता हूँ। उसके चेहरे को देखकर कल्पना भी नहीं की जा सकती है कि उसके सिर पर कभी पगड़ी और चेहरे पर लंबी-घनी दाढ़ी रही होगी। मेरे लिए तो बगैर मूँछों वाला गोरा-मासूम चेहरा और उस चेहरे पर तैरती हल्की मुस्कुराहट ही उसकी पहचान है। उसका पुराना हुलिया मैंने उसके पासपोर्ट साइज़ की फ़ोटो में ही देखा है और वह कभी उस लुक में सामने आ जाए तो मैं उसे पहचान भी न सकूँ।

सोनू जितना दिलचस्प है, उसकी कहानी उतनी उलझ गई है। इस तीस.

साल के युवक ने तो कभी दिल्ली छोड़ने की सोची ही नहीं थी और मुंबई आने की बात तो सपने में भी नहीं। लेकिन, बीते तीन महीनों से वह मेरे ही कमरे में रह रहा है। सोनू दिल्ली के रईस पंजाबी बिज़नेसमैन पिता का इकलौता बेटा है, उसकी दो बड़ी बहनें हैं। लेकिन, परिवार में किसी से उसकी बात नहीं हो रही है।

यहाँ आने से पहले वह दिल्ली के कनॉट प्लेस में ऑटोमोबाइल का शो-रूम सँभालता था। लेकिन, एक दिन उसने अपनी पगड़ी उतरवाकर सिर के बाल कटवा लिए और चेहरे की दाढ़ी-मूँछें साफ़ करवा लीं तो परिवार में ऐसा हंगामा हुआ जिसके बारे में उसे खुद अंदाज़ा न था। उसने मुझे बताया था कि उसे सरदार वाला लुक पसंद नहीं था। हालाँकि, बदले लुक में जब वह घर गया था तो घरवालों को यही कहा था कि गर्मी और पसीने से परेशान होकर उसने ऐसा किया। उसके बाद उसके पिता ने उसे जमकर पीटा, यहाँ तक कि उसे बचाने आई उसकी माँ को भी नहीं छोड़ा।

पिता का यह रूप उसने इससे पहले कभी नहीं देखा था। हालत यह बनी कि उसे घर छोड़ना पड़ा। फिर भी पता नहीं क्यों उसने दिल्ली की बजाय मुंबई में नौकरी ढूँढ़ना पसंद किया। बी.ए. पास और अच्छी अंग्रेज़ी होने के कारण सीएसटी यानी छत्रपति शिवाजी टर्मिनल के पास ही किसी कंपनी में उसे मार्केटिंग से जुड़ा काम मिल भी गया था। लेकिन पता नहीं उसे वहाँ काम करना क्यों नहीं भाया और एक महीने पहले वह नौकरी छोड़कर अब बेकार है। इसके बावजूद मुंबई जैसे महँगे शहर में वह रह रहा है तो यह हैरानी की बात नहीं है।

दरअसल, दिल्ली में बैठे कुछ यारों की बदौलत मुंबई में उसका खर्च चल रहा है, वे यार हर महीने सोनू के बैंक एकाउंट में कुछ पैसे डाल देते हैं। ऐसा कितने दिन चलेगा, न उसे पता है और न मैं जानता हूँ। लेकिन, हाँ उसे उम्मीद है कि मुंबई में उसकी किस्मत उसे जल्द ही अपने पैरों पर तो खड़ा करवा ही देगी, जहाँ वह अब तक अजनबी ही है।

''वे नाक रगड़ते हुए भी आएँ तो भी घर न लौटूँ!'' यह बात वह मुझे बार-बार बता चुका है, फिर भी मैं चाहता हूँ कि एक दिन उसके पिता का गुस्सा ठंडा हो और वह दिल्ली लौटे, अपने घर लौटे। उसकी मासूमियत, साफ़गोई और बॉलीवुड फ़िल्मों के लिए पागलपन की हद तक दीवानगी उसमें दिलचस्पी जगाने के लिए काफ़ी है। बॉलीवुड में भी सत्तर के दशक की मारधाड़ और डायलॉगबाज़ी से भरपूर फ़िल्में उसे बेहद पसंद हैं।

एक दिन उसने बताया, ''मेरा तो बापू भी बोलता था कि बेटा तू लेट

हुआ, तुझे तो अमिताभ बच्चन के साथ पैदा होना था।'' यह शायद टीवी पर अमिताभ बच्चन, विनोद खन्ना और शत्रुघ्न सिन्हा की फ़िल्मों का ही असर रहा होगा कि उसे देखकर यह कहा ही नहीं जा सकता था कि वह हमारे दौर का है। उसके बदन पर भी जैसे सत्तर के दशक का फ़ैशन आकर ठहरा हुआ है। पैरों में नुकीले-काले जूते, घुटनों तक झूलती बेल-बॉटम पैंट, कमर पर बँधा चौड़ा—काले रंग का बेल्ट, चुस्त-चमकीली शर्ट, गले में बड़े छल्ले वाली सोने की चेन और हिप्पी कट हेयर स्टाइल को देख लगता है कि उस पर 'दीवार', 'ज़ंजीर', 'मुकद्दर का सिकंदर', 'काला पत्थर' और 'दोस्ताना' जैसी फ़िल्मों के नायकों का बहुत गहरा प्रभाव पड़ा है।

उस दौर की उन फ़िल्मों की पटकथा, संवाद और गाने उसे मुँहज़ुबानी याद हैं। उसके पास एक से बढ़कर एक कपड़े हैं, मानो जब वह दिल्ली से भागा होगा तो अपने घर से सबसे पहले अपने कपड़े उठाकर भागा होगा। इतने कम समय में हम एक-दूसरे का मज़ाक भी उड़ाने लगे थे। या कह सकते हैं कि फ़िल्मों पर बातें करते-करते मैंने शायद काफ़ी कुछ उसके बारे में जान लिया था और शायद उसने भी मेरे बारे में कुछ-कुछ जान लिया होगा।

नागपाड़ा नेबरहुड हाउस, जहाँ हम दोनों साथ रहते हैं, वह मेरी दूसरी दुनिया का हिस्सा है, जिसके बगैर कमाठीपुरा वाली दुनिया अधूरी है। बावजूद इसके कि यह कमाठीपुरा की दुनिया से एकदम अलग है, कई मायने में दोनों एक जैसी भी हैं।

नागपाड़ा नेबरहुड हाउस मुंबई के नागपाड़ा इलाके का अच्छा-खासा विशाल परिसर है, जो अंग्रेज़ों के ज़माने के अतीत के साथ ज़िंदा है। मेन-गेट के भीतर बड़े-पक्के मैदान को तीन तरफ़ से घेरती इमारतें हैं। बाईं ओर चर्च, मैदान के ठीक सामने तीन मंज़िला इमारत और दाईं तरफ़ इतनी ही लंबी-चौड़ी एक और इमारत। चर्च में सुबह-शाम प्रार्थना सभाएँ होती हैं, जिसके सुर पूरे परिसर में गूँजते रहते हैं। मैदान के ठीक सामने की तीन मंज़िला इमारत में चर्च के कर्मचारियों के रहवास हैं, जबकि दाईं तरफ़ की इमारत की पहली मंज़िल के छोटे-छोटे कमरे हम जैसे बैचलर युवकों को किराए पर देने के लिए रखे गए हैं। इन्हीं में से एक कमरे में मैं पिछले एक साल से रह रहा हूँ, पाँच हज़ार रुपए महीना किराये पर।

इमारत के ढाँचे और कमरों की दीवारों से अंदाज़ा लगाया जा सकता है कि इसका वजूद कोई अस्सी से सौ साल पुराना तो होगा ही और बैचलर युवकों

के किराए से परिसर का रख-रखाव और यहाँ की दीवारों की रंगाई-पुताई की जाती होगी। किसी भी कमरे को बहुत अच्छे या बहुत खराब की श्रेणी में नहीं रखा जा सकता, रहने के हिसाब से सभी कमरे मुझे ठीक-ठाक नज़र आते हैं और प्राय: हर कमरे की हालत एक जैसी है, लंबी-लंबी अलमारियाँ और बड़ी-बड़ी खिड़कियाँ जिनका आकर्षण हैं।

कमाठीपुरा की कोठरियों के मुकाबले यहाँ की हालत बहुत ज़्यादा अच्छी है, लेकिन कमाठीपुरा की गलियों की तरह ही यहाँ की पहली मंज़िल पर एक छोटा भारत बसता है, जहाँ करीब 30 से 35 की तादाद में हिन्दी, मराठी, बंगाली, पूर्वोत्तर और दक्षिण-भारत पट्टी के छात्र या नौकरीपेशा युवक रहते हैं। ये सभी जब टीवी हॉल, कैंटीन या नीचे के बड़े-पक्के मैदान में होने वाले धार्मिक-सांस्कृतिक आयोजन के मौके पर मिलते हैं तो अक्सर हिन्दी में ही बतियाते हैं।

मुझे यह जगह अनिल जेम्स के रिफ़रेंस पर दी गई है, जो पहले यहाँ रह चुके हैं और एक गैर-सरकारी संस्था में मेरे साथ ही लेकिन बड़े ओहदे पर नौकरी कर रहे हैं। मैं इस संस्था में संचार (मीडिया) विभाग में काम करता हूँ। मेरे लिए एक साल तक नागपाड़ा नेबरहुड हाउस में टिके रहने का एक कारण तो यह है कि मेरा ऑफ़िस यहाँ से बहुत पास है। इतना कि अक्सर शाम को वहाँ से मैं पैदल ही लौटता हूँ, चिंचपोकली से भायखला होते हुए नागपाड़ा नेबरहाउस के इस परिसर की ओर।

नागपाड़ा मुस्लिम बहुल इलाका है और हमारे परिसर के ठीक बाज़ू में एक और बहुमंज़िला बिल्डिंग है, जिसका नाम है गॉर्डन हाउस बिल्डिंग, जो हमारी जिज्ञासाओं का सबब है। दो-एक बार तो मैंने इस बिल्डिंग में घुसने की भी सोची, लेकिन बड़ी संख्या में सुरक्षा गार्डों को देख अपने आप को रोक लिया। इस बिल्डिंग की किसी मंज़िल पर हसीना इब्राहीम पार्कर का फ़्लैट है। हसीना को यहाँ हसीना आपा के नाम से भी जाना जाता है, जो मोस्ट वांटेड अंडरवर्ल्ड डॉन दाऊद इब्राहीम की छोटी बहन है। लेकिन, हर दिन, शाम और देर रात तक सोफिया जुबेर, डेक्कन और डिमटिमकर रोड से कभी अकेले तो कभी दोस्तों के साथ टहलते हुए मुझे कभी नहीं लगा कि अस्सी और नब्बे के दशक में यहाँ अंडरवर्ल्ड का बोलबाला रहा होगा।

दरअसल, नागपाड़ा इलाके को दाऊद इब्राहीम का गढ़ माना जाता रहा है और उसकी हरकतों से जुड़े कई किस्से यहाँ हवा में तैर रहे हैं। कहा जाता है कि छोटा राजन और विक्की गोस्वामी जैसे बड़े गैंगस्टर्स का भी नागपाड़ा से गहरा नाता

रहा है। ये सारी बातें मुझे सोनू बताता रहता है और एकदम फ़िल्मी अंदाज़ में।

इतने दिनों में मैंने सोनू की एक बात नोटिस की थी। वह बिस्तर पर लेटकर प्रायः बहुत कम बोलता था। जब भी उसे लंबी बात करनी होती तो अक्सर कमरे से बाहर निकलने पर ज़ोर देता। कहता, "चल, तुझे चाय पिलाता हूँ!" और उसके द्वारा ऑफ़र की गई चाय परिसर की कैंटीन की नहीं होती थी, बाहर सारवी जैसे किसी रेस्टोरेंट या सड़क किनारे की किसी दुकान की चाय होती।

~

23 दिसंबर 2009 और दिन बुधवार...

"चल तुझे चाय पिलाता हूँ!" सोनू ने आज शाम फिर मुझे चाय के लिए ऑफ़र दिया। ज़ाहिर है कि इस कमरे और परिसर के बाहर खुली हवा में उसे बहुत सारी बातें करनी हैं। हालाँकि, मैं अभी-अभी चिंचपोकली से भायखला होते हुए अपने ऑफ़िस से पैदल लौटा हूँ। लेकिन, सोनू के प्यार भरे ज़ोर और चाय की तलब ने मुझे थोड़ी देर में ही बिस्तर से उठा दिया। अगले ही पल हम दोनों नागपाड़ा के पुलिस स्टेशन की कैंटीन पहुँच गए। यहाँ सोनू की कुछ पुलिसवालों से दोस्ती भी हो गई थी। लेकिन, चाय पीते-पीते उसने ऐसी बात कही जो मुझे अच्छी नहीं लगी। ऐसा उसने शायद अनजाने में दूसरी बार कहा।

"तूने शिरीन को तो कमाठीपुरा के बारे में नहीं बता दिया?" उसने मुझसे पूछा। उसके सवाल को मैंने अनसुना कर दिया। वह शिरीन से कभी नहीं मिला, उसने मुझे मोबाइल पर किसी लड़की से अक्सर बातें करते हुए सुना तो उस बारे में पूछ लिया और मैंने भी सहज ही उसे शिरीन का नाम और उससे अपना रिश्ता बता दिया। उसका शिरीन के बारे में बार-बार पूछना मुझे अच्छा नहीं लगा।

"उसे बताना भी मत, हरिश्चन्द्र की औलाद मत बनियो!" सोनू ने फिर मुझे टोका। मैंने फिर उसकी बात को अनसुना कर दिया। इसके पहले भी उसने इसी जगह एक शाम को चाय पीते हुए शिरीन का ज़िक्र किया था। वह भी बुधवार की ही शाम थी और तब मेरी उससे बहुत अच्छी दोस्ती नहीं हुई थी। उसने मुझसे जानना चाहा था कि क्या मैं कभी रेडलाइट एरिया गया हूँ, कभी किसी सेक्सवर्कर के साथ संबंध बना पाया हूँ। मैंने इनकार में सिर हिलाया तो उसने शुक्रवार शाम को कमाठीपुरा साथ जाने की बात कही। शुक्रवार शाम इसलिए कि उसे मालूम है कि मेरी शनिवार और रविवार की छुट्टी रहती है।

शुक्रवार की शाम मेरे लिए जाना मुश्किल था, क्योंकि मैंने शिरीन के कहने पर उसके साथ यहाँ से थोड़ी दूरी पर समंदर किनारे स्थित हाजी अली की दरगाह पर जाने की हामी भर दी थी। यह बात मैंने सोनू को बताई।

"अभी शिरीन को गोली मार और हाजी अली तो तू उसके साथ जब चाहे चले जाना। पहले कमाठीपुरा जा, जो दुनिया कभी न देखी, तू पहले देख।" उसने एक अलग दुनिया को देखने की दलील दी, जिसके बारे में हमने अब तक सुन रखा था, या फ़िल्म और किताबों के ज़रिए अंदाज़ा लगाया हुआ था। मैंने भी कई बार कमाठीपुरा की गलियों की ओर जाने का मन बनाया था। यह और बात है कि तमाम डर और धारणाओं ने मुझे वहाँ जाने से रोके रखा था। इसलिए, मैंने उससे कहा, "देखते हैं।"

इसका मतलब उसने यह लिया कि मैंने वहाँ जाने का मन बना लिया। हालाँकि, उसके बाद मैंने भी कमाठीपुरा के बारे में ऑफ़िस के इंटरनेट से अलग-अलग वेबसाइटों के ज़रिए बहुत सारी जानकारियाँ खंगालीं। इससे मुझे कमाठीपुरा की दो सौ साल तक की मोटी-मोटी सूचनाएँ हासिल हुईं।

मुझे मालूम हुआ कि उस जगह को शुरू में लाल बाज़ार कहा जाता था, फिर आंध्रप्रदेश के कमाठी मज़दूरों के कारण उसका नाम कमाठीपुरा पड़ गया। बाद में गुजरात के वाघरी लोगों की तादाद भी बढ़ी, लेकिन समय के साथ इसकी पहचान एक रेडलाइट इलाके के तौर पर होती चली गई। अब इस जगह से नेपाल से लेकर बंगाल और उत्तरप्रदेश से लेकर कर्नाटक तक हर राज्य के लोगों का जुड़ाव है।

दरअसल, 18वीं शताब्दी में अंग्रेज़ों ने अपने सैनिकों के लिए कमाठीपुरा में 'कम्फ़र्ट ज़ोन' बनवाया था और यूरोप के देशों से बड़ी तादाद में यौनकर्मियों को बुलवाया था। वर्ष 1928 में यौनकर्मियों को लाइसेंस भी जारी किए गए थे। लेकिन, आज़ादी के बाद भारत सरकार ने यौन-व्यवसाय पर प्रतिबंध लगा दिया।

जब मैंने पढ़ा तो हैरान रह गया कि कमाठीपुरा में दो सौ से ज़्यादा कोठे हैं, जिनमें पाँच से सात हज़ार वेश्याएँ रहती हैं। यानी एक कोठे में तीस से ज़्यादा वेश्याएँ रहती हैं। मेरे मन में पहला सवाल आया कि एक कोठे के भीतर एक कोठरी कितनी बड़ी होती होगी और ऐसी कितनी कोठरियाँ होती होंगी! कमाठीपुरा का पूरा इलाका मोटे तौर पर सोलह गलियों में बँटा है, जिनमें से नौ गलियों में सेक्स का कारोबार चलता है, बाकी सात गलियाँ रेज़िडेंशियल और बिज़नेस-स्पॉट हैं।

यह सोचकर मैं फिर हैरान हुआ कि किसी खास इलाके के लोगों के लिए

यौनकर्म किस तरह सामान्य व्यवसाय का हिस्सा हो सकता है! आख़िर कैसे बाज़ार की एक गली में गर्म चाय और पकोड़े बिक रहे होंगे और दूसरी गली के कोठे के भीतर की कोठरियों में पेट की आग बुझाई जा रही होगी! मेरी आँखों के सामने वे अनदेखी कोठरियाँ आग की भट्ठियों की तरह नज़र आने लगीं।

फिर इंटरनेट पर वेश्यावृत्ति से जुड़ी अवधारणाओं और दुनिया की कई मशहूर वेश्याओं के इंटरव्यू पढ़े, तब मुझे यह भी लगने लगा कि वेश्यावृत्ति के बारे में कहीं मैं गलतफ़हमियों का शिकार तो नहीं होता जा रहा हूँ। जैसे कि एक विदेशी वेश्या ने बताया, ''वेश्यावृत्ति ने मुझे आजादी का एहसास दिलाया।'' एक दूसरी वेश्या का मत था कि जो लोग वेश्या को पीड़िता की नज़र से देखते हैं, वे इस पूरे मामले को सिरे से ही नहीं समझते। तो क्या इस क्षेत्र में आने वाली ज़्यादातर महिलाओं ने यह पेशा अपनी मर्ज़ी से चुना है! क्या यह उनकी आज़ादी और आत्मविश्वास से जुड़ा मामला है! क्या इसमें उनका निजी फ़ायदा है! मेरे दिमाग में आया कि कहीं मैं उन महिलाओं को पीड़िता मानने की जल्दबाज़ी तो नहीं कर रहा हूँ।

ऑफ़िस के कम्प्यूटर के सामने बैठकर मैं इन्हीं सब बातों में उलझा हुआ था। तभी मेरे मोबाइल पर शिरीन का नंबर चमका। उसने कहा, ''सुनो, चिंचपोकली से हाजी अली के लिए सीधी बस शायद ही मिले। तुम पहले नागपाड़ा आ जाना, फिर वहाँ से दूसरी बस से हाजी अली पहुँचना।...सात-साढ़े सात बजे तक, मैं तुम्हें वहीं मिलूँगी।''

उसने बताया तो मुझे याद आया कि उस दिन शुक्रवार है और शुक्रवार की शाम को मुझे उसके साथ हाजी अली जाना है। मैं उसे मोबाइल पर क्या समझाता और कैसे समझाता कि मैं कहाँ और क्यों जाना चाहता हूँ।

इसलिए, मैंने उससे सिर्फ़ इतना ही कहा, ''आज नहीं, आज ऑफ़िस में काम ज़्यादा है। फिर कभी।'' दरअसल, दिन के उजाले में एक इज़्ज़दार कहलाने वाला आदमी जहाँ जाने से कतराता है, मुझे लगा वहाँ देर शाम और रात का समय किसी वेश्या के साथ बिताया जाए। वहाँ की सच्चाइयों से रू-ब-रू हुआ जाए। अपने तमाम डर और धारणाओं से मुक्ति पा ली जाए। बगैर कोई नैतिक बहस छेड़े वहाँ का तजुर्बा भी ले लिया जाए।

और मैं और सोनू दोनों रात करीब आठ-साढ़े आठ बजे नागपाड़ा के नर्सिंग होम से टैक्सी लेकर एलेक्ज़ेंडरा टॉकीज़ के मेन-गेट पहुँचे। वहाँ से कमाठीपुरा की गलियों की ओर मुड़े, जहाँ अनगिनत वेश्याएँ खड़ी थीं, जिनकी अंतहीन कहानियाँ होंगी। वहाँ यौन-व्यवसाय को मुख्यतः पिंजरेनुमा कोठों की बालकनियों

में खड़ी सेक्सवर्कर्स के तौर पर देखा। उस दिन मौसम तो खुशनुमा था। हालाँकि, कुछेक गलियों की खुली नालियों से आने वाली बदबू मेरे लिए असहनीय थी।

फिर भी एक गली से दूसरी और दूसरी से चौथी गली में ले जाते हुए सोनू के पीछे चलता रहा। वहाँ का पूरा इलाका इतना तंग, विस्तृत और भीड़-भाड़ वाला है कि पहली बार घूमते हुए समझ ही नहीं पा रहा था कि यदि यहाँ से अकेले निकलना पड़े तो कैसे निकलूँगा।

फिर सोनू मुझे एक पिंजरेनुमा कोठे की पहली मंज़िल पर ले गया। और इस तरह मैं पहली बार दूसरी दुनिया में दाखिल हुआ। वहाँ लकड़ी की सीढ़ियों से लगे कोने थे। कोने से लगे दरवाज़े थे। दरवाज़ों से लगी ताबूतनुमा कोठरियाँ थीं। कोठरियों में मामूली अँधेरा और मामूली रोशनी थी। उस रोशनी में कई सारी लड़कियाँ दिख रही थीं। जल्दी ही मुझे एक कोठरी में बीस-बाईस साल की एक लड़की के सामने खड़ा कर दिया गया था। सोनू अलग कोठरी में बंद था, जबकि मैं एक अलग कोठरी में बंद था। हालाँकि, मेरे मन में मेरे सामने बैठी लड़की से पूछने के लिए पहले से ही बहुत सारे सवाल थे। लेकिन, मैं उस समय एक भी सवाल नहीं पूछ पा रहा था।

जैसे कि मैं उससे पूछ नहीं पा रहा था कि आप यहाँ तक कैसे पहुँचीं?... या वह कौन था जिसने आपको सबसे पहले यह बताया कि पैसे कमाने का यह भी एक तरीका हो सकता है?...या आप अपनी मर्ज़ी से आई हो?...या इस तरह क्या आप अपने आप को आज़ाद महसूस करती हो वगैरह-वगैरह?

मैं उसके पास आकर इतना ही पूछा सका, "आपका नाम क्या है?" उसने अपना कोई नाम बता दिया। उसका नाम याद नहीं, लेकिन उसकी आवाज़ के लहज़े से जान गया था कि वह एक बंगाली लड़की थी। इससे आगे न मुझसे कुछ पूछना हुआ था और न वहाँ रुकना। मैं सोनू को वहीं छोड़कर जल्दी से उस कोठरी से निकला और भागकर अपने ठिकाने के कमरे में आ गया। जब वह लौटा तो अपनी घबराहट के कारण मैं उसके लिए हँसी का पात्र बन गया था।

27 दिसंबर 2009 रविवार...

लोकल ट्रेन के बगैर मुंबई शहर की कल्पना नहीं की जा सकती है। इसीलिए, मुझे हर तरफ़, हर जगह और कई चीज़ें लोकल ट्रेन-सी नज़र आती हैं। जैसे,

आज रविवार की सुबह यह कोठा, जिसके सामने मैं फिर सुबह-सुबह खड़ा हूँ। यह एक जगह स्थिर होने के बावजूद मुझे लोकल ट्रेन जैसा दिखता है, जो पता नहीं कब चल पड़े। इस पर जैसे यात्री लगातार चढ़ और उतर रहे हैं। लेकिन यह यात्रा कहाँ जाकर रुकेगी, न यहाँ चढ़ने-उतरने वाले यात्री जानते हैं और न इस कोठे में रहने वाली यहाँ की लड़कियाँ। जब दोनों कुछ पल के लिए साथ होते हैं तो ये अपना पड़ाव तो जानते हैं, लेकिन यह भी जानते हैं कि हमसफ़र कोई नहीं।

ये कोठे सालों से अपनी ज़मीन पर खड़े होते हुए भी इंजन से चलते नज़र आते हैं। एक ओर हैं यहाँ की लड़कियाँ, जो अपने चेहरे पर बेहिसाब पाउडर, होंठों पर सुर्ख लिपिस्टिक, आँखों में गहरा काजल, कंधे पर पर्स, पैरों में सेंडल, बालों में गजरे, पूरे बदन पर सस्ती ज्वैलरी लादे हैं। दूसरी तरफ़ हैं ग्राहक, जिनका काम मानो यहाँ से 'अच्छा माल' छांटना हो, ताकि उसे अपने हिसाब से तोड़ा-मरोड़ा जा सके और कुछ रातों तक इत्मीनान से सोया जा सके।

यह तथ्य सही है कि कमाठीपुरा की सोलह गलियों में से सेक्स का कारोबार अब सिर्फ़ नौ गलियों में ही होता है। यहाँ के लोग बताते हैं कि कमाठीपुरा में सेक्स वाली गलियों की तादाद पहले से घटी है। लेकिन, ये लोग गवाह हैं कि इन गलियों की ओर रुख करने वाले लोगों की संख्या कम होती नहीं दिखती। कमाठीपुरा की ओर रुख करने वाले लोगों के लिए यहाँ की गलियों का रहस्य बरकरार है। आँखें काफ़ी कुछ देखने के बाद भी नहीं भरतीं। एक गली से दूसरी, दूसरी से तीसरी, तीसरी से चौथी, चौथी से पाँचवीं और पाँचवीं से छठी या सातवीं गली से गुज़रते हुए उसे देह की बड़ी मंडी नज़र आती है, लेकिन कई बार तलाश फिर भी खत्म होती नहीं दिखती। इसलिए, न कभी कमाठीपुरा का बाज़ार बंद होता है और न यहाँ आने वाले लोगों का सिलसिला टूटता है।

कोठों की जर्जर दीवारें देख भरोसा होता है कि इनका इतिहास बहुत पुराना है। पहली, दूसरी मंज़िलों पर नीले, हरे, भूरे रंगों की बदरंग खिड़कियाँ अक्सर खुली होती हैं, कुछ खोली गई होंगी तो कुछ के सींखचे गायब हैं, कुछ पर पर्दे लटके हैं तो कुछ बेपर्दा हैं। यहीं दिन-रात गुज़ारने वाली लड़कियाँ जब्र-तब इन पिंजरेनुमा कोठरियों से निकलती भी हैं, कभी ज़रूरी काम से तो कभी बीमार पड़ने पर। इन कोठरियों में ये लड़कियाँ एक-दूसरे की देखभाल और सुरक्षा करती हैं, एक-दूसरे के साथ खाती-पीती हैं, सुख-दुख बाँटती हैं, चुटकुले सुनती-सुनाती हैं और एक-दूसरे की अच्छी दोस्त भी हैं। अब यही इनका घर है, परिवार और संसार है। असल मायने में यहीं इनके आत्मविश्वास की भी कोठरियाँ हैं।

इसके आगे कमाठीपुरा की गलियाँ नॉर्थबुक गार्डन, बैलेसिस रोड और फाकलैंड रोड से जुड़कर अपनी रेडलाइट एरिया की पहचान खोने लगती हैं। कमाठीपुरा की गली नंबर-11 से चोर बाज़ार के लिए रास्ता खुलता है, जिसकी कुछ गलियों में बहुत सस्ते दामों पर इलेक्ट्रॉनिक सामान और कुछ गलियों में जूते और कपड़े मिलते हैं। मैंने आज तक वहाँ से कुछ नहीं खरीदा।

लेकिन, कमाठीपुरा की गली नंबर-11 में मैं खुद को यहाँ के वर्तमान और अतीत के बीच खड़ा पाता हूँ। बात चाहे आज़ादी के पहले अंग्रेज़ों के ज़माने की हो या आज की। गली चाहे कमाठीपुरा की हो या यहाँ से जाने वाले चोर बाज़ार की। किस्सा चाहे कोलकाता शहर के किसी रेडलाइट का हो या मुंबई शहर के रेडलाइट का। मुंबई में सड़क चाहे ग्रांट रोड की हो या मीरा रोड की हो, जगह चाहे मदनपुरा की हो या नागपाड़ा की। इसके आस-पास से गुज़रते हुए आपसे रुक्मणी भी टकरा सकती है और रुहाना भी इशारे से बुला सकती है। जिन्हें अपने धर्म, क्षेत्र, समुदाय और अपनी ज़ुबां पर नाज़ है, वे यहाँ नहीं दिखते।

मैं रेडलाइट एरिया की जितनी भी लड़कियों से मिला, कह सकता हूँ कि उन्हें बस एक 'ग्रीन सिग्नल' का इंतज़ार है। लेकिन, यह रेडलाइट ज़ोन है।

बेला, चंपा, गोमती, दुर्गा, जया, कुसुम, माधुरी, सुब्बा, जोया, मोनी और नगमा जैसी कई लड़कियाँ निम्न-वर्गीय परिवार से हैं। इनमें से कई लड़कियाँ कम उम्र में ही भारत के छोटे-छोटे गाँवों और कस्बों से बरगलाकर लाई गई हैं।

इसके अलावा कोई प्यार में धोखा खाई हुई है, कोई नौकरी के झाँसे में फँसकर रह गई है, किसी के घरवाले ने ही मजबूर कर दिया है, किसी को दलाल ने नरक का रास्ता दिखाया है। इन पिंजरेनुमा कोठरियों में हम जैसे ग्राहकों के घुसने के कई दरवाज़े हैं, चढ़ने की कई सीढ़ियाँ हैं। लेकिन, यहाँ से इन लड़कियों के निकलने के रास्ते आसान नहीं हैं।

हाँ, यह सही है कि इनमें से कुछ ने मुझे यह भी बताया कि इस पेशे में वह ख़ुद को आज़ाद और आत्मनिर्भर महसूस करती हैं। लेकिन, मुझे यहाँ जितनी लड़कियाँ मिलीं उनमें से अधिकतर ने कहा कि वह अपनी मर्ज़ी से यहाँ नहीं आई हैं। इस धंधे में उनका निजी फ़ायदा भी है, यह बात उन्हें बहुत बाद में समझ आई।

इन सबके बावजूद यदि वह इस धंधे में रहना चाहती हैं तो यह उनकी आज़ादी है। लेकिन अगर वे इस व्यवसाय से मुक्ति चाहती हैं तो पुनर्वास की कोशिश होनी चाहिए।

क्या यह नैतिकता, अपराध और स्वास्थ्य के दायरों तक सिमटा हुआ मामला

है? क्या देह-व्यवसाय के कारणों में बेकारी, गरीबी और पलायन के चक्रव्यूह को खारिज किया जा सकता है? दरअसल, देह-व्यवसाय कई पहलुओं से अपनी शिनाख्त की माँग करता है और हकीकत तो यह है कि इसके किसी भी पहलू को सिरे से खारिज नहीं किया जा सकता है।

~

मुंबई का चाँद
अकेला होता है
उस रात
बहुत अकेला था चाँद
खुले आसमान में
चंद तारों के साथ
अकेला और
देर तक लटका था चाँद
बेकरार चाँद
उस रात
सोना नहीं चाहता था
वह जानता था
उसकी एक झपकी से
उजियाला होगा और
शहर के हज़ारों चाँद टूट जाएँगे
शहर के हज़ारों घर अपने ठिकानों से लापता होंगे
उस रात
चाँद
हज़ारों ख़्वाबों को तोड़ने की तैयारियाँ
देख रहा था।

4 जनवरी 2010...

आज से ठीक एक साल पहले इसी तारीख को पहली बार मैं शिरीन से मिला था। यह तारीख इसलिए भी नहीं भूल सकता हूँ कि इस तारीख की रात दुनिया

के लिये भले एक सामान्य रात रही होगी, लेकिन शांतिनगर इलाके में मानखुर्द बस्ती की नूरजहाँ शेख के लिए नहीं। जब अगली सुबह शिरीन ने मुझे पचास पार नूरजहाँ के सामने खड़ा किया तो मैंने अनुमान लगाया कि उस रात कैसे उनके सपनों और संघर्षों का कत्ल हुआ होगा! अपनी सूनी आँखों से खाली जगह को घूरती हुई नूरजहाँ जहाँ बैठी थी, वहीं अड़तालीस घंटे पहले तक एक छोटी झोपड़ी थी, जिसमें एक परदा लगाकर कुल दो परिवारों के तेरह लोग रहते थे।

शिरीन मुझे जहाँ ले आई थी, वहीं से मैंने देखा कि एक लोकतांत्रिक देश की याद दिलाने वाले गणतंत्र-दिवस के ठीक तीन दिन पहले ही नूरजहाँ शेख की सालों की जमापूँजी माटी में मिला दी गई थी।

26 जनवरी के तीन रोज़ पहले सरकार ने बुल्डोज़र से उनकी गृहस्थी को कुचल डाला था। लेकिन, उस रात अपनी जीवन भर की कमाई को झटके में गंवाने वाली नूरजहाँ अकेली नहीं थीं। उस रात मानखुर्द बस्ती की करीब अठारह सौ झुग्गियाँ उजड़ी थीं और पाँच हज़ार लोगों की जमापूँजी इसी तरह माटी में मिला दी गई थी।

आज से ठीक एक साल पहले मैं और शिरीन जब पहली बार मिले थे तो हमने साथ घूमते हुए देखा कि अंबेडकरनगर, भीमनगर, बंजारवाड़ा, इंदिरानगर और शांतिनगर अब केवल नाम भर के लिए रह गए हैं, जिन बस्तियों में कल तक ज़िन्दगी साँसें लेती थीं। अब उन इलाकों में घर बनाने और उससे जुड़ी यादें भर शेष रह गई थीं, जिनके सहारे जाने कितने सपने देखे गए थे। मैं और शिरीन जब पहली बार मिले थे तो हमने साथ घूमते हुए देखा कि हज़ारों की संख्या में लोगों को खुले आकाश के नीचे रात गुज़ारने के लिए छोड़ दिया गया था।

वे बच्चों की परीक्षाओं के ठीक पहले के दिन थे। लेकिन, हमने देखा था कि शासन ने पानी के पाइप और बिजली के खम्भे तक उखाड़ दिए थे। इस तरह, हमने पाया कि बच्चों के सामने से आने वाले कल के कई ख़्वाबों की बत्तियाँ बुझा दी गई थीं।

अनपढ़ नूरजहाँ शेख ने शिरीन को अंग्रेज़ी में लिखा एक सरकारी सबूत भी दिखाया था। उसे भरोसा दिलाया गया था कि वर्ष 1995 से पहले बनाई गईं झोपड़ियाँ नहीं तोड़ी जाएँगी। इसलिए, उसे पढ़े-लिखे अफ़सरों पर पूरा भरोसा भी था। लेकिन, उसने बताया कि उसे पहले से सूचना दिए बगैर ही उसकी जैसी हज़ारों झोपड़ियाँ गिरा दी गई थीं। नूरजहाँ की पूरी ज़िन्दगी मामूली ज़रूरतों को पूरा करने में ही गुज़री थी। अपनी उम्र के कोई पचास में से सत्ताइस साल उसने

मुंबई में ही बिताए। वह अपने पति यूसुफ़ शेख के साथ कलकत्ता से यहाँ आई थी। दोनों नौ सालों तक किराए के मकानों में रहते रहे थे।

नूरजहाँ अपने शौहर पर इस कदर निर्भर थीं कि उन्हें मकान का किराया तक मालूम नहीं रहता था। वे बताती हैं कि 1995 में उनके पति यूसुफ़ शेख को बांग्लादेशी होने के शक में गिरफ़्तार किया गया था। जाँच के बाद उनके भारतीय होने की पुष्टि हो गई। यूसुफ़ शेख ज़री के कारखाने में काम करते हुए समय के पहले बूढ़ा हो गया और उसका साथ छोड़ दुनिया से विदा हो गया था। तब नूरजहाँ की ज़िन्दगी से किराए का मकान भी छिन गया था। कुछ लोग समुद्र की इस दलदली जगह पर आ बसे थे। अठारह साल पहले नूरजहाँ भी अपने छह बच्चों के साथ वहीं रहने लगी थीं।

नूरजहाँ का पहला बेटा शादी करके अलग हो गया। लेकिन, दूसरा उसके साथ ही रहा। वह भी ज़री का काम करता था और डेढ़ हज़ार रुपए महीने की आय में घर चलाने की भारी ज़िम्मेदारी निभाता था। उससे छोटी दो बहनों ने दसवीं तक पढ़कर पढ़ाई छोड़ दी थी। मैं सोचने लगा कि आर्थिक तंगी से जूझता नूरजहाँ का परिवार क्या एक बार फिर बेहतर कल की उम्मीदें पाल सकेगा!

आज से ठीक एक साल पहले इसी तारीख को पहली बार मैं शिरीन से मिला था। यह तारीख इसलिए भी नहीं भूल सकता हूँ कि एक रात पहले शांतिनगर इलाके की मानखुर्द बस्ती में सरकारी बुल्डोज़र ने मीना विश्वकर्मा की झोपड़ी भी तोड़ दी थी।

उस समय उनके पति ओमप्रकाश विश्वकर्मा घर पर नहीं थे। उस समय मीना सहित बस्ती की सारी औरतों को पार्क की तरफ़ खदेड़ दिया गया था। मीना ने शिरीन को कागज़ दिखाकर बताना चाहा कि उसकी झुग्गी गैरकानूनी नहीं है। वर्ष 2008 को दादर कोर्ट ने अपने फ़ैसले में उसे वर्ष 1994 से यहाँ का निवासी माना है। लेकिन. उस रात वहाँ उसकी बात सुनने वाला कोई नहीं था।

बसंती कुछ दिनों में माँ बनने वाली थी। लेकिन, उस रात उसकी झोपड़ी भी तोड़ी गई। उसके यहाँ बिस्तर, दरवाज़ा, अनाज के डिब्बे और टीवी को तोड़ा गया। पीछे से पति हुकुम सिंह ने बहुत सारा सामान निकाला, लेकिन गर्म कपड़े और खिलौने यहाँ-वहाँ बिखर गए। इसी तरह, मैंने और शिरीन ने, हम दोनों ने उस दिन इलाके के बहुत सारे बच्चों को खिलौने और किताबें ढूँढ़ते देखा था। इसी तरह, हुकुम सिंह की कहानी भी बहुत दर्दनाक थी। वे सालों पहले आगरा से सपनों के शहर मुंबई आए थे, जहाँ वर्ष 2005 में उन्होंने बसंती से प्रेम-विवाह किया था।

अब जब उनके जीवन में सबसे सुंदर दिन आने थे, उसी समय जीवन के सबसे मुश्किल दिनों ने दरवाज़े पर दस्तक दे दी थी। बसंती भी बाकी औरतों की तरह खुले आसमान में सोने को मजबूर थी। मैंने और शिरीन ने साथ-साथ देखा कि इन टूटी झुग्गियों के आस-पास मकानों के कई नक्शे दबे रह गए थे। हम दोनों ने देखा कि बाज़ार से खरीदी सस्ती तस्वीरों में दर्ज बेशकीमती कारों वाली हसरतें हवा हो चुकी थीं।

हालाँकि, बस्ती तोड़ने का यह अंदाज़ नया नहीं था। लोग बताते हैं कि पहली बार वर्ष 1993 में सरकार ने करीब पाँच सौ झुग्गियाँ तोड़ी थीं। शिरीन ने सूचना के अधिकार के तहत मिली जानकारी में बताया कि वर्ष 1993 से 2008 तक इस बस्ती को 199 बार तोड़ा गया था! लेकिन, पिछली कार्रवाइयों के मुकाबले इस बार पूरी बस्ती का ही वजूद मिटा दिया गया था।

आज से ठीक एक साल पहले इसी तारीख को पहली बार मैं शिरीन से मिला था तो उन दृश्यों और लोगों के दुख-दर्द ने मुझे भीतर तक हिला दिया था। और इस स्थिति ने मुझे पहली ही मुलाकात में शिरीन के काफ़ी करीब ला दिया था। फिर हम मुंबई में इसी तरह की कई बस्तियों में घूमते रहे और उनका दस्तावेज़ीकरण करते रहे। और इसी साल मई की एक शाम को बहुत पास आ चुके थे। उस सुबह ही ईस्टर्न एक्सप्रेस हाइवे के पास नेताजी-नगर बस्ती के करीब 250 कच्चे घर तोड़ दिये गए थे। तब मुंबई में मानसून के बादल दस्तक देने वाले थे।

हमने देखा कि नेताजी-नगर बस्ती के लोग नए आशियानों की खोज में घूम रहे थे। मुंबई नगर-निगम की इस कार्रवाई से करीब दो हज़ार लोग प्रभावित हुए। पुलिस ने झोपड़पट्टी हिंसक कार्यवाही में दस महिलाओं सहित कुल 17 लोगों को गिरफ़्तार किया था। कई महिलाएँ पुलिस की लाठीचार्ज से घायल भी हुईं। मुंबई में बादलों से पहले यह शासन का 'आतंक' था।

और उसके अगले दिन ऐसा भी हुआ जब मेरी तरफ़ से उसके सामने प्यार का इज़हार महज़ औपचारिकता भर रह गया था, क्योंकि बगैर बोले ही हम दोनों यह जान चुके थे कि बात गहरी दोस्ती से कहीं आगे बढ़ चुकी है। बगैर एक-दूसरे से इज़हार किए, यह जानकर दोनों एक साथ बहुत खुश भी थे। जगह थी मैरीन ड्राइव, जब रात के शुरू होते ही ऊँची इमारत और स्ट्रीट लाइटों की चकाचौंध में दक्षिण मुंबई की यह कोई साढ़े चार किलोमीटर लंबी सड़क बहुत सुंदर दिखाई पड़ रही थी। समंदर के पानी की ऊँची-ऊँची लहरें

जब पत्थरों को छू रही थीं तो ऐसी ही एक लहर पर अचानक मेरे मुँह से उसके लिए बेइंतहा प्यार के बोल फूट पड़े।

इसके पहले तक होता यह था कि जिस दिन मुझे मुंबई में ताज़गी चाहिए होती थी तो अक्सर शाम को अकेला ही मुंबई सेंट्रल से मैरीन ड्राइव पहुँच जाता था। लेकिन, उस दिन के बाद से हुआ यह कि मैं वहाँ कभी अकेला नहीं गया। मेरे साथ शिरीन होती, जिसके साथ मैं वहाँ हमेशा ही समंदर का-सा विस्तार पाता।

और चंद रोज़ पहले ही एक शाम मैरीन ड्राइव पर साथ बैठे मैंने उसे अपनी कमाठीपुरा आने-जाने, वहाँ रातें बिताने और उसके पीछे के कारण के बारे में बताया। यह सुनकर वह हैरान हुई, जिसकी मैंने आशा नहीं की थी। लेकिन, मेरे पूछने पर उसने इतना ही कहा कि उसे कोई आपत्ति नहीं है। उसने मुझे वहीं इस मुद्दे पर काम करने वाली सोशल वर्कर और उसकी दोस्त नैना के बारे में बताया, फिर अपने मोबाइल से निकालकर उसका नंबर दिया।

और यह हिदायत भी कि मैं वहाँ किसी भी तरह का यौन संबंध बनाने से बचूँ, क्योंकि उसके मुताबिक उसे मेरे स्वास्थ्य की चिंता है। मैंने उसे बताया कि मुझे उसकी हिदायत बहुत पसंद आई है और अब मुझे मेरे स्वास्थ्य की उतनी ही चिंता है जितनी कि उसे मेरे स्वास्थ्य की चिंता रहने लगी है।

~

10 जनवरी 2010 रविवार...

''इस पिंजरेनुमा कोठे की सबसे आख़िरी कोठरी में रोशनी क्यों नहीं है?''—यह सवाल मैंने गोमती से पूछा। मुझे मालूम था कि इस बात को गोमती से अच्छा कोई नहीं बता सकता है! उसे आठ साल की उम्र में नेपाल से यहाँ लाया गया था और कई दिनों तक कैद में रखा गया। दरअसल, नेपाल की राजधानी काठमांडू के पास के किसी गाँव में रहने वाली गोमती की माँ बचपन में मर चुकी थी। इसलिए, वह अपनी माँ की याद में अक्सर स्कूल के बाहर ही बैठी रहती थी। इतनी नाजुक उम्र में उसे क्या पता था कि स्कूल या मेले की ऐसी अकेली और गुमसुम बच्चियों पर दलालों की नज़र रहती है।

फिर एक दलाल भी गोमती से कई दिनों से बतियाता और उसे बहलाता-फुसलाता था। उसने यह भी कहा था कि वह उसकी माँ को भी जानता है, जो

मरी नहीं है और यदि वह इस बारे में किसी को कुछ न बताए तो एक दिन मिला भी सकता है। लेकिन, एक दिन उसने गोमती को खाने में कुछ देकर उसे बेहोश कर दिया। फिर वह गोमती को नेपाल से मुंबई ले आया। यहाँ उसे घरवाली के हाथों बेच दिया गया। घरवाली ने उसे बहुत प्यार-दुलार दिया। उसने कहा कि तेरी माँ तुझे मेरे लिए ही तो छोड़ गई है, एक दिन आ जाएगी। लेकिन, गोमती की माँ है कि आज तक नहीं आई है!

गोमती ने मुझे बताया कि ऐसी बच्चियों को सालों कैद रखा जाता है। फिर थोड़ी बड़ी होने पर उसकी बोली लगाई जाती है। यदि लड़की न माने तो उसे कई दिनों तक भूखा और नंगा रखा जाता है। मारा, पीटा और तड़पाया जाता है। लेकिन, जैसे ही लड़की एक बार तैयार हो जाती है तो उसे हाथोंहाथ लिया जाता है। जब तक वह कुछ जानती-समझती नहीं है, तब तक तो उससे होने वाली कमाई केवल घरवाली के हाथों में जाती है, मगर जैसे-जैसे लड़की 'सयानी' होती जाती है तो वह हर एक ज़रूरी चीज़ के अलावा ग्राहक के पैसों में से भी अपना हिस्सा माँगने लगती है।

बाज़ार में नई और आकर्षक चीज़ों की माँग हमेशा बनी रहती है। सेक्स का बाज़ार भी इसी सिद्धांत पर चलता है, यहाँ भी तो ज़्यादातर ग्राहकों को कमसिन देह ही चाहिए होती है। इसलिए, यहाँ बच्चियों के साथ यौनाचार की माँग सबसे अधिक बनी रहती है। लेकिन, बच्चियाँ भी कोई दिमागी तैयारी के साथ तो देह व्यापार में उतरती नहीं हैं, जो पहले से ही उन्हें सेक्स से जुड़ी जानकारियों का ज्ञान हो। इसलिए, उनमें सेक्स से जुड़ी गंभीर बीमारियों की आशंकाएँ बढ़ जाती हैं। लिहाज़ा, न जाने गोमती जैसी कितनी लड़कियाँ एड्स की गिरफ़्त में आ जाती हैं। जी हाँ, गोमती अब एड्स पीड़ित है! जब पहली बार मैंने यह सुना तो मुझे भी बहुत दुख हुआ।

ऐसे ही किसी रविवार की सुबह मेरी मुलाकात कुसुम से होती है। कुसुम को गुज़रे दिनों के बारे में कुछ याद नहीं आता है। उसे तो अपने पापा का चेहरा भी याद नहीं आता है। फिर भी उसे आशा है कि किसी दिन उसका कोई जान-पहचान वाला ज़रूर मिलेगा। वह भी बीमार है, बंद दरवाज़ों के पीछे ज़िन्दगी बिता रही है। कभी-कभार हँसती भी है। अम्मा ने कहा है कि वह ठीक हो जाएगी, यदि ऐसा हुआ तो वह बहुत हँसेगी, कभी न रोएगी।

"कितने साल की उम्र में लाई गई थीं?"

"साल नहीं बता सकती। इतना बता सकती हूँ, बहुत छोटी थी।"

''तुम्हारे पास अपने घर की कुछ यादें हैं?''

यह सवाल सुन कुसुम अपनी आँखें बंद कर लेती है। लेकिन, उसे अपने परिवार का कोई चेहरा याद नहीं आता। पहले भी कई बार वह कोशिश कर चुकी है। उसने मुझसे पूछा कि क्या मैं उसे हरे खेतों में ले जा सकता हूँ। उसे लगता है कि यदि मैं उसे हरे खेतों में ले गया तो आँखें बंद करने के बाद हो सकता है कि उसे किसी अपने का चेहरा दिख जाए। वह खुली हवा में साँस लेना चाहती है।

दरअसल, उसे खेत अच्छे लगते हैं, जिन्हें उसने टीवी पर देखा है। वह किसी खेत में सिर्फ़ एक बार ज़िन्दगी में किसी के साथ होने के एहसास को महसूस करना चाहती है। वह कहती है, ''सच्ची बहुत मन करता है हरे खेत में घूमने का।'' और उसकी बातों को सुन कर मैं सोचता हूँ कि कहीं मैं ज़्यादा ही तो शामिल नहीं होता जा रहा हूँ उसकी ज़िन्दगी में, उसके हरे रंग में!

दूसरी तरफ़, मौसम के मिज़ाज, छुट्टी वाले दिन या चौपाटी जाने जैसे ख़याल जूही के लिए नहीं हैं, ग्राहक कितना सही है या नहीं है, तो यह भी उसे नहीं जानना है, शहर के मानचित्र की बजाय उसकी दुनिया के तार, घनी बस्ती से भी सघन इस नेटवर्क से जुड़े हुए हैं।

इसमें हज़ार-डेढ़ हज़ार रुपए का ग्राहक ढूँढ़ लेना सबसे बड़ी बात मान ली जाती है।

''यहाँ रहकर तुम्हारा क्या फ़ायदा है?''

मेरे सवाल पर जया ने तीखी प्रतिक्रिया दी, वह कहती है, ''किसी महिला को यहाँ चार दिन रखो और पूछो कि क्या यह सब मज़े के लिए है, पूछो, उसे और यहाँ कितनी आज़ादी चाहिए!''

एक शनिवार की रात को उसने बताया, अपनी आपबीती से कि कमाठीपुरा में एक वेश्या की ज़िन्दगी किस तरह से नरक है! किस तरह से उसे एक-एक पैसे के लिए तड़पाया जाता है! उसके हिस्से से बहुत कम पैसे उसे दिए गए थे, उसने बताया, उसके लिए यह पेशा एक मजबूरी है, मजबूरी जैसे अपने परिवार के खाने-पीने की और बच्चों को पढ़ाने-लिखाने की।

''...अब आप बोलेंगे कि पैसे कमाने के लिए यही काम क्यों चुना! क्या आप काम दिलवा सकते हैं? अनपढ़ महिलाओं को कोई काम पर रखने को तैयार नहीं होता है।...यहाँ की अधिकतर लड़कियाँ मजबूर हैं, अनपढ़ हैं। उनके परिवार बहुत गरीब हैं, या उनका कोई सहारा नहीं है।''

तीसरी ओर,

''तुमको क्या लगता है कि मैं अपनी मर्ज़ी से यहाँ हूँ,'' रक्षा ने कहा।

उसने उलटा मुझसे ही पूछा, ''तुम्हें लगता है कि पैसे कमाने का इससे आसान तरीका कोई नहीं?''

''क्या आपकी पहचान में कोई लड़की है, जिसे कोई अजनबी लड़का लगातार देखे जा रहा हो और उसे मज़ा आ रहा हो, उसे किसी के देखने भर से जब बहुत गुस्सा आ सकता है, तो मुझे ये सब अच्छा क्यों लगेगा!''

इसी दौरान शिरीन के माध्यम से मेरी मुलाकात इस क्षेत्र से जुड़ी सोशल वर्कर नैना से हुई है। फिर एक दिन नैना ने एक साथ एक कोठे पर देह कारोबार से जुड़ी कई लड़कियों से मेरी बात कराई। तारा ने बताया कि इस कारोबार में सौ में से 70 लड़कियाँ 30 साल से कम उम्र की हैं, इनमें से भी 25 बामुश्किल 18 की हैं। इन दिनों कम उम्र की लड़कियों की संख्या बढ़ रही है। 35 तक आते-आते औरत की आमदनी कम होने लगती है। एक औरत अपने को 20 साल से ज़्यादा नहीं बेच पाती। आधी से अधिक औरतें पैसों की कमी के चलते इन गलियों में आती हैं।

चौथी तरफ़,

मोनी ने बताया, ''मुझे तो बच्चे और घर-बार भी सँभालना होता है!''

इसी तरह, गिरिजा अपने भाई की बेकारी के दिनों की बरकत है,

सुब्बा ने पति के एक्सिडेंट के बाद गृहस्थी का बोझ सँभाल लिया है,

कर्नाटक में सुदूर गाँव की जोया ने, छोटी बहन की शादी के लिए, थोड़ा-थोड़ा पैसा बचाना शुरू कर दिया है, पर, अब उसकी बहन पढ़ाई के लिए मुंबई आना चाहती है, जोया अपनी सच्चाई छिपाना चाहती है, उसे अपनी इज़्ज़त के तार-तार होने का खतरा है।

नगमा 45 पार हो चुकी है, और अब उसकी 14 साल की बेटी बड़की कमाती है, बड़की बाल यौन-शोषण का जीता-जागता रूप है।

और यहाँ कदम-कदम पर 'बड़कियाँ' खड़ी हुई हैं। ये चोरी-छिपे इस कारोबार में लगी हुई हैं। कोई बंगाल से है तो कोई नेपाल से तो कोई महाराष्ट्र से है। पहली बार में इनके दुख और इनकी दुविधाओं में अधिक अंतर नहीं दिखता। इन्होंने अपनी चिंताओं को मेकअप की गहरी परतों से ढँक लिया है।

माधुरी ने बताया,

''इस पेशे से हमारा शरीर जुड़ता है, मन नहीं, हम पैसों के लिए अलग-अलग मर्दों को अपना शरीर बेचती हैं, लेकिन, कई मर्द भी तो ऐसा ही करते हैं, करते हैं कि नहीं!''

सुब्बा, और 26 यौनकर्मियों के साथ, एक पिंजरेनुमा कोठे पर रहती हैं, ये सभी एक घरवाली के नीचे यौन-व्यवसाय करती हैं।

आमतौर पर 25 से 30 यौनकर्मियों के साथ एक घरवाली दिखेगी। यहाँ यौनकर्मियों की संख्या और उनकी उम्र से घरवाली की सत्ता और उसकी सम्पत्ति का पता लगाया जाता है। आमतौर पर यहाँ काम करने वाली लड़कियों की उम्र 30 या 35 साल से कम होती है। सुब्बा कहती हैं, "यहाँ सीधा हिसाब, 12 से 25 की उम्र तक ख़ूब कमाओ और 30 से 35 की उम्र तक घरवाली बन जाओ।"

सुब्बा की उम्र 35 पार कर चुकी है, लेकिन यह घरवाली नहीं बन सकी है, उसने मुझे बताया, "असल में घरवाली बनने के लिए किसी दुकानदार जैसा हुनर चाहिए।"

लेकिन, नगमा की एक बात इन सबसे अलग थी। उसे वेश्या होने में गर्व जैसा भले ही न लगे, किंतु वह ख़ुद को आम लड़कियों से अलग समझती है। मैंने उससे जाना कि यहाँ की लड़कियाँ हर तीज-त्यौहार मनाती हैं। इनमें एकता और प्यार है। वैसे तो ये आमतौर पर मुंबइया हिन्दी बोलती हैं, लेकिन अलग-अलग जाति, धर्म और क्षेत्रों से होने के बावजूद एक-दूसरे के सुख-दुख से कहीं अधिक जुड़ी हुई हैं। इसीलिए ये ईद, दीवाली और क्रिसमस सब मनाती हैं। ये बताती हैं कि कमाठीपुरा के इलाके में दंगे नहीं होते।

~

12 जनवरी 2010...

जनवरी के बाकी दिनों की तरह की ही यह मुंबई की हल्की सर्द शाम है। हम उस चबूतरे पर बैठे हैं, जहाँ बॉलीवुड फ़िल्म 'फ़िज़ा' में पीर हाजी अली पर 'पिया हाजी अली' नाम से एक कव्वाली का दृश्य फ़िल्माया गया था। हम यानी मैं और शिरीन, और शिरीन से ही मुझे पता चला कि अमिताभ बच्चन की फ़िल्म 'कुली' का आख़िरी दृश्य भी इसी दरगाह में फ़िल्माया गया था।

यह दरगाह मुंबई के वरली समुद्र तट के नज़दीक एक छोटे-से टापू पर बसी है। सूफ़ी संत हाजी अली की इस दरगाह पर शिरीन मुझे कुछ दिनों से मिलने के लिए कह रही थी। आज मुझे उसने अपनी ज़िन्दगी से जुड़ी ज़रूरी बातें बतानी हैं। इसलिए उसने मुझे यहाँ जल्दी आने को कहा तो मैं समुद्र से सटे

एक पुल को पैदल पार करते हुए पहुँच गया। वहाँ वह चबूतरे पर महिलाओं की भीड़ के बीच बैठी थी।

जब मैं पहुँचा तो उसने मेरी और फिर अपनी कलाई में पहनी घड़ी की ओर देखा। मैंने यह ध्यान दिया है कि उसे थोड़ी-थोड़ी देर में घड़ी देखने की आदत है। वह समय की पाबंद है, क्योंकि वह कई तरह की पाबंदियों का प्रबंधन करना जानती है। आज भी समय की पाबंदी है, क्योंकि यह शुक्रवार की शाम है और थोड़ी ही देर में दोनों को अपने-अपने ठिकाने पर पहुँचने के लिए यहाँ से उठना होगा। एक ही टैक्सी में साथ बैठकर कुछ किलोमीटर बढ़ने के बाद दोनों को अलग-अलग जगहों पर उतरना होगा। उसे मुझसे पहले वाईएमसीए ग्राउंड उतरना होगा। और वहाँ से एक गर्ल्स होस्टल।

''चल, पीछे समुद्र किनारे बैठते हैं!''—उसने फिर अपनी घड़ी देखी तो मैंने उससे कहा। फिर हम दरगाह के पीछे समुद्र किनारे की उस जगह जाकर बैठ गए जहाँ अक्सर गार्ड लड़का-लड़की को एक साथ बैठने से मना करता है। उसे शायद इस बात को ध्यान में रखते हुए तैनात किया गया होगा कि कोई प्रेमी-जोड़ा इस जगह कहीं आत्महत्या न कर ले, या किसी हादसे का शिकार न बन जाएँ।

''कुछ दिनों से कुछ कहना चाह रही थी?'' मैंने उससे पूछा।

''मेरा रिश्ता पक्का हो गया।''—उसने बेझिझक जवाब दिया।

''कहाँ?''

''नासिक में ही, पर मुझे शादी के बाद दुबई जाना पड़ेगा।''

'मुझे शादी के बाद दुबई जाना पड़ेगा,' का मतलब तो यह हुआ कि उसने शादी का फ़ैसला कर लिया और जैसे वह मुझे सिर्फ़ बता रही हो। ''मैंने बहुत सोचा और रिश्ते के लिए हाँ कह दी।''—उसकी यह बात सुनकर मैं हैरान तो हुआ, लेकिन मेरे मन में किसी तरह का कोई संदेह नहीं रह गया। हालाँकि, उसने मेरी राय भी जाननी चाही, लेकिन बाकी दिनों की तरह आज भी उसका वही सामान्य व्यवहार, सामान्य हाव-भाव और किसी भी मुद्दे पर बातचीत का सामान्य लहज़ा मुझे अखरने लगा। लिहाज़ा, मैंने अपनी शिकायत अपने मन में ही दबा ली और शिकायती लहज़े में इशारा किया कि उसकी शादी के बारे में मेरी कोई राय नहीं है। यह सच है कि उसके सामने न मैंने कभी शादी का प्रस्ताव रखा था और न उसने ही इस बारे में मुझसे कभी बात की थी।

शायद वह इस रिश्ते के बारे में मुझसे कहीं ज़्यादा स्पष्ट थी, जबकि मैं बिना कहे ही अपनी कल्पना के घोड़ों को बहुत ज़्यादा दूर दौड़ा लाया था।

फिर भी यहाँ बैठे मैं नहीं जान पा रहा हूँ कि यह इस रिश्ते का अंत है या नया मोड़। लेकिन, उस समय मैंने अपना आत्मविश्वास अचानक खोया हुआ पाया। बात-बात पर पत्थर समुद्र में दूर, बहुत दूर तक उछालने वाला मैं एक चट्टान पर जड़-सा बैठा रह गया था। फिर भी यह सोच रहा था कि अगली बार मिला तो उसके इस फ़ैसले के बारे में पूरी तैयारी करके उससे अपनी शिकायत कहूँगा।

~

17 जनवरी 2010 रविवार...

बात फिर कमाठीपुरा की गलियों की, जहाँ से दुर्गा अपनी बच्ची को दूर, बहुत दूर रखना चाहती है। इसके लिए वह यहाँ से कोई साठ किलोमीटर दूर मीरा रोड से आती-जाती है। दुर्गा से जाना कि वह अकेली नहीं है, और भी बहुत सारी माताएँ अपनी बच्चियों को इन गलियों से दूर रखना चाहती हैं। इसलिए, वे बीस से अस्सी किलोमीटर दूर से आती-जाती हैं। कुछ माताएँ अपनी बच्चियों को मुश्किल से पढ़ा पा रही हैं। मुश्किल से इसलिए कि उनकी कमाई का बड़ा हिस्सा घरवाली, दलाल, डॉक्टर और साहूकार खा जाते हैं। फिर जैसे ही वह पैंतीस की उम्र पार करती हैं तो आमतौर पर वे या तो अपना आकर्षण खोने लगती हैं या फिर कई तरह की बीमारियों से घिरने लगती हैं।

ऐसी स्थिति में उनके सिर पर बहुत सारा कर्ज़ चढ़ चुका होता है और इनमें से कुछ की बच्चियाँ इन्हीं स्थितियों में बारह-तेरह साल की हो जाती हैं। वे या तो अपनी माताओं की बीमारियों या फिर उनके कर्ज़ों को उतारने के लिए उन्हीं के नक्शे-कदमों पर चलने के लिए मजबूर हो जाती हैं।

कुछ रोज़ पहले नैना ने नागपाड़ा नेबरहुड के चर्च पर आकर मुझसे मुलाकात की थी। उस दिन उसने ऐसी बच्चियों की मन की भावनाओं के बारे में मुझे काफ़ी कुछ बताया था। उसने बताया था कि बच्चियाँ जो देखती हैं, वही सीखती हैं और वही करती हैं। कमाठीपुरा में कुछ बच्चियाँ अक्सर बचपन से ही अपनी माँ के जैसा मेकअप और व्यवहार करने लगती हैं।

छोटे बच्चों पर बचपन की इन आदतों का असर ज़िन्दगी भर रहता है और ये आदतें उनकी दिनचर्या में शामिल हो जाती हैं। वे अच्छे और बुरे में फ़र्क नहीं कर पाते। इसलिए उन्हें यह लगता ही नहीं है कि वे कुछ गलत कर रहे हैं। हालाँकि, कुछ बच्चियाँ ऐसी भी होती हैं कि उन्हें अपनी माताओं का ग्राहकों

के साथ जाना अच्छा नहीं लगता है। इनमें से कई तो पढ़ने में भी तेज़ होती हैं, मगर उन्हें सही रास्ता बताने वाले नहीं मिलते हैं। यदि बताएँ भी तो आस-पास के परिवेश से उतना सहयोग नहीं मिलता है। अक्सर घरवाली और दलाल भी उनसे उल्टी-सीधी बातें करके उन्हें हतोत्साहित किया करते हैं। इसके अलावा, माताओं के ग्राहक भी उनका यौन-शोषण करना चाहते हैं।

कुछ माताएँ अपनी बच्चियों को इस दलदल से बचाने के लिए कुछ और भी उपाय अपनाती हैं। जैसे कुछ माताएँ उन्हें अपने रिश्तेदारों के पास भेज देती हैं। कुछ माताएँ चौदह-पंद्रह साल की उम्र में उनकी शादियाँ करा देती हैं, जबकि कुछ माताएँ एनजीओ के पुनर्वास-केन्द्रों में भेज देती हैं। लेकिन, अपनी बच्चियों को पुनर्वास केन्द्रों तक भेजने वाली माताओं के मन में एक डर भी घर बनाता रहता है।

डर यह है कि यदि उनकी बच्ची सब जानने-समझने के बाद उनके पास नहीं लौटना चाहे तो! इसलिए, ये माताएँ बीच-बीच में अपनी बच्चियों को पुनर्वास-केन्द्रों से बुलाती भी रहती हैं।

कई पुनर्वास-केन्द्रों की अपनी सीमा है। एक तो यह कि उनमें केवल सात से बारह साल तक के बच्चों को रखा जाता है। मुझे याद आता है कि कमाठीपुरा में एक दिन मेरी मुलाकात जया नाम की एक चौदह साल की लड़की से हुई थी। उसने बताया था कि जैसे ही वह तेरह की हुई, वैसे ही एक एनजीओ ने उसे यह कहकर अपने पुनर्वास-केन्द्र से वापस भेज दिया था कि उसकी उम्र की लड़कियों को वहाँ रखने की कोई व्यवस्था नहीं है।

देखा जाए तो जया को उस समय पुनर्वास-केन्द्र की सबसे ज़्यादा ज़रूरत थी, क्योंकि उसकी माँ का अपना कोई घर नहीं था और न ही वह उसे किसी और जगह भेज सकती थी। इसलिए, जया अपनी माँ के साथ रह रही है। नैना ने ही मुझे उससे मिलवाया था, नैना को भी डर है कि धीरे-धीरे वह कहीं उसी के धंधे में हाथ बँटाने लगे तो!

यौनकर्मी बनने की बहुत सारी कहानियाँ पारिवारिक हिंसा-दुत्कार, अपराध, अनाचार और खरीद-फ़रोख्त से भी जुड़ी हैं। लेकिन, बाज़ार की फितरत के हिसाब से यहाँ भी शोषण के लिए ज़्यादातर उन लड़कियों को चुन लिया जाता है, जो पिछड़े और गरीब तबके से आती हैं। उनकी मजबूरियों के खिलाफ़ उनके सारे सपने बहुत सस्ते और थोक में जो खरीदे जा सकते हैं।

भारत में यौन-व्यवसाय को रोकने के लिए 'भारतीय दण्ड विधान, 1860' से लेकर 'वेश्यावृत्ति उन्मूलन विधेयक, 1956' तक बनाए गए हैं। इन कानूनों में

बदलाव की चर्चाएँ चलती रहती हैं। लेकिन, मैं फिर दोहराना चाहता हूँ कि इस स्थिति की जड़ें तो बेकारी और पलायन से ज़्यादा जुड़ी हुई हैं। इन उलझनों के आपसी जुड़ावों को अनदेखा किया जा रहा है। असलियत यह है कि यहाँ की लड़कियाँ घर पर बहुत सारा पैसा भेजने की बजाय दोजून की रोटी के लिए जूझ रही हैं। इसलिए नीतियों में इनके जीवन-स्तर को उठाने की बजाय इन्हें जीने के मौके देने वाले नियमों और व्यवस्थाओं की बात हो तभी बात बनेगी।

कमाठीपुरा की गलियों से गुज़रते हुए आप कुछ और पिंजरेनुमा कोठरियों में भी घुस सकते हैं, कुछ और चरित्रों से भी बतिया सकते हैं। यहाँ के अलग-अलग भागों को जोड़कर उनकी संपूर्णता में भी देखने की कोशिश कर सकते हैं। इन दृश्यों को केवल दृश्य भर न मानकर, उनके पीछे की कहानियाँ जान सकते हैं, उनका विश्लेषण भी कर सकते हैं। बहुत सारे बिन्दुओं के मेल-जोल से एक कहानी को एक उपन्यास में भी बदल सकते हैं। लेकिन, कमाठीपुरा की गलियों से गुज़रते हुए शायद यह मेरा आख़िरी दिन है और मेरे भीतर से 'कागज़ के फूल', 'पाकीज़ा', 'उमराव जान' जैसी ओल्ड और गोल्ड फ़िल्मों की वहीदा रहमान, मीना कुमारी और रेखा जैसी हिरोइनें हवा हो चुकी हैं...मेरे सामने केवल मंटो की 'काली सलवार' लटकी हुई है।

~

22 जनवरी 2010...

शाम ऑफ़िस से अपने ठिकाने की ओर लौटते हुए मुझे कुछ ज़्यादा ही देर हो चुकी है, इतनी कि शाम ढल चुकी है। नागपाड़ा नेबरहुड के मेनगेट पर पहुँचा तो देखा कि गेट के ऊपर लगी ट्यूबलाइट की रोशनी के नीचे सोनू पहले से खड़ा है। हाल-चाल पूछा तो पता चला कि वह मेरे ही इंतज़ार में देर से खड़ा है। चहकते हुए बोला, "और लेट करता तो तुझे कॉल करता! अब फ्रेश बाद में हो लियो, पहले चल तुझे अच्छी ख़बर सुनाता हूँ।" यूँ तो उसके चेहरे पर हर हाल में मुस्कुराहट पसरी ही रहती थी, लेकिन आज उसके चेहरे पर एक अतिरिक्त खुशी दिखाई दी। मैंने इतना खुश इसके पहले उसे कभी नहीं देखा। मैं सोच में पड़ गया कि क्या बात हो सकती है! उसे अच्छी नौकरी मिल गई, या फिर उसके घर से बुलावा आ गया है!

मैंने पूछा भी तो उसने चुपचाप अपने साथ चलने के लिए कहा। लेकिन,

आज वह मुझे न नागपाड़ा पुलिस स्टेशन की कैंटीन ले गया, न सारवी रेस्टोरेंट, बल्कि वह एक ऐसी दुकान पर ले आया जहाँ कोई पहचान वाला नहीं मिल सकता था। आड़ी-तिरछी, तंग और भारी भीड़ वाली गलियों से गुज़रते हुए कोई आधा किलोमीटर दूर करीम मियां की दुकान पर। अक्सर जहाँ आने के बाद हम काली बड़ी गुलाब जामुन खाने के बाद खूब सारा पानी पीकर चाय पिया करते थे।

दुकान के भीतर से दोनों हाथों से दो स्टूल उठाकर जैसे ही सोनू बाहर फ़ुटपाथ पर आया कि उसकी पैंट की जेब में रखे मोबाइल की रिंग टोन बजी। उसने कॉल उठाया और मोबाइल मेरे हाथ में थमा दिया। बोला, ''मेरी सिस्टर है, तेरे बारे में बताया उसे, ले बात कर!'' लेकिन, मैं अपने हाथ में मोबाइल लेकर उससे बात क्या करता! उसी ओर से आवाज़ आई :

''हैलो भैया, मैं क्या कहती हूँ, सोनू को जितनी जल्दी हो फ़्लाइट में बैठा दो, सब आपके ज़िम्मे है, फिर मुझे एक कॉल कर देना, हम दिल्ली में देख लेंगे उसे!''

''अच्छा, ठीक है!''

''ठीक कुछ न है, पापाजी की तबीयत बिगाड़ दी इसने!''

''ओ, मैं तो कब से इससे कह रहा हूँ, कब जाएगा!''

''आएगा क्यों नहीं, बहन की शादी में न आएगा! रिश्ता पक्का हो गया, इसको बताया है इसके आए बिना शादी न करनी। जल्द आए तो तैयारी शुरू हो।''

''आप चिंता न करें, यह आएगा।''

''हाँ, आपको भी आना है, बहन की शादी में। इसी बहाने दिल्ली देख लेना!''

''हाँ, और वहाँ सोनू से मिल लूँगा।''

और पहली बार में उससे और कितनी बात करता, इसलिए शादी की अग्रिम शुभकामनाएँ और सोनू को वापस दिल्ली भिजवाने का वादा करके मोबाइल सोनू के हाथ में थमा दिया। वह देर तक मोबाइल पर बातें करता रहा और तब तक मैंने एक और स्टूल उठाकर उसके सामने रख दिया। फिर काली बड़ी गुलाब जामुन और चाय ले आया।

मैं तो चाहता ही था कि सोनू एक दिन दिल्ली अपने घर लौटे और अब जब वह दो-चार दिन बाद लौट ही जाएगा तो बुरा लग रहा है। इसी तरह, कई सारे दोस्त आते गए और अपने-अपने सफ़र में गुम होते गए। सोनू एक और ऐसा दोस्त होगा! मैं सोच में पड़ गया कि क्या वाकई सोनू इतने खुले दिल का है, या आज इतना खुश है कि उसने अपनी बहन से मेरी बात करा दी!

क्या वह मुझ पर इतना भरोसा करता है। यदि करता है तो मेरे लिए इससे बड़ी बात और क्या हो सकती है। और यह बात मेरे दिमाग में इसलिए आई है कि इतना साथ रहने के बावजूद न जाने क्यों कुछ मामलों में मैंने तो उस पर कभी भरोसा किया ही नहीं! मैंने तो शिरीन से जुड़ी हर बात उससे छिपाई, उसके टोकने के बावजूद उसे टालता रहा। यह जान नहीं पाया कि उसके भीतर मेरे से अधिक खुलापन है।

''क्या सोच रहा है, टेंशन मत लेना, और सुन अब कमाठीपुरा जाना छोड़ दे, बहुत घूमे हो, बस हो गया!'' उसने चाय का गिलास अपने हाथ में लेते हुए कहा। मैंने जब उसे बताया कि कमाठीपुरा अब कभी नहीं जाऊँगा तो उसने टोकते हुए कहा कि उस ओर देखना भी नहीं और मुझसे एक वादा लिया कि मैं जब कभी दिल्ली आऊँ तो सबसे पहले उसे ही कॉल करूँ। उसने फिर बताया कि कैसे दिल्ली दिलवालों का शहर है। दरअसल, वह जानता है कि मैंने अपनी पत्रकारिता के कैरियर की शुरुआत दिल्ली से ही करनी चाही थी। लेकिन, लगातार नाकामयाबियों के कारण मुझे दिल्ली छोड़नी पड़ी थी और अब दिल्ली जाने का मन भी नहीं करता है।

''शिरीन को भी दिल्ली ले आना!'' उसने मुझे फिर छेड़ा तो इस बार गुस्सा नहीं आया। एक पल के लिए मेरा मन हुआ कि शिरीन की बात पर उसके साथ अपना दर्द बाँटूँ। लेकिन, उसके चेहरे पर बिखरी खुशी देखकर अपने आप को रोक लिया। शिरीन से कई दिनों से कोई बात ही नहीं हुई। उसके साथ रिश्ते में आने के बाद ऐसा पहली बार हुआ जब इतने समय तक हम दोनों के बीच खामोशी है।

वह जब अपने शहर औरंगाबाद जाती है तो अक्सर कॉल नहीं उठाती है और हो सकता है शायद इसलिए कॉल न उठा रही हो! उम्मीद है मुंबई लौटते ही उससे फिर बात हो, बात होगी तो कह दूँगा कि उसकी शादी से मैं दुखी नहीं हूँ! असल में उसने मुझसे शादी के बारे में कभी कोई वादा किया भी नहीं था।

अब तक मिली लड़कियों में शिरीन मुझे सबसे अधिक आज़ाद लग रही है। जो दोस्ती, प्यार और शादी के मामले में पूरे आत्मविश्वास से अपने निर्णय खुद ले रही है। हालाँकि, इस समय मुझसे काफ़ी कुछ छूटने को है। फिर भी, मैं, सोनू और शिरीन से अलग-अलग और एक साथ टूटने के लिए खुशी-खुशी तैयार हो रहा हूँ।

अपने देश के परदेसी

कनाडी बुडरुक, महाराष्ट्र

"तुम भटकते हुए यहाँ पहुँचे हो तो लौटने के लिए तुम्हारे दिमाग में कोई घर घूम रहा है! हमारे दिमाग में कोई घर नहीं घूमा करता था।" समझ नहीं आया कि यह बात कहते हुए भूरा गायकवाड़ ने मुझसे पूछा था, या फिर वे अपनी धुन में थे।

सर्द हवा और दुर्गम पगडंडियों से होकर मैं एक मोहल्ले में पहुँचा था, जिसकी मुझे मुंबई से तलाश थी। उसे न तो कभी देखा था और न ही उसके बारे में पहले कभी सुना था। उस जगह का नाम बताने वाला कोई बोर्ड तो वहाँ लगा नहीं था, फिर भी एक घुमावदार मोड़ के बाद सतीश ने गाड़ी रोककर ज्यों ही कहा, "उतरो," तो बस्ती देखकर ही समझ गया। और आगे दस-बारह साल तक वहाँ बिताए कुछ घंटे मेरी स्मृतियों के जमघट में ठहरे हुए हैं, एक कहानी की तरह...

...और फिर पलक झपकते ही लगा गिरे धड़ाम से!

नहीं, हम नहीं, हमसे कुछ कदम आगे एक गड्ढे के पास साइकिल पर सवार दो बच्चे औंधे मुँह गिरे। यह देख कर सतीश ने तुरंत पूरी ताकत से ब्रेक पर पैर दबा दिया। एक ज़ोरदार झटके के साथ मोटरसाइकिल रुकी। मैं उतरकर जब तक उन बच्चों के नज़दीक पहुँचता, वे झटपट कपड़ों से धूल साफ़ करते हुए खड़े हो गए। दोनों के खिलखिलाकर उठ जाने से लगा कि शायद उन्हें ज़्यादा चोट नहीं लगी है! एक ने साइकिल उठाई और दूसरे ने पेड़ के पास गिरी बड़ी-सी गागर। वे फटाक से साइकिल पर बैठे तो मैंने पीछे से साइकिल को धक्का दे दिया।

बच्चे मुस्कुराते अपने-अपने हाथ हिलाते बेधड़क चल पड़े। इस बीच 'भड, भड, भड, भड' की तेज़ आवाज़ करती एक बुलेट गड्ढे के बाजू से यूँ गुज़री जैसे यह भी बस गिरी ही। फिर हमारी मोटरसाइकिल उन बच्चों की साइकिल से कुछ आगे बढ़ी और मैंने पीछे मुड़कर दोनों बच्चों की मुस्कुराहटों का जवाब अपनी मुस्कुराहट से दिया। दूरी को कोई मोटरसाइकिल तो कोई साइकिल से पाट रहा होता है। लेकिन, कई बार अच्छा लगता है ऐसी पगडंडियों पर मिले और साथ

चल रहे लोगों की मुस्कुराहट का जवाब मुस्कुराहट से देने में। और मुझे ऐसे लोग मिल ही जाते हैं जो पगडंडियों से हाथ हिलाते हुए दिल में भी उतर जाते हैं। इन्हीं के सहारे ही तो मैंने वर्तमान से अतीत और अतीत से वर्तमान की न जाने कितनी पगडंडियों पर यात्रा की है।

आज 4 फरवरी 2010 को हमारी सवारी जा रही है कनाडी बुडरुक गाँव की ओर। यह गाँव महाराष्ट्र में बीड़ ज़िले के कलेक्टर कार्यालय से कोई सवा सौ किलोमीटर दूर है। लेकिन, हम कोई सवा सौ किलोमीटर दूर सीधे बीड़ शहर से नहीं आ रहे हैं। हमने तो लगभग पच्चीस किलोमीटर का फ़ासला तय करने के इरादे से एक ठंडी सुबह आठ बजे ही वड़ा पाव खाकर आष्टी कस्बा छोड़ा है। फिर भी पच्चीस किलोमीटर की दूरी सौ किलोमीटर की दूरी पर कहीं भारी पड़ गई है। कैसे?

ले-देकर कोलतार की एक नाममात्र की सड़क और उसने भी आधे रास्ते में साथ छोड़ दिया। फिर लोग अपनी सहूलियत से एक के बाद एक उबड़-खाबड़ और आड़ी-तिरछी पगडंडियाँ पकड़ बढ़ रहे हैं। ऊँचे-नीचे खेतों से होकर हमारी मोटरसाइकिल एक साइकिल की-सी गति से यूँ हिचकोले खाने लगी मानो अब गिरी कि तब गिरी। बहकी-बहकी मोटरसाइकिल चला रहे सतीश ने मुझे आगाह किया, "आराम से बैठना भाऊ!" नए दोस्त सतीश के बारे में बाद में।

फ़िलहाल तो पीछे बैठा मैं पूरी मुस्तैदी या यूँ कहें कि पूरा दम साधे संतुलन बना रहा हूँ। करने को ज़्यादा कुछ है नहीं, फिर भी 'आराम' की कवायद में मेरे दोनों पैर पता नहीं क्यों बार-बार, बराबर और एक साथ हवा में तैर जाते हैं! अच्छा तो यह होता कि मोटरसाइकिल की बजाय हम सुबह और पहले पैदल ही चल पड़ते। पाँच-दस किलोमीटर की बात होती तो चल भी पड़ते।

जो भी हो, मैंने अपनी असल यात्रा यहीं से शुरू मानी। क्योंकि, इन्हीं पगडंडियों ने मेरा पहली बार मराठवाड़ा के अंदरूनी हिस्सों से परिचय कराया। इन्होंने ही मुझे ठिठुरन के दिनों में सूखे के उन चिन्हों से संकट का अंदाज़ा कराया है जिनके बारे में मैंने पहले सुना भर था। लेकिन, यह यात्रा दुष्कालग्रस्त मराठवाड़ा के बारे में नहीं है। इसकी एक कहानी बाद में।

अभी तो मुझे तिरमली नाम का एक मोहल्ला मुंबई से ही अपनी ओर खींचे ले जा रहा है। जिसका रास्ता रहस्यमयी गुफा या प्राचीन मंदिर की ओर नहीं जाता है, न ही किसी जंगल, पहाड़, नदी और समंदर की तरफ़, फिर भी मैं बहुत रोमांचित हूँ। अपने रोमांच में ही मैं मोटरसाइकिल के नीचे पैडल पर ताकत

से पैर जमाकर बीच-बीच में दोनों हाथ लहराकर आज़ाद पंछी-सा उड़ रहा हूँ। ऐसे यात्रियों के बारे में सोचकर, जिसके बनने के संघर्ष की यात्रा मेरे यहाँ आने की यात्रा से कई साल पुरानी, बहुत अधिक लंबी, बहुत ज़्यादा मुश्किल, बहुत दिलचस्प और अनंत चुनौतियों से भरी हुई है।

जहाँ तक मेरी यात्रा की बात है तो यह पच्चीस-तीस घंटे पहले ही चार दोस्तों के साथ एक कार में मुंबई से शुरू हुई। फिर साढ़े तीन सौ किलोमीटर के सफ़र में हम लोग पुणे, अहमदनगर को पार करके एक रात आष्टी नाम के एक कस्बे में ठहरे, जिसके बाद आज सुबह बाकी के चार दोस्त उसी कार में बैठकर ऑफ़िस के काम से लातूर ज़िले की ओर निकल गए और मैं, सतीश के साथ मोटरसाइकिल से इस तरफ़ बीड़ ज़िले की इन पगडंडियों पर हिचकोले खा रहा हूँ। हाँ, सुबह होटल छोड़ते हुए तय यह हुआ था कि तीन दिनों बाद मेरे दोस्त इसी मार्ग़ से जब आष्टी लौटेंगे तो मुझे भी कार से मुंबई ले चलेंगे।

फिर कनाडी बुडरुक गाँव से डेढ़ किलोमीटर पहले ही तिरमली मोहल्ला आ गया, जहाँ मैं दो दिन और एक रात रुका।

"तुम्ही चुकाच्या रस्त्याने फिरत-फिरत इथे येऊन पोहोचला आहात। तुमच्या मनात परत फिरण्यासाठीचे एक घर नक्कीच निश्चित केलं असेल। आमच्या मनात असं कुठलंच घर अधीच निश्चित नव्हते..."

भूरा गायकवाड़ कुछ-कुछ बता रहे थे जिसे मैंने ऑडियो में रिकॉर्ड किया। लेकिन, मुझे उन्हें रोकना पड़ा। वे अपने घर की दहलीज़ के भीतर बैठे हमें बता रहे थे और हम उनकी दहलीज़ के बाहर बैठे उन्हें सुन रहे थे।

भूरा गायकवाड़ दो दशक पुरानी संघर्ष की इस कहानी के प्रमुख सूत्रधार हैं। लेकिन, पंद्रह-बीस मिनट में ही मुझे उन्हें रोकना पड़ा। बोलने और सुनने वाले की भाषा एक ही हो तो बड़े इत्मीनान से सब सुना और समझा जा सकता है, पर बात जब दूसरी भाषा में धाराप्रवाह चल रही हो तो हर शब्द और भाव पर बहुत ध्यान देना पड़ता है।

मैंने कुछ देर तक तो ठीक यही किया, किंतु बहुत ध्यानपूर्वक सुनने के बाद भी कोई फ़ायदा न होता देख बाईं ओर बैठे सतीश को टोका। दीन-हीन-सा बोला, "हा मराठी येत नहीं भाऊ, तुमि जरा मराठी ते हिन्दी करा न!" सतीश ने बताया कि यह मराठी मिक्स तेलगू हर किसी के पल्ले वैसे भी नहीं पड़ेगी। और इसके बाद तो अपना मराठी माणूस सतीश कामचलाऊ हिन्दी में मुझे एक-एक कर सारी बातें बताता गया।

"भाऊ, दादा बोल रहे हैं कि पहले हमारी ज़िन्दगी एक तमाशे से ज़्यादा कुछ न थी!" और फिर सतीश भूरा गायकवाड़ के बताए एक-एक शब्द का मर्म दोहराने लगा। वह दोहराता है कि पहले कैसे ये नंदी बैल का खेल दिखाकर लोगों का दिल बहलाते थे। बदले में खुशी से जिसने जितने पैसे फेंके उन्हें उठाते और उनसे अपने बाल-बच्चों का पेट पालते। लेकिन इससे ये बामुश्किल अपनी भूख ही मिटा पाते थे। नंदी बैल पर महादेव शंकर की मूर्ति लेकर गाँव-गाँव और शहर-शहर घूमते थे। घर, दुकान, गली-गली भटकते थे। फिर भी न खाने का कोई ठौर था, न पीने के पानी का ठिकाना। इन्हें तो बस्तीवाले किसी एक जगह ज़्यादा दिन ठहरने भी न देते थे, इसलिए इनके घर न थे, ये एक जगह रुके ही नहीं तो स्कूल का मुँह कैसे देखते, इसलिए न ये पढ़ सके और न इनके बड़े-बूढ़े पढ़ सके।

सतीश को तो इनके सुख-दुख के हर किस्से मुँहज़ुबानी याद हैं। हों भी क्यों ना, क्योंकि कोर्ट-कचहरी में जब ज़रूरत पड़ी तो सतीश ने हमेशा इनके अधिकारों के लिए पैरवी की। सतीश का पूरा नाम एडवोकेट सतीश गायकवाड़ है। मेरा हमउम्र सतीश इस इलाके में वंचित समुदायों के हक-हकूक के लिए आवाज़ बुलंद करने वाले वाल्मीक निकालजे के संगठन 'राजर्षि शाहू ग्रामीण विकास प्रकल्प' का कार्यकर्ता है।

इस नाते भी सतीश ने इनके संघर्ष को बहुत नज़दीक से देखा-जाना है। इसलिए, यहाँ हर एक के मन में सतीश के प्रति बहुत प्रेम, लगाव और सम्मान है। यही वजह रही होगी कि आष्टी से निकलते समय वाल्मीक निकालजे ने मुझे सतीश की मोटरसाइकिल के पीछे बैठे हुए देखा तो पीठ पर लदे बैग पर हाथ रख कहा, "अता टेंशन नाहीं।"

सदियों से नंदी बैल तिरमली घुमन्तू जनजाति के जीने का आधार रहा है। ये बैल लेकर जहाँ-तहाँ घूमते रहते हैं, इसलिए घुमन्तू जनजाति के तिरमली को आमतौर पर लोग बंजारा भी कह देते हैं। इसीलिए जाति की सूची में 'घुमन्तू' और 'बंजारा' दो अलग-अलग श्रेणियाँ होने के बावजूद मैं तिरमली को कहीं-कहीं बंजारा कह रहा हूँ। खैर, भारत की जाति-व्यवस्था में तिरमली की तरह कई घुमन्तू समुदाय हैं जो पीढ़ी-दर-पीढ़ी दूसरों का मनोरंजन करते रहे हैं। बदले में इनके सामने कुछ सिक्के फेंक दिए जाते हैं।

ज़ाहिर है कि इस व्यवस्था में इन्हें मज़दूरी के लिए भी जगह नहीं। कहा जाता है कि तिरमली बंजारों ने कोई आठ सौ साल पहले आंध्रप्रदेश से महाराष्ट्र

के पुणे, सतारा, सांगली, कोल्हापुर, जलगाँव, औरंगाबाद और बीड़ जैसे शहरों की ओर पलायन किया था। नंदी बैल पर गृहस्थी लटकाना और गाना-बजाना तिरमली बंजारों की पहचान रही है। इसके अलावा, तिरमली महिलाएँ चूड़ियाँ और जड़ी-बूटियाँ बेचती आई हैं। लेकिन, इनका यही अतीत इनके वर्तमान के सामने पहाड़-सा आकर रास्ता रोक रहा है।

वजह, आज के बदलते दौर में एंड्रॉइड मोबाइल, एलसीडी टीवी और एफएम रेडियो ने जब मनोरंजन के परंपरागत साधनों की जगह ले ली है तो तिरमली बंजारों को अब कौन पूछे! ऐसे में इनके लिए स्थायी आवास की सबसे ज़्यादा ज़रूरत है, पर बंजारे अपने ही देश में परदेसी की तरह रह रहे हैं, जिन्हें समाज ने आज तक न सही स्थान दिया है और न उचित मान-सम्मान। घर, बिजली, पानी, राशन, स्कूल और अस्पताल कौन नहीं चाहता! लेकिन, इनके चाहने भर से ये सब नहीं मिल जाता है।

सामान्यत: सरकार को इनकी नागरिकता का सबूत चाहिए होता है, एक ऐसे कागज़ के टुकड़े पर जो सिद्ध करता हो कि वे कहाँ रहते हैं। अपढ़ बंजारे कभी कागज़ों से नहीं जुड़े, घुमन्तू परिवार कौन-सा कागज़ लाकर अफ़सर के सामने सिद्ध करें कि उनका घर यहाँ है! इसलिए, आमतौर पर इनके पास राशन, मतदाता, पैन, आधार जैसे सिविल सोसाइटी की पहचान बताने वाले नंबर या कार्ड नहीं होते।

लिहाज़ा, अकेले महाराष्ट्र में इनकी कुल आबादी का सही-सही आँकड़ा सरकार भी दावे से नहीं बता सकती। सरकार के लिए तो ऐसी खानाबदोश जनजातियाँ सदा ही अदृश्य रही हैं। ऐसे में मराठवाड़ा के इस अंचल में तिरमली नाम से एक मोहल्ला होना अपने आप में एक सुखद समाचार है।

ज़रूर ही इस मोहल्ले को मेरे आने की इत्तला दी गई होगी, फिर भी आस-पास कुछ लोग हैं जो ताज्जुब से मुझ अजनबी को देखे जा रहे हैं। चाय-पानी से फ़ुर्सत पाकर जैसे-जैसे तिरमली मोहल्ले में समय बीता और मोहल्ला देखने की जिज्ञासा हुई तो लोगों से मिलने घर-घर जाना हुआ। इस दौरान एक विशेष बात नज़र आई। बात यह कि घास-फूस और मिट्टी से बनीं छोटी झोपड़ियों के मुँह यानी मुख्य दरवाज़े एक-दूसरे के आमने-सामने हैं।

मैंने देखा कि इनकी ये झोपड़ियाँ एक-दूसरे के बेहद नज़दीक या कह लीजिए कि आपस में सटी हुई हैं। ये तिरमली बंजारों की आपसी सहभागिता की झलक हैं। साथ ही मिलनसार जीवनशैली की सूचक हैं। मोहल्ले की गलियाँ,

संकरी, सपाट और साफ़-सुथरी हैं। इसी समय बच्चे हैंडपंप से पानी भरते हुए हँसते नज़र आए। लोगों की सादगी ने सुंदरता का रूप धर लिया।

झोपड़ियों के पीछे मुझे कुछ और झोपड़ियाँ दिखीं, अंदर जाकर देखा तो ये भी हू-ब-हू वैसी ही और उतनी ही बड़ी-बड़ी झोपड़ियाँ हैं, अंतर है तो बस इतना कि ये गाय, कुत्ते और बकरियों के रहने के लिए हैं। मेरे जैसे आदमी को बड़ी हैरत हुई कि इनके लिए सबका बराबर महत्त्व है। यह मोहल्ला इस बात की मिसाल है कि तिरमली बंजारे इंसानों और पशु-पक्षियों में कोई भेद नहीं रखते।

असल में इनका जीवन समूह का जीवन है। इनकी सामाजिकता किताबों में नहीं मिलेगी, यह तो इनकी दिनचर्या में शामिल है, जिसे देखना है उसे इनकी झोपड़ियों में बैठकर देखना होगा।

"यहाँ पचास से ज़्यादा झोपड़ियाँ हैं, हम कोई साढ़े तीन सौ लोग हैं।" यह बात मैंने बाबू फुलमारी से जानी। हम दोपहर के भोजन के समय इन्हीं की झोपड़ी में आ बैठे, जहाँ विशेष तौर पर बाजरा की भाखरी के साथ बेसन का पेटला हमारे सामने परोसा गया। जिसे चाव से खाते हुए बातों-बातों में मैंने जानना चाहा तो बाबू फुलमारी ने मुझे बताया कि अठारह साल की उम्र के हर आदमी का नाम मतदाता-सूची में शामिल है। नौ पंचों वाली ग्राम-पंचायत में एक पंच इनका है। मोहल्ले के सभी बच्चे स्कूल में पढ़ रहे हैं।

इन दो दशकों में कुछ ने पढ़-लिखकर सरकारी नौकरी तक पा ली है। हर परिवार के पास राशन-कार्ड हैं। ये अब अस्पताल सहित कई सरकारी सुविधाओं का लाभ उठा रहे हैं। इनकी माली हालत बहुत अधिक सुधर गई हो ऐसा तो नहीं है। लेकिन, इसमें नया भी कुछ नहीं है। देश के करोड़ों लोगों की तरह यह एक अति सामान्य बात लग सकती है। फिर भी नया तो है ही। नया यह है कि इनकी दुनिया बेबसी के परंपरागत जाल से मुक्ति पा चुकी है। यह क्या कम असाधारण बात है कि मौजूदा पीढ़ी अब बाकी सामान्यजनों की तरह अच्छे भविष्य का सपना संजो रही है!

इसके पीछे मुख्य कारण है वाल्मीक निकालजे की पहल पर स्कूली शिक्षण को ध्यान में रखते हुए यहाँ कई साल पहले खोला गया 'गैर-औपचारिक केंद्र'। यही केंद्र भविष्य के सपनों और वर्तमान के बीच सीढ़ी का काम कर रहा है। उम्रदराज महिला साहिबा फुलमारी इस केंद्र से पढ़ाई करने वाले सब बच्चों को जानती हैं। उन्होंने कई बच्चों को केंद्र से कॉलेज की दहलीज़ तक जाते हुए देखा है।

इस बारे में जब हमने साहिबा से बात की तो साहिबा की आँखें चमक गईं।

बोलीं कि यह सवाल तो आज तक किसी ने उनसे पूछा ही नहीं। फिर जवाब हाज़िर, ''इतने सालों में कई बच्चे अब रमेश फुलमारी और रामा फुलमारी से भी आगे निकल जाना चाहते हैं।'' रमेश फुलमारी पुलिस में है और रामा फुलमारी राज्य परिवहन बस की कंडक्टर है।

नई पीढ़ी के कई बच्चों के लिए ये रोल मॉडल हैं। साहिबा फुलमारी के शब्दों में, ''अब हम निडर, पढ़े-लिखे और संगठित हैं। अपने अधिकार के लिए बीड़ से मुंबई तक लड़ने वाले हो गए हैं।'' ज़ाहिर है कि साहिबा एक जागरूक महिला हैं। एक पीढ़ी के अंतराल ने बहुत कुछ बदल दिया है। इस कड़ी में सबसे महत्त्वपूर्ण है आत्मनिर्भर और आत्मसम्मान का जीवन।

जैसे-जैसे मैं इनकी बदलाव की बातों से वाकिफ़ होता गया वैसे-वैसे मेरे ज़ेहन में एक सवाल घर बनाता गया कि आख़िर यह सब हुआ कैसे? ''खैरात देने-लेने के रिवाज पर चोट किए बगैर क्या कुछ हो पाता? हमने बार-बार चोट मारी।'' यह जवाब है सतीश गायकवाड़ का, बात सही है लेकिन मुझे मेरा जवाब अब तक नहीं मिला। मेरा कहना है कि इस तरह की सभी परिस्थितियों के खिलाफ़ दो दशक पहले ऐसी कोई तो विशेष घटना घटी होगी जिसने हाशिए के लोगों को आगे लाकर खड़ा कर दिया।

इनकी आज की स्थिति के पीछे कौन-से बाहरी कारक या ताकत हैं, जिन्होंने इन्हें उन नारकीय दिनों से बाहर खींचा। सवाल है कि जो लोग इन्हें बस्ती के बाहर ज़्यादा दिन ठहरने नहीं देते थे और जिस सरकार के लिए ये सदा अदृश्य ही रहे तो ऐसी असंवेदनशील स्थिति में तिरमली बंजारों के जीवन में आशा की किरणें फूटीं कैसे?

जब मैं इनके साथ सवालों से जूझा तो एक नई कहानी खुल गई। मुझे पता चला कि दो दशक पहले तिरमली बंजारों ने अपने बदलाव की बड़ी कीमत चुकाई थी और इसके लिए बड़ी लड़ाई लड़ी। ये बताते हैं कि एक पीढ़ी पहले तात्या यानी वाल्मीक निकालजे की अगुवाई में इन्होंने इसी गाँव के नज़दीक की डेढ़ सौ एकड़ खाली पड़ी बंजर ज़मीन पर सामुदायिक खेती करने का फ़ैसला किया था। लेकिन, बीज रोप देने के कुछ दिनों बाद गाँव की दबंग बिरादरी वालों ने इन पर जानलेवा हमला कर दिया।

फिर भी तिरमली बंजारों के मन में रोज़ी-रोटी के स्थायी साधन की उम्मीद इस तरह बैठ गई कि ये हर अन्याय के विरोध में एकजुट खड़े रहे। ये लड़ाई लड़े, जीते और इनकी यह जीत आज़ादी की जीत के बराबर सिद्ध हुई।

अब मेरे लिए यह जानना ज़रूरी हो गया कि ज़मीन के रास्ते इन्होंने आख़िर कैसे जाति की जड़ों को काटकर अपना पता हासिल किया और अपनी पहचान बनाई? किस तरह से बंजर ज़मीन पर फ़सल उगाई? ऐसा इसलिए कि तिरमली बंजारों ने इसके पहले कभी खेती नहीं की थी।

लेकिन, पूरा दिन कुछ-कुछ जानते-समझते सांझ घिर आई। हाथ घड़ी में घंटे का कांटा सात पार कर गया। मैंने सोचा कि मेरे पास आज के रात्रि-विश्राम के अलावा कल का दिन भी तो है। फिर इन्हें भी तो मुझसे बातें करने के अलावा कई काम हैं।

और इनके मेहनत के खेतों में जाए बगैर इस बारे में लंबी-लंबी बातें हाँकने का भी भला क्या मतलब! इसलिए, भूरा गायकवाड़ के यहाँ भोजन करने के बाद पूरी रात दो कंबलों के भीतर अपनी टाँगों को सीधा करने और अपनी कमर को आराम देने में बीत गई। सुबह खेतों में जाने की बात सोचकर नींद टूटी।

~

सवेरे-सवेरे साढ़े नौ बजे काली-कड़क चाय पी और फिर हल्की दोमट मिट्टी के खेत से चलकर बाबू फुलमारी के साथ चार बच्चे, तीन महिलाएँ, सतीश और मैं एक पक्के कुएँ के पास आकर ठहर गए। कुएँ की सफ़ेदी को ढँकतीं पीले और काले रंगों की मोटी परतों से लगा कि यह कुआँ कोई दस-बारह साल पुराना तो होगा ही। कुएँ के मोटरपंप से जुड़े काले पाइप से होकर जब मेरी आँखें पानी तलाशने के लिए कुएँ की गहराई में गईं तो पानी की सतह हद से ज़्यादा नीचे दिखी। कुआँ जितना गहरा पानी उतना ही उथला!

इसी बीच एक बच्चे ने इसमें पत्थर फेंका तो इसी गहराई में पानी की लहरें कुएँ के वृत्ताकार कोरों से टकराने लगीं। मैंने बदन पर सफ़ेद कुर्ता-पाजामा, सिर पर सफ़ेद मराठी स्टाइल टोपी और चेहरे पर सफ़ेद दाढ़ी-मूँछों वाले बाबू फुलमारी की कंचे-सी काली आँखों में झाँका। पानी की लहरों की तरह कई विचार उनके बहुत भीतर तैरते महसूस हुए। वे देर तक इधर-उधर से खेत देखते रहे। और मैं बिजली के खंबों के तारों से उड़ने वाली उन चिड़ियों को जो आज सुबह आकाश में यहाँ से वहाँ खूब उड़ने के बावजूद आँखों से ओझल नहीं हो पा रही थीं।

"यहाँ इतने पत्थर थे कि नए आदमी को बताओ तो माने भी न!"

मेरे पीछे खड़ी महिला ने मेरा ध्यान तोड़ा।

''ये पत्थरों की ज़मीन थी, जिस पर सबसे पहले ज्वार उगाई,'' वे बच्चों को बताने लगीं।

''कितने साल पहले?'' मैंने बाबू फुलमारी से पूछा।

''पच्चीस साल पहले, पर इस ज़मीन से हमारा नाता इससे कहीं ज़्यादा पुराना है। असल में मैं तुमको बताऊँ, हम और हमारे पुरखे गाय-बैल बेचने का धंधा करते थे। जैसे पंद्रह हज़ार का कोई बैल बीस से पच्चीस हज़ार तक में आस-पास के किसी गाँव में बेच दिया। इसके लिए हम गाय-बैलों को इसी ज़मीन पर चराते थे। हमारे पुरखे घूम-फिरकर आते यहीं थे। फिर हम लोग चारे का धंधा भी करते थे। इसलिए, हममें से कुछ लोग यहीं रुके रह जाते थे।''

ज़मीन से यही पुराना रिश्ता आख़िर इनके काम आया। दरअसल, वर्ष 1991 से पहले महाराष्ट्र में जो लोग ऐसी ज़मीनों का इस्तेमाल कर रहे हैं उन्हें सरकार ज़मीन का पट्टा देती है। यह बात इन्हें वाल्मीक निकालजे और उनके कार्यकर्ताओं के साथ एक बैठक में पता चली। यह बैठक यहीं इसी ज़मीन पर बैठकर हुई थी।

तय हुआ था कि ज़मीन का पट्टा पाने के लिए एक अर्ज़ी कलेक्टर को भेजी जाए। पर, सवाल था कि आख़िर इस बंजर ज़मीन पर किया क्या जाए? फिर एक दिन सबने मिलकर ठाना कि खेती करेंगे! ज़मीन से पत्थर निकालकर यहाँ खेत बनाएँगे!

''पर, हमारी तो पत्थर बीनने में ही हालत खराब हो गई!'' महिला बहुत देर से गोद में लेने की ज़िद कर रहे एक नन्हे बच्चे को उठाकर बोलीं।

मुझे ध्यान आया कि मैंने इनका नाम नहीं पूछा। लेकिन, फिर इस बीच बाबू फुलमारी बताने लगे कि खेती-बाड़ी का काम तो उन्होंने कभी किया ही नहीं था। फिर उनके पास हल, कुदाली और फावड़े भी नहीं थे। समझ आ गया कि बीज उगाना आसान काम नहीं होता है। यह बहुत मेहनत करने वाले लोगों का काम होता है। खेती-किसानी उन्हें सीखनी ही थी। और कोई चारा न था।

यहाँ के गाँववालों से उनकी इस ज़मीन को लेकर अनबन चल रही थी तो उन्होंने यह सब सीखने के लिए पड़ोसी गाँव के दलित किसानों से गुहार लगाई। वे भले लोग इनकी बात मान गए। इन्हें कुदाली-फावड़े चलाना सिखाया। इसके लिए वे उनके खेतों में जाते और वहीं बीज रोपना सीखते थे। उनके बैल खेतों के रास्ते चलने लगे। इसके बाद कुछ कार्यकर्ताओं ने उनके लिए मुहिम चलाई। इस मुहिम में उन्हें बत्तीस कुदालियाँ और चौंसठ क्विंटल ज्वार के बीज मिले। उनकी आँखों में आँसू थे। खुशी के आँसू!

"तुम पूछोगे बत्तीस कुदालियाँ ही क्यों?"

"(हँसते हुए)...तब हमारे बत्तीस परिवार थे। मतलब हर हाथ के हिस्से एक कुदाली और दो क्विंटल बीज आए। हम सभी मर्द-औरत अपनी ज़मीन को जल्द ही हरा-भरा बनाने के लिए रात-दिन जुटे रहते और पास ही डेरा डालकर रखवाली किया करते।"

...इनके नंदी बैल सही रास्ते चल रहे थे और इनके पाँव भी। लेकिन, असल मुश्किल तो अब आनी थी। आई—

बुआई के पंद्रह दिन भी न बीते थे कि एक सुबह गाँव के सैकड़ों लोगों ने तिरमली डेरे पर हमला बोल दिया। हमला करने वालों में ज़्यादातर दबंग जाति के लोग थे। लोगों ने निहत्थे बंजारों पर जमकर लाठियाँ चलाईं, पैरों को पकड़-पकड़कर देर तक घसीटते रहे। यहाँ तक कि बुज़ुर्ग और बच्चों को भी न छोड़ा, फिर भी रवि जगताप नाम का एक बच्चा नज़र बचाकर भाग निकला। यह बच्चा अब बड़ा हो गया है। तब यह भागते-भागते पाँच किलोमीटर दूर शिराठ गाँव पहुँचा। वहाँ संगठन के कार्यकर्ताओं तक सूचना पहुँचाई। फिर कुछ कार्यकर्ता पुलिस के साथ पहुँचे। सभी घायलों को सरकारी अस्पताल में भर्ती कराया गया।

इसके बाद थाने में मामला दर्ज हुआ। आष्टी तहसील कार्यालय के सामने कई दिन सत्याग्रह चला। इसमें आस-पास के दलितों सहित अन्य जनजातियों के हज़ारों लोग शामिल हुए। दबाव में पुलिस ने कई आरोपियों को हिरासत में लिया। अखबारों में ख़बरें छपीं तो दूर-दूर तक संदेश पहुँचा। तिरमली बंजारों को भी संगठन की ताकत समझ आ गई। तब शिराठ गाँव के कई युवक रात में तिरमली मोहल्ले की रखवाली करने आते थे।

आख़िर में तिरमली बंजारों और गाँव के दबंग लोगों के बीच समझौता हुआ। उन्होंने बंजारों को फिर कभी न सताने का वादा किया। वे आज तक अपने वादे पर कायम हैं।

मैंने खेत से तिरमली मोहल्ले की तरफ़ मुँह किया तो मिट्टी की हल्की लालिमा के बीच सीमेंट के सफ़ेद-छोटे मकाननुमा ढाँचे दिखाई दिए। तिरमली महिलाएँ यहाँ प्याज आदि फ़सलों को काट-छांट कर और साफ़ करके सुरक्षित रखती हैं। हमारे साथ आई मंडली घूम-घूमकर बताने लगी कि खेतों में ज्वार, बाजरा, प्याज और टमाटर उगाते हैं। अब सब खेत से मोहल्ले के रास्ते लौटने को हुए तो मालूम हुआ कि ये लोग आज भी समूह में ही खेती करते हैं। पक्के कुएँ पर सभी का बराबर हक है।

पैदल आते समय भले ही यह निर्जन रास्ता ज़्यादा ही छोटा लगा हो, पर अब तक मैं यह जान चुका हूँ कि पच्चीस सालों में इस रास्ते से यहाँ की रंगत और सूरत ही नहीं बदली दो जून की रोटी और उज्ज्वल कल की उम्मीद में एक दुनिया की दिशा बदली है। यह तभी संभव हुआ जब इन्होंने संगठन की ताकत समझी। सबने मिलकर न केवल ज़मीन तलाशी, बल्कि इसे पाने के लिए साथ मिलकर जातीय सत्ता की भाषा और हिंसा के खिलाफ़ मुकाबला किया। हालाँकि, हमारा कानून हर नागरिक को आजीविका का अधिकार देता है। लेकिन, इन्हें यह अधिकार पाने में आज़ादी के बाद चार दशक लग गए।

इस बीच मोबाइल पर देर तक व्यस्त सतीश को कुछ काम याद आया तो उसने मुझे आष्टी चलने के लिए कहा। लौटने को हुए तो अपने इस मेहमान को विदा करने आधा मोहल्ला बाहर निकला। यहीं पहली दफ़ा गौर किया कि उनके साथ चले आए झब्बेदार काले बाल और लंबी-मोटी पूँछ वाले कुत्ते आम कुत्तों से अलग हैं।

सतीश ने बताया कि ये शिकारी कुत्ते हैं। वैसे अब शिकार-विकार कोई नहीं करता। विदा लेने के लिए मैंने हाथ हिलाया तो सब लोगों ने हाथ हिलाया। मुस्कुराते चेहरों को मुस्कुराहट से जवाब दिया। फिर उसी घुमावदार मोड़ से मुड़कर हमारी मोटरसाइकिल आष्टी की ओर जाने वाली कष्टप्रद पगडंडियों पर लौटने लगी।

और रोमांच, उत्तेजना, जिज्ञासा, बेचैनी, विचार, जद्दोजहद, आशा, साहस, संबंधों का एक मोहल्ला पीछे छूट गया।

~

पुनश्चः

कष्टप्रद पगडंडियों से कहीं अधिक कष्टप्रद है उन्हीं पंगडंडियों से वापसी और उन्हीं दृश्यों को देखना जिन्हें कुछ घंटे पहले ही देखा था। आबादी के अनुपात में आस-पास के दोनों छोर बहुत ज़्यादा खुले-खुले दिख रहे हैं। एक-दूसरे से दूर-दूर इन बसाहटों को गूगल-मैप से देखने पर तिरमली मोहल्ला शायद ही दिखे।

अनुमान है कि भारत की धरती पर पंद्रह करोड़ से भी अधिक घुमन्तू, अर्ध-घुमन्तू और बंजारे हैं। यह बात किसी से छिपी नहीं है कि इस महादेश

की सामाजिक संरचना में व्याप्त भेदभाव और ऊँच-नीच इनकी राह के सबसे बड़े रोड़े हैं। इसलिए, इनमें से कुछ मुख्यधारा में शामिल भी होना चाहें तो उन्हें शामिल नहीं होने दिया जाता, जबकि पंद्रह करोड़ लोगों की दुनिया को बहिष्कृत बनाए रखकर कोई देश आगे नहीं बढ़ सकता।

ऐसे में साढ़े तीन सौ की आबादी वाला तिरमली मोहल्ला बदलाव का छोटा-सा बिन्दु दिखाई देता है, जबकि तस्वीर का दूसरा पहलू यह है कि ज़्यादातर तिरमली लोग नंदी बैल के सिर पर महादेव शिव की मूर्ति, गले में घंटियाँ और कमर पर रंग-बिरंगे कपड़े बाँधे आज भी मटमैली दुनिया में जी रहे हैं।

गर्मियों में खुले मैदान तो बारिश में रेल और सड़कों के पुल के नीचे गुज़ारा कर रहे हैं। इनके पास नौकरी और दुकान तो दूर, एक हफ़्ते का राशन भी मिल जाए तो बड़ी बात है। ज़्यादा राशन ढोकर फ़ायदा भी क्या, क्योंकि ये अपने भरे-पूरे परिवार के साथ बच्चों को लादे कई-कई मील भटकते हैं, जबकि मैं आज बीस किलोमीटर की ही इस कठिन यात्रा में पस्त हो चुका हूँ। मेरे मन में इनके पैरों की तकलीफ़ और अधिक बढ़ गई।

मुझे लगता है कि कनाडी बुडरुक गाँव के तिरमली मोहल्ले की यह यात्रा बदलाव की तो है ही, किंतु यह बदलाव के लिए अपनाए जाने वाले ज़रूरी उपायों को समझने में भी कारगर साबित हो सकती है।

मैं यह सोचता हूँ कि इस तरह के संघर्ष की हर यात्रा सामाजिक व्यवस्था की अंदरूनी तहों के नीचे पाई जाने वाली अमानवीयता से होकर गुज़रती है। लिहाज़ा, घुमक्कड़ तिरमली की कहानी इसी अमानवीयता को समझने का स्रोत बन सकती है।

''...तो लौटने के लिए तुम्हारे दिमाग में कोई मकान घूम रहा है!''

यकायक भूरा गायकवाड़ के वही शब्द मेरे कानों से टकराए। सच ही तो कहा था उन्होंने। हर यात्रा में एक मकान होता है, उसकी चारदीवारी यात्री को अपनी ओर खींचती है। मकान में भी एक यात्रा चल रही होती है। इन बाहरी-भीतरी यात्राओं ने कुछ सालों में ही बदलकर रख दिया है मेरे वर्तमान को। यात्रा पूरी करके मकान की तरफ़ लौटना किसी किताब को पूरा पढ़ लेने जैसा इत्मीनान देता है। एकदम नहा-धोकर बदला हुआ महसूस करने जैसा। जैसे कि थकान के बावजूद अभी इस समय। कुछ लोगों को किताबें व्यापकता की ओर ले जाती होंगी, मुझे इस तरह की यात्राएँ।

यह और बात है कि यात्राओं से लौटते हुए मेरे शहरों की चारदीवारी बदल

जाती है। मेरा पता बदल जाता है। भोपाल, दिल्ली, बड़वानी या मुंबई के किराए के मकानों के पते बदल जाते हैं। फिर भी उन दीवारों पर मेरी कई यात्राओं की यादें अंकित हैं। यह सिलसिला जारी है। शायद कभी न रुके। आख़िर मुझे मेरे गाँव का मकान याद आता है। और फिर उसकी खपरैल वाली छत, बागीचा, लोहे का नीला झूला, हरा गेट और बाहर कोलतार की काली सड़क से बाईं तरफ़ जाती वही लाल रंग की बस जिस पर चढ़ने के बाद अब तक कई दिशाओं में घूम रहा हूँ। ग्राम-सड़क पर चलती बस देखता हूँ तो कभी-कभार अचेतन में पुरानी यादें कौंध जाती हैं। यात्रा-वृत्तान्तों के बीच मुझे अपना मकान अब संस्मरण-सा लगता है।

जब तक दाढ़ी-मूँछें नहीं आई थीं तब तक अकेले घूमने की हिम्मत न हुई थी। अब इतना बड़ा हो गया हूँ तो भी कहीं निकलने पर लगता है कि बैग में कोई सामान रखना भूल गया हूँ। इसी तरह, यात्रा से लौटते समय लगता है कि कोई नायाब किस्सा मिस कर आया हूँ। आष्टी दिखने लगा तो सतीश ने बताया कि बॉलीवुड फ़िल्मों का शौकीन होने के कारण हिन्दी समझ तो आती है, लेकिन बोलने से पहले बहुत सोचना पड़ता है।

आष्टी में वाल्मीक निकालजे तात्या से उनके कार्यालय में मिला। पचास की उम्र पार कर चुके तात्या ने बताया, ''यह बदलाव स्थायित्व के लिए है। ज़मीन स्थायी आवास की नींव बनती है। ज़मीन ही आर्थिक संबल का औज़ार होती है और गाँव के परिवेश में ज़मीन ही आत्म-गौरव का प्रतीक होती है। इसलिए, हमने सामाजिक-न्याय की इस लड़ाई को ज़मीन पर केंद्रित रखा। नतीजा आप देखकर आ रहे हैं।''

अंत में तात्या ने बताया कि तिरमली सवई नाम का वाद्ययंत्र बहुत बढ़िया बजाते हैं, कई पीढ़ियों से इसे बजा रहे हैं। मुझे लगा, लौटते समय मैं फिर एक नायाब किस्सा मिस कर गया!

कोई सितारा नहीं चमकता

आष्टी, महाराष्ट्र

कोई आठ-दस बरस की बच्ची जानती थी कि वह जितनी बार रस्सी पर पैर धर उछलेगी, उतनी बार उसकी जान हवा में तैरेगी। फिर भी, दो बड़े खंभों के बीच बँधी एक रस्सी के ओर-छोर तक चल-चलकर वह चौराहे पर जमा भीड़ के आगे तमाशा दिखा रही थी।

'छोटे हाथों से बाँस का बड़ा डंडा सँभालेगी, या पैर!' रस्सी से बँधे खूँटे से पच्चीसेक कदम दूर, अजीब कशमकश में मेरे भीतर की एक रस्सी बेचैनी से झूल रही थी।

कोई तीस फ़ीट लंबी रस्सी को ज़मीन से पंद्रह-बीस फ़ीट ऊपर बाँधा गया था। कौतूहल भरी दर्जनों आँखें उसके पैरों पर स्थिर थीं। लेकिन, पलक झपकते रस्सी पर इधर-से-उधर हो जाना उसके लिए जैसे बाएँ हाथ का खेल।

पर, उसके लिए मुश्किल था दो छोरों के बीच उस रस्सी को नाप लेना। उस समय नापने का ख़याल मेरे मन में आया था। मेरे उस ख़याल के नाप को इंच, फ़ीट या मीटर में नहीं नापा जा सकता था। तब?

असल में मैं इस दूरी को लंबाई से नहीं समय से नापना चाहता था। इसके लिए घड़ी की सूइयों या फिर कलेण्डर की तारीखों से परे, एक अलग तरह के समय में, कहीं बहुत पीछे जाना था। लंबाई से नापना होता तो उस बच्ची ने अपने पैरों से लातूर के पास किसी गाँव से, हैदराबाद के बीच कई मील की दूरी नाप ही ली थी। पर, समय की दूरी अभी शेष थी। इतनी कि वह क्या उसकी कई पीढ़ियाँ भी इस दूरी को नाप नहीं सकी थीं। इसमें कई पीढ़ियों बाद भी बदलाव के लिए थोड़ी-सी जगह नहीं बन पाई थी।

वह दृश्य था हैदराबाद के निज़ाम कॉलेज ग्राउंड के नज़दीक मई-जून की एक दोपहर का। रस्सियों पर कलाबाज़ी दिखाने के लिए प्रसिद्ध नट समुदाय की वह बच्ची इन आठ-दस बरसों में सोलह बरस की होकर मालूम नहीं अब किस शहर में होगी! मालूम नहीं किस हाल में होगी! उसका नाम तक मैंने नहीं

पूछा था। हाँ, एक दूसरी जगह जब उसी तरह का दूसरा दृश्य देखा, तो मुझे वह बच्ची याद आई।

एक दूसरा दृश्य था नौ–दस बरस पहले ठंड के दिनों का, आज़ादी के कुछ समय बाद तक हैदराबाद रियासत और उसके बाद अब महाराष्ट्र के मराठवाड़ा के एक छोटे कस्बे का। इसे महाराष्ट्र की राजधानी मुंबई से कोई साढ़े तीन सौ किलोमीटर दूर देखा था, बीड़ ज़िले के आष्टी कस्बे में, लेकिन मैंने मुंबई या हैदराबाद से आष्टी तक की दूरी को किलोमीटर से नापने की बजाय दो दृश्यों के भीतर मौजूद समय से नापने की कोशिश की थी। एक ऐसे समय से जिसमें बदलाव की आहट सुनाई दे।

और फिर यादों की यात्रा में एक याद का अनायास सहयात्री बन कर मैं आष्टी कस्बे में शामिल हो गया, जहाँ उसी तरह के कई बच्चों के चेहरों पर 'सदियों का संताप' देखा। उनकी आँखों में मुझे उस बच्ची की आँखें और उस बच्ची की आँख में उन बच्चों की आँखें भी दिखाई दीं। जाने क्या था उन सब आँखों में, कि सब की सब आँखों में कुछ तो एक जैसा दिखाई दिया! जी तो चाहता है, उन्हीं आँखों से एक बार फिर एक बस्ती का वह दृश्य देखूँ, जिसे देखते हुए अतीत के सिरे पर आख़िर एक दूसरा दृश्य भी खिंच जाता है...

वहाँ पहुँचकर देखा कि छोटे बच्चे रस्सी पर और भी ज़्यादा मुश्किल और तरह–तरह के खेल खेल सकते हैं। देखा कि आठ–दस बरस की ही एक और बच्ची, सिर पर पाँच–छह लोटे रखकर हवा में बँधी रस्सी पर चल रही है। थोड़ी देर पहले ही एक दूसरी बच्ची ने रस्सी पर कूदकर नया करतब दिखाया। वहीं, एक बच्चे को साइकिल के रिंग पर खड़े होकर रस्सी पर दौड़ाने की जुगत में तल्लीन पाया।

मैंने गौर किया कि बच्चों के लचीले बदन उन्हें ऐसे करतब दिखाने में मददगार हो रहे हैं। मैंने उन बच्चों में से किसी का नाम तो नहीं पूछा, लेकिन उनसे बात की तो जाना कि दो साल की उम्र से ही उन्होंने ये खेल खेलने शुरू कर दिए थे।

आष्टी कस्बे में मैं जिस बस्ती में था वह भले ही मुझे असाधारण लगी हो, मगर वहाँ के बाशिंदों को वहाँ सब साधारण ही लग रहा था। पूरी बस्ती कस्बाई ढाँचे का एक हिस्सा नज़र आई थी। एक पंक्ति में पक्के सीमेंट और टीन की छत वाले कई रंग–बिरंगे छोटे–छोटे मकान थे। मैंने घूमकर सारे गिन डाले। तंग गलियों में पूरे बावन मकान थे। बस्ती के बाहर एक बड़ा खुला मैदान था। इस

मैदान के बीचोंबीच एक बड़ा सफ़ेद चबूतरा था।

यह इतना बड़ा और सफ़ेद था कि पूरी बस्ती का होकर भी इस सघन बस्ती से परे अपनी स्वतंत्र पहचान रखता था। उस पर सुबह के समय मैं बैठ गया था। लेकिन, मैं अकेला नहीं था। मेरे साथ एक दुबला-पतला चालीस पार का आदमी भी वहीं उसी चबूतरे पर बैठा था।

''इस बस्ती को सैय्यद खेड़करी क्यों कहते हैं?'' मैंने उस आदमी से बस्ती के बारे में पूछा। उसने मुझे बताया कि यह सैय्यद मदारी लोगों की बस्ती है। उसने मुझे बताया कि यहाँ हर आदमी अपने नाम के पहले सैय्यद लगाता है। जैसे उसने अपना पूरा नाम सैय्यद रफ़ाकत बताया।

''तात्या ने बताया तुम्हारे बारे में! पूछो, क्या पूछना है?'' सैय्यद रफ़ाकत मुझसे बोला।

''ये सारे मकान आप लोगों के ही हैं, या भाड़े के?'' मैंने पूछना शुरू किया।

''भाड़े का एक नहीं, सब हमारे हैं, ये चबूतरा और यह ज़मीन भी, वैसे ज़मीन दरगाह की है, निन्यावने साल के लिए लीज़ पर ले रखी है।''

''कब, कैसे, लीज़ पर तो बहुत पैसा लगता है?''

''बारह बरस से यहीं रहते हैं, पैसों के लिए तात्या ने आस-पास के कई गाँववालों से चंदा जमा कराया था।''

''पानी-वानी है?''

''हाँ, पानी-लाइट सब है।''

''पर मुझे दरवाज़ों पर कोई नेमप्लेट नहीं दिखी,'' मैं मुस्कुराया।

''उससे क्या होता है। हमारे घर का पता यही है। चिट्ठी यहीं आती है,'' सैय्यद रफ़ाकत ने गंभीरता से कहा।

बारह साल पहले इनके पास चिट्ठी मँगाने के लिए घर का पता नहीं होता था। यह कोई एक पीढ़ी की बात नहीं थी, कई पीढ़ियों से वे नगर, डगर, गाँव, गली, मोहल्ले, घर और दर-दर भटकते थे। उन्हें पता नहीं होता था कि कल इनका तंबू कहाँ तनेगा! उन्हें वीरानों में चंद रोज़ बसने का हुनर तो पता था, नहीं पता था तो मुक्ति का रास्ता।

मेरी तंग समझ से चाहें तो सैय्यद मदारियों को बाज़ीगर कह सकते हैं, चाहें तो जादूगर। ऐसा इसलिए कि इस घुमन्तू ज़मात के लोग जान की बाज़ी लगाकर कई पीढ़ियों से करतब दिखाते रहे हैं। ये हैरतअंगेज़ खेल दिखाकर लोगों का मनोरंजन करते रहे हैं। कलाबाज़ी या स्टंट ही सैय्यद मदारी का खानदानी पेशा है।

स्टंट ही सैय्यद मदारी की पहचान है। लेकिन, आज की तारीख में सैय्यद मदारी के खेल गुम हो रहे हैं। ढूँढ़े से इन खेलों के कद्रदान नहीं मिल रहे हैं। खुली जगहों पर जान का जोखिम उठाकर घंटों खेल दिखाने के बावजूद, इन खिलाड़ियों को कुछ देने की बजाय ज़्यादातर लोग खिसक लेते हैं।

ये मदारी विकास और तकनीक की अंधी दौड़ में छूट रहे हैं। मनोरंजन के अत्याधुनिक उपकरणों के सामने इनके जादू फीके पड़ने लगे हैं। फिर अपनी अंदरूनी समस्याओं के कारण भी जादू सरीखे लगने वाले ये खेल अपना परंपरागत मैदान खोते जा रहे हैं। ऐसे में इनके आगे रोज़ी-रोटी का संकट और ज़्यादा गहराता जा रहा है।

यूँ तो ये खेल आज भी अपने दर्शक वर्ग में उत्सुकता पैदा करने की क्षमता रखते हैं। इसके बावजूद, परिस्थिति यह है कि ऐसे खेल दिखाने वाले खिलाड़ियों का भविष्य पूरी तरह तमाशा बनने की कगार पर है।

कुछ देर में सैय्यद सिकंदर के साथ और पाँच-छह लड़के चबूतरे पर आ बैठे। मामूली सवाल-जवाब की जगह फिर लंबी-लंबी चर्चाएँ होने लगीं। मुझे इस बात पर हैरत हुई कि कई पीढ़ियों से पश्चिम महाराष्ट्र में रहने के बावजूद, वे मराठी की बजाय मुंबइया हिन्दी में क्यों बात कर रहे हैं! पूछने पर उन्होंने बताया कि मुंबई में उन्होंने बहुत काम किया है और हिन्दी उन्हें जमती है।

वे सबके सब सिर पर जालीदार टोपी पहने हुए थे। धर्म से अपने को मुसलमान मानने वाले लड़के बता रहे थे कि वे पत्थरों से जुड़े कई सारे खेल भूल गए हैं। इनमें पत्थर को मुक्के से तोड़ने, पत्थर हवा में उछालकर भुजाओं पर झेलने और बड़े-से-बड़े पत्थर को मूँछों और सिर के बालों से उठाने जैसे खेल शामिल हैं।

6 फरवरी 2010, की दोपहर थी। सैय्यद सिकंदर डिस्पोज़ेबल गिलास लेकर सबके लिए चाय लाया तो सिर के ऊपर सूरज की तपिश और अच्छी लगने लगी। बातों का एक दौर खत्म हो चुका था। इस दौरान मैंने थोड़ा और जान लिया सैय्यद मदारी कौन होते हैं।

बॉलीवुड में स्टंट करके कैरियर शुरू करने वाला अक्षय कुमार, शाहरुख, आमिर, सलमान खान की तिगड़ी को टक्कर दे रहा है। वह बॉलीवुड का सुपर-स्टार कहलाता है। लेकिन, सैय्यद मदारी तो अमिताभ बच्चन के ज़माने के पहले से फ़िल्मों में स्टंट कर रहे हैं। फिर भी इनके बीच से कोई स्टार नहीं चमका।

"क्यों?"

"कभी कोई चमकेगा भी नहीं!"

मेरे सवाल पर एक सैय्यद मदारी युवक इसे अपनी बदकिस्मती मान कर हँस दिया। दूसरे ने उसकी बात काटी और बड़े लोगों तक अपनी पहुँच न होने पर अफ़सोस जताया। दरअसल, थोड़ा पीछे जाएँ तो आज़ादी के तीन दशक बीत जाने के बाद लोगों में जब व्यवस्था के प्रति असंतोष पनपने लगा, तो निर्माता-निर्देशक इसे रुपहले पर्दे पर आकार देने में जुट गए।

जनाक्रोश को जब मारधाड़ का रूप दिया जाने लगा, तो स्टार और सुपर-स्टार के ज़्यादातर स्टंट यही सैय्यद मदारी किया करते। यह और बात है कि मायानगरी में तीन दशक से ज़्यादा समय बिताने के बावजूद न इन्हें शोहरत मिली, न दौलत मिली।

दूसरी तरफ़, वे अपनी जड़ों से इस तरह कटे मिले कि अपना अतीत उन्हें ही नहीं पता। वे नहीं जानते कि मूलतः वे कहाँ के हैं। फिर भी, वे अपने नाम में 'मदारी' जुड़ा होने के कारण अपने पेशे के बारे में अच्छी तरह से जानते हैं। उनका अंदाज़ा है कि महाराष्ट्र में सात सौ से ज़्यादा सैय्यद मदारी परिवार हैं।

बात आगे चली तो मालूम हुआ कि बहुत सारे कलाकार साइकिल-सर्कस में भी रहे हैं। लेकिन, दिक्कत यह है कि साइकिल-सर्कस में भी खर्च ज़्यादा और कमाई कम है। इसलिए, इसे चलाना भी अब घाटे का सौदा होता जा रहा है।

"खेल दिखाने का मज़ा तभी है जब पब्लिक हो!" सैय्यद तनवीर ने आँखें चौड़ी करते हुए कहा। फिर उसने जिस तरह जो बताया उससे उसकी आँखों के काजल की रेखा फैलती गई और इन खेलों के भीतर कष्ट और दुखों का एक और खेल सामने आया। वह जो कह रहा था, मैं उसका मतलब यह समझ रहा था कि बच्चे इन खेलों को आज भी कर रहे हैं, तो इसलिए कि ये खेल अभी पूरी तरह गुम भी नहीं हुए हैं। लेकिन, जब ये सारे के सारे खेल, किस्से और कहानियाँ बन जाएँगे, तब भी क्या इन्हें दिखाने वाले छोटे बच्चे पढ़ने भेजे जाएँगे?

"आप यहाँ कैसे?"

सैय्यद फ़ारुख ने मुझे टोका। संशय और संकोच से शुरू हुई बातचीत ज़रा सहज हो गई। मैं लंबा जवाब दे सकता था, लेकिन मैंने सिर्फ़ इतना कहा, "ऑफ़िस के काम से।" इन्हें क्या बताता कि यूँ ही...! जबकि, यूँ ही क्या होता है! मैं तो चार दोस्तों के साथ मुंबई से बाकायदा एक कार में आष्टी आया था। फिर यहाँ से बीस किलोमीटर दूर तिरमली नाम के मोहल्ले में दो दिन रुका। अब वही दोस्त लातूर से लौटते हुए कल या परसों आष्टी लौटेंगे तो समंदर के शहर मुंबई वापस चला जाऊँगा।

इस बीच आज संयोग से मैं यहाँ उनके साथ हूँ। फिर भी, मैंने उन्हें बताया कि मैं इस बस्ती से पूरी तरह अनजान था। यहाँ आने के पहले तक का समय मुझे पहाड़ लग रहा था। इसे काटने सुबह तात्या से मिलने उनके घर गया था। उन्होंने जब आप लोगों के बारे में बताया तो लगा कि मेरे पास समय कम है। इसलिए, मैंने सोचा कि मुझे कुछ ही घंटों में यह बस्ती देखनी है। और मैं थोड़ी देर में वहाँ से यहाँ चला आया।

उन्हें ये सब बताते हुए मैंने मन में सोचा कि मेरी यात्राओं में अक्सर लंबे, निर्जन या दुर्गम रास्ते होते हैं। लेकिन, वहाँ मैं अकेला चंद मिनटों में ही पहुँच गया था, क्योंकि मेरे लिए वह चबूतरा यात्राओं के बीच एक पड़ाव की तरह आया था। अब घंटों इतनी सारी बातें, इसी एक जगह पर बैठे–बैठे हो गईं।

''एमपी की राजधानी तो भोपाल है।''

बातों–बातों में जब मेरा परिचय पूरा हुआ तो सैय्यद सज्जाद ने भोपाल को मध्यप्रदेश की राजधानी बताया। मैंने उसके बारे में पूछा, तब मालूम हुआ कि वह दसवीं तक पढ़ा है।

पूछते–पूछते मालूम हुआ कि अब्दुल पहला सैय्यद मदारी है जिसने कुछ साल पहले बारहवीं पास की थी। मैं अब्दुल से मिलना चाहता था। लेकिन, बताया गया कि वह बस्ती में नहीं है। इसलिए, शाम को अब्दुल से मिलने और बस्ती के कुछ घरों में जाने की बात पक्की करके मैं उस चबूतरे से उठ गया।

उसके बाद तात्या यानी सामाजिक कार्यकर्ता वाल्मीक निकालजे से मिलने उनके घर पहुँचा। तात्या पिछले तीन दशक से इस क्षेत्र में मानवीय अधिकारों को लेकर जागरुकता अभियान चला रहे हैं। बातें हुईं तो मालूम हुआ कि उनके जीवन पर राजर्षि शाहू महाराज, महात्मा फुले और बाबा भीमराव अंबेडकर के विचारों का गहरा प्रभाव पड़ा है। उनका मत है कि जाति भारतीय समाज की बुनियाद है और जातिवाद को संवैधानिक मूल्यों के सहारे कमज़ोर किया जा सकता है। उनके अभियान ने वंचितों के व्यवहार में नागरिक चेतना जगाई है।

तात्या ने बताया कि जातिगत विसंगतियों से मुक्ति और अस्मिता की लड़ाई में उन्होंने शिक्षा को एक अनिवार्य औज़ार बना लिया है। बारह साल पहले सैय्यद मदारी बच्चे पढ़ाई के नाम पर बारह मिनट भी नहीं बैठ पाते थे। इसलिए पढ़ाई को रोचक बनाने और उसका महत्त्व समझाने में सालों खर्च करने पड़े। आज यही काम अब्दुल को करते देख उन्हें अच्छा लगता है।

इस कहानी से अलग या इससे जोड़कर यदि इस क्षेत्र की पृष्ठभूमि देखें तो

जैसा कि कहा जा चुका है आज़ादी के कुछ समय बाद तक मराठवाड़ा का यह इलाका हैदराबाद के निज़ाम की रियासत में था। वहीं पूरे मराठवाड़ा में सामाजिक आंदोलन की एक धारा है। यहाँ दलित चेतना और लेखन की पुरानी परंपरा है। तार्किक विचारों की इसी परंपरा ने कमज़ोर वर्ग को सशक्त बनाया है।

इसी कड़ी में अंबेडकर और स्वामी रामानंद तीर्थ ने उच्च-आधुनिक शिक्षा के क्षेत्र में विशेष प्रयास किए। अंबेडकर ने साल 1950 में आष्टी से एक सौ अस्सी किलोमीटर दूर औरंगाबाद शहर में मिलिंद महाविद्यालय की स्थापना कराई थी। इसका परिणाम साठ और सत्तर के दशक में तब देखने को मिला, जब उच्च-आधुनिक शिक्षा हासिल करने के बाद बहुजन समाज, साहित्य और बहुस्तरीय संघर्षों में सक्रिय हुआ।

~

''अपना अब्दुल पहला सैय्यद मदारी है जिसने बारहवीं पास की।''

लेकिन, शाम को जब चबूतरे पर ही चर्चा का दूसरा क्रम शुरू हुआ तो अब्दुल फिर नदारद था। वैसे तो देश भर में असंख्य बच्चे हर साल बारहवीं पास होते हैं, फिर भी अब्दुल की बात उन सबसे अलग है कि अब्दुल पहला सैय्यद मदारी है जिसने बारहवीं पास की। अब्दुल के साथ और बाद में, सैय्यद मदारी बच्चों ने पहली बार अक्षर बनाने के बारे में सोचा था।

नई पीढ़ी ने पढ़ना चाहा था। क, ख, ग, घ की रस्सियों पर चलकर परिवर्तन का खेल दिखाना चाहा था। इस समय तक पहली से बारहवीं तक बीस बच्चे पढ़ रहे थे। एक-एक करके ये स्कूल से कॉलेज की सीढ़ी चढ़ने को बेताब थे। अब्दुल के बाद कई नाम बारहवीं पास करने की दहलीज़ पर थे—सैय्यद फ़ातिमा, सैय्यद कंकर, सैय्यद शेख, सैय्यद वंशी, सैय्यद बशीर...

''...फिर भी अब्दुल जैसे बच्चे आगे नहीं बढ़ सकेंगे!''

सैय्यद सिकंदर की इस बात को सुनकर यकायक ऐसा लगा कि सैय्यद मदारी तरुणों के चेहरे, देश के अन्य उपेक्षित समुदाय के चेहरों से मिलते-जुलते हैं। जैसे सबके साथ एक झटके में अपने आप को भी उपेक्षा के चबूतरे पर बैठा पाया।

एक कस्बे में उन्हें अपने घर का पता तो मिल गया था, मगर इसके आस-पास कंक्रीट से भी कहीं अधिक मज़बूत भेदभाव की अदृश्य दीवारों के बीच उनकी पहचान दबी रह गई थी।

भारत का 'पूर्वोत्तर' उपेक्षा के रूप में चिन्हित है। किंतु, मैं सोच रहा था कि देश के उपेक्षित क्षेत्र में भी कई अदृश्य पूर्वोत्तर हैं। इस बात का एहसास उस बस्ती में रहने वाले उन नए लड़कों से बात करते हुए हो रहा था जिनके चेहरे पर दाढ़ी आनी शुरू ही हुई थी।

लेकिन, ऐसा क्यों? अपना ही सवाल मेरे दिमाग पर हथोड़े की तरह बजा। बाद में जब मैंने पता किया तो जाना कि असल में राज्य की जाति-सूची में विभिन्न जातियों को अलग-अलग श्रेणियों में रखा गया है। किंतु, सैय्यद मदारी नाम की जाति इन सूचियों में शामिल नहीं है। महाराष्ट्र में 'जाति शोध केंद्र' और 'जाति आयोग' के रिकॉर्ड में 'सैय्यद मदारी' जाति का नाम छूट गया है।

इस कारण इस बस्ती के बच्चों के प्रमाण-पत्र नहीं बन पा रहे हैं। लिहाज़ा, सैय्यद मदारी बच्चे आदिवासी, घुमन्तू या अर्ध-घुमन्तू समुदाय के बच्चों की तरह आरक्षण का अधिकार नहीं पा रहे हैं। जाति प्रमाण-पत्र पाने की लड़ाई लड़ने में दस साल गुज़र गए। इसके लिए ज़िला बीड़ से लेकर राज्य की राजधानी मुंबई तक वे लोग एक कर चुके, पर कोई फ़ायदा नहीं।

इन बच्चों के माता-पिता की इच्छा है कि उनके ज़िंदा रहते-रहते उनके बच्चों को जाति प्रमाण-पत्र हासिल हो जाए!

बता दें कि भारतीय जनगणना के मुताबिक, देश भर में आठ सौ चालीस घुमन्तू समुदाय हैं। लेकिन, जानकार बताते हैं कि इनमें से कुछ समुदायों के नाम छूट गए हैं। इन्हीं छूटे हुए समुदायों में से एक सैय्यद मदारी समुदाय है।

लेकिन, बदली हुई परिस्थिति में सैय्यद मदारी भी जाति प्रमाण-पत्र का महत्त्व समझ रहे हैं। इसलिए, उन्हें कागज़ के इस टुकड़े के अलावा सरकार से कुछ नहीं चाहिए। वे भी पढ़-लिखकर नौकरी करना चाहते हैं। वे भी देश की तरक्की में हाथ बँटाना चाहते हैं। लेकिन, इस मामले में समाज और सरकार दोनों का ही रवैया उदासीन है। इस कदर उदासीन कि आज़ादी के सात दशकों बाद भी जनगणना में न उनका नाम है, न उनकी जाति की ही अपनी कोई पहचान है।

यदि मैं सैय्यद खेड़करी बस्ती न पहुँचता तो इस बात से भी अनजान रहता कि आमतौर पर इस तरह का खेल दिखाने या बहुरूपिए बनने वाले नट एक ही तरह के नहीं होते, बल्कि उनके अलग-अलग प्रकार और संप्रदाय हैं।

"क्या आप लोग ये खेल शौक से करते हैं?" मैंने सब जानते हुए उन्हें छेड़ा।

"गुज़ारे के लिए दर-दर घूमते हैं, पर दिन-ब-दिन घूमना बहुत ज़्यादा महँगा होता जा रहा है।"

सैय्यद लियाकत ने जवाब देते हुए मुझसे ही पूछा कि मुंबई से आष्टी तक अकेले आने में मेरा कुल कितना रुपया खर्च हो गया। फिर वे बताने लगे कि गुज़ारे के दिन इसलिए और ज़्यादा मुश्किल हो गए हैं कि पहले वे कहीं भी खुली जगह पर डेरा डालकर रह सकते थे, पर अब ऐसी खुली जगह बची नहीं हैं। अगर बची भी हैं और रहने के लिए ऐसी कोई जगह दिख जाए, तो गाँववाले ज़्यादा दिन रहने नहीं देते हैं। स्थानीय रहवासी उन घुमक्कड़ों को घृणा की नज़रों से देखते हैं। अक्सर वे उन्हें चोर समझ लेते हैं। नई जगह पर नए होने के कारण भी सैय्यद मदारी नहीं चाहते कि वे किसी से लड़ें-झगड़ें।

''दो हाथों से मोटरसाइकिल खींचने वाले दारासिंह को बच्चा-बच्चा जानता है, पर एक हाथ से मोटरसाइकिल रोकने वाले सैय्यद मदारी को कोई नहीं जानता है!''—ऐसा कहकर सैय्यद कंकर मुझे अपने घर चलकर पुराने एल्बम देखने की ज़िद करने लगा। उसके चेहरे पर देर तक दर्दीली मुस्कुराहट थी। मैं भी अब तक चबूतरे पर बैठा-बैठा उकताने लगा था। इसलिए, हम सैय्यद कंकर के कमरानुमा मकान में पहुँचे।

वहाँ सैय्यद कंकर ने ऐसी बात कही जो मेरे दिल को भीतर तक छू गई। उसने कहा, ''हमारे खेल की खास बात यह है कि हमने कभी भी इस पर टिकट नहीं लगाया। रास्ते पर जो मिलता है, हम उसे खुश करते हैं। हमारे लिए गरीब-अमीर सब बराबर हैं।''

इसके बाद, हम सब उस मकान में बॉलीवुड स्टार और देश के नामी नेताओं की तस्वीरों के दर्जनों एल्बम देखने लगे। धुँधली पड़ गईं तस्वीरों में इनके पिता अपनी ब्लैक एंड व्हाइट इमेज लिए अमिताभ बच्चन, विनोद खन्ना, शत्रुघ्न सिन्हा, जितेन्द्र, धर्मेन्द्र और मिथुन चक्रवर्ती के साथ खड़े दिखे।

इसके बाद की पीढ़ी यानी इन बच्चों के बड़े भाई या चाचा शूटिंग के दौरान इन तस्वीरों में संजय दत्त, अक्षय कुमार और सलमान खान के साथ नज़र आए थे। हिरोइनों में हेमा मालिनी, रेखा, राखी, ज़ीनत अमान और नीतू सिंह दिखीं। कुछ एल्बमों को मैंने जल्दी-जल्दी पलटकर देखा तो दंग रह गया।

जो एक्शन करने की हम सोच भी नहीं सकते उसे सैय्यद मदारी करके दिखा रहे थे। एक तस्वीर दिल्ली की है, जिसमें कांग्रेस की सोनिया गाँधी शाबाशी की मुद्रा में थीं। उन तस्वीरों में कई और दल के ऐसे ही कई और राजनेता हैं। हर तस्वीर के पीछे एक कथा थी। उसे सुनाना ये बच्चे नहीं भूल रहे थे। ऐसी कई सारी तस्वीरों को आपस में जोड़ने पर एक लंबी कहानी तैयार हो सकती थी, या

फिर जिस तस्वीर को छुओ, एक नई कहानी शुरू हो सकती थी।

आख़िर एक छोटी कहानी मेरे हाथ लग गई। देर से चुप सैय्यद फातिमा की आँखों में एक सपना तैर रहा था। सैय्यद फातिमा ने एल्बम से एक तस्वीर निकाली। यह तात्या और उनके कार्यकर्ताओं के साथ खिंचवाई एक ग्रुप-फ़ोटो थी। यह बाकी तस्वीरों से अलग थी। यही एक तस्वीर थी, जिसमें सैय्यद मदारियों के बीच की दूरी समय से नापी जा सकती थी।

इसमें सैय्यद मदारी अपने समय के विरुद्ध भागने की कोशिश कर रहे थे। आख़िर में सैय्यद फातिमा ने वही फ़ोटो निकाली और बोली, ''यह मुझे सबसे ज़्यादा पसंद है।''

देर शाम बस्ती से बाहर निकलने पर एक सैय्यद मदारी ने अपना डमरू बजाया तो उस जगह मुझे मेरा गाँव दिखने लगा। मुझे याद आया कि मैं जब छोटा था तो मेरे गाँव में आए दिन मदारी आते थे। धीरे-धीरे मदारी गुम होते गए। लेकिन, उन दिनों तो कई बार वे छुट्टी होने से ठीक पहले स्कूल के बाहर डमरू बजा देते थे। तब बच्चों के साथ दुकानों के आस-पास की भीड़ जमा हो जाती थी। वह अपने बंदर को जमूरा कहते। मदारी जैसा कहते जूमरे वैसा करते। वह जूमरे को कभी नचाता तो कभी कुछ खिलाता। लेकिन, फिर जमूरा किसी बात पर अचानक रूठ जाता तो मदारी उसे तरह-तरह से मनाता। बीच-बीच में कभी डमरू बजाता तो कभी अपनी वाक्पटुता से जमा भीड़ की उत्सुकता को बनाए रखता। मदारी डेढ़ घंटे का खेल दिखाने के लिए पूरी तैयारी से उतरता। उसके पिटारे में ऐसा बहुत कुछ है जो भीड़ को जाने से रोके रखता। यूँ तो उसके पास तरह-तरह के खेल होते। लेकिन, सबसे अच्छा खेल वह सबसे अंत में दिखाता।

अगले दिन जब हम आष्टी से निकले तो सैय्यद खेड़करी बस्ती से होकर गुज़रे। मैंने अपने मोबाइल के कैमरे से सैय्यद खेड़करी बस्ती का एक फ़ोटो खींच लिया। यह सोचकर कि जब यह बस्ती पीछे छूट जाएगी तो तस्वीर इस बस्ती के लोगों के बारे में बाकी बहुत कुछ याद दिलाएगी। यह सोचकर भी कि जब कभी यह तस्वीर आँखों के सामने होगी तो जो दृश्य उस समय नज़रों से गुज़रेगा, उसे उस समय कही और सुनी गईं आवाज़ों से अलग नहीं किया जा सकेगा।

कभी यादों में भी सैय्यद मदारियों की आवाज़ें सुनाई दीं तो उनके साथ गुज़ारे पल दृश्य बनकर ज्यों-के-त्यों दिखने लगेंगे। जैसे रेडियो पर कोई गाना सुनने भर से बहुत कुछ दिखाई भी देने लगता है।

और जब कार स्टार्ट हुई तो उलटा मुंबई की तरफ़ वही साढ़े तीन सौ

किलोमीटर फिर उसी अहमदनगर और पुणे मार्ग से लौटने की बात सोचकर बीते दिनों में लगातार घूमते रहने की थकान मालूम हुई।

दो जगहों को जोड़ती एक ढलती सुबह में कार के भीतर चार दोस्त और बैठे थे। लेकिन, कई दिनों तक बहुत लोगों के साथ होते हुए भी मैं अपने एकांत को विस्तार दे पा रहा था। शायद, इसीलिए इसमें गहरे उतरने पर मेरा अपना एक दुख भी गहराता गया। दो जगहों की आवाजाही के मध्य उनके बेबस, हताश और विवश चेहरे मेरी आँखों में मूर्त होते रहे थे।

इस दौरान, बहुत देर तक मुझे सैय्यद मदारियों द्वारा मामूली इच्छाओं को पूरा करने के लिए संघर्ष की वह अधूरी कहानी सालती रही। लगा कि मानो मैंने अपनी किसी यात्रा का वृत्तांत आधा लिखने के बाद उसे छोड़ दिया हो। बावजूद इसके, मैं काफ़ी देर तक इस अनटूटी-सी आस पर अभिशप्त रहा कि एक दिन सैय्यद मदारियों को उनकी अपनी जाति की पहचान हासिल होगी ही।

फिर अस्सी से नब्बे किलोमीटर प्रति घंटे यथार्थ की गति से पीछे लौटते हुए मैं कल्पनाओं की उड़ान भरने लगा। सोचने लगा कि यदि सैय्यद मदारी अपने दिनों की यही पीड़ा लिखते तो क्या लिखते...

गन्नों के खेतों में चीनी कड़वी

मस्सा, महाराष्ट्र

"कहाँ जाना है?"

"बहुत दूर..., बेदर मिल..., कर्नाटक...।" एक औरत ने तीन टुकड़ों में उत्तर दिया।

"लौटना कब होगा?" मैंने पूछा।

"बरसात के पहले-पहले," उसने कहा।

"घर पर कौन है?" ट्रैक्टर दूर जाता देख कर मैं लगभग चिल्लाया पर, इस बार शायद किसी को कुछ सुनाई नहीं दिया।

कोई उत्तर नहीं आया।

सुबह-सुबह एक ट्रैक्टर से जुड़ी दो ट्रॉलियों में दर्जन भर मज़दूर बैठे हैं। इन्होंने अपने साथ अनाज की बोरियाँ, खाली बोरे, बिस्तर, कपड़े, बर्तन, बड़ी-बड़ी पन्नियाँ, टीन के संदूक और रोज़मर्रा का बाकी सामान गद्दों में लपेटा हुआ है।

बहुत छोटे बच्चे माँओं की गोद में खिलौने लिए सोए हैं। उनसे थोड़े बड़े बच्चे ताइयों के कंधों पर लदे हैं। कोने में बकरियों के गले की रस्सियाँ ढीली करते एक बुज़ुर्ग चारा डाल रहे हैं। ट्रॉलियों के बाहर पैर लटकाए सारे मर्दों के चेहरे पर एक-सा रूखापन है। उनके पीछे बैठी औरतें भी चुप हैं।

इस सन्नाटे में ट्रैक्टर स्टार्ट हुआ। लगा, मेरा समय गया। मैं कुछ पूछना चाहता था। लेकिन, ट्रैक्टर चल दिया...

यादें! यादें—25 नवंबर 2010 की हैं। हो सकता है यही या इसके आगे-पीछे की तारीख हो। मैं तारीखों का अंदाज़ा ई-मेल पर अपनी यात्रा के लिए आने-जाने की योजना से जुड़े ब्यौरों से लगाता हूँ, या फिर अखबारों में छपी अपनी ख़बरों पर हाथ से लिखी तारीखों का सहारा लेता हूँ। अपने समय से बीते समय में प्रवेश करना कष्टप्रद तो होता है, फिर भी ऊपर बताई गई उसी तारीख की टेक लगाकर मैं अपने देश की अदृश्य-अनसुनी-अनकही दुनिया में प्रवेश कर रहा हूँ...

सूरज का धुंधलका सड़क के दोनों ओर बिखरा है। इन दिनों यहाँ ये रोज़ के नज़ारे हैं, जब मुँह अँधेरे एक के पीछे एक ऐसी कई ट्रैक्टर-ट्रॉलियाँ दौड़ पड़ती हैं। सड़कों पर दोपहर जैसी आवाजाही है। ये गुलाबी ठंड वाले रात और दिन हैं।

इस ठंडे समय में मेरे दिमाग में अच्छी लोकेशन देख थोड़ी देर पहले 'काला बाज़ार' में काला स्वेटर पहने देव आनंद और काला शॉल ओढ़े वहीदा रहमान पर फ़िल्माया और मोहम्मद रफ़ी का गाया गाना 'खोया-खोया चाँद, खुला आसमान, आँखों में सारी रात जाएगी, तुमको भी कैसे नींद आएगी, ओ-हो हो हो...' याद आया था। लेकिन, मुझे ठीक-ठीक अंदाज़ा न था कि गुलाबी ठंड के ये रात और दिन मराठवाड़ा के ग्रामीण अंचल के मज़दूरों के लिए हर साल यातनाएँ लेकर आते हैं।

इस समय हम मस्सा गाँव के ढाबे पर हैं। और बेबस हैं, कई प्रवासी मज़दूरों को चार बजे के उजाले में एक अँधेरे गर्त की ओर बढ़ते हुए देखने के लिए।

ब्राजील के बाद भारत सबसे बड़ा चीनी उत्पादक देश है। भारत में महाराष्ट्र चीनी उत्पादन में बहुत आगे रहा है। यह उत्पादन पाँच लाख से अधिक आंतरिक प्रवासी मज़दूरों के बूते टिका है। ये मज़दूर कर्नाटक से लगे उस्मानाबाद, बीड़, सोलापुर, कोल्हापुर, सांगली और सतारा ज़िलों से हर साल नवंबर से मई के महीनों तक गन्ने के खेतों में गन्ने काट रहे होते हैं। लेकिन, इन मज़दूरों के सपनों में न खोया-खोया चाँद होता है और न मुँह में मिठास घोलने वाली चीनी के दाने। होता है तो दोजून की रोटी का ख़्वाब, जिसके लिए अपने गाँवों से पाँच-छह सौ किलोमीटर दूर खेत-खेत भटकते रहते हैं।

सच कहूँ तो मैंने यहाँ न आने के लिए प्लेटफ़ॉर्म पर ही ट्रेन छूटने की कामना की थी। अपना सेकेंड एसी डिब्बा पकड़ने की कोशिश में दिल तो चाहता था नाकाम हो जाऊँ। लेकिन, देखा तो पहियों की गति पकड़ने के ठीक पहले चढ़ चुका था और मुंबई के छत्रपति शिवाजी टर्मिनल से सोलापुर के लिए रात पौने ग्यारह बजे 12115 सिद्धेश्वरी एक्सप्रेस से एक संसार आगे बढ़ चुका था। एक अधेड़ आदमी बड़ा बैग लिए मेरे पीछे दौड़ा जा रहा था, पर वह न चढ़ सका। पीछे के किसी डिब्बे में चढ़ा। उसे देख एक दूसरा संसार साथ आता ओझल हो गया। जैसे बहुत देर पटरियों को एकटक देखो तो लगता है पटरियाँ दौड़ रही हैं, ठीक ऐसे ही वह आदमी दौड़ते देखा तो लगा कि ज़मीन दौड़ रही है और आदमी अपनी जगह स्थिर हाथ-पाँव चला रहा है।

आख़िर सुबह सात बजे आख़िरी स्टेशन सोलापुर आने तक साढ़े चार सौ

किलोमीटर दूर आ पहुँचा। स्टेशन के बाहर एक दूसरा अनजान स्थान। वहाँ सौ, सवा सौ किलोमीटर दूर मस्सा से कोई विनायक तौर मुझे लेने के लिए आने वाला था। लेकिन, डेढ़ घंटे तक भाऊ का मोबाइल नेटवर्क से बाहर मिला। फिर उसने ही संपर्क साधा। उसी ने मुझे मुख्य सड़क पर पहचाना। जीप रोककर आगे बाज़ू की सीट पर बैठने को कहा। एकदम सामने बैठने से सड़क पीछे की ओर दौड़ने लगी। जीप की गति के अनुपात में आबादी की सघनता कम होती जा रही थी।

कोई ढाई-तीन घंटों में शहर और सवेरे को पीछे छोड़ हम एक पक्के ढाँचे तक पहुँचे। मुझे कुछ दिन यहीं रुकना था। मैं कुछ दिन यहीं रुका। यहाँ सोने के नाम पर एक सोफ़ा था, बाथरूम के नाम पर बाहर गन्ने का बड़ा खेत और नहाने के नाम पर ठंड के दिनों में नलकूप का ठंडा-ठंडा पानी। मुझे बुखार आना ही था। मुझे बुखार आया भी। यह मस्सा में मानव अधिकार कार्यकर्ता बजरंग ताटे के संगठन का कार्यालय है।

मस्सा का नाम आपने पहले कभी न सुना होगा। मैंने ही कहाँ सुना था! यह मराठवाड़ा के कलंब कस्बे का एक छोटा-सा गाँव है। कलंब उस्मानाबाद ज़िले की तहसील है। उस्मानाबाद सोलापुर, लातूर, अहमदनगर और बीड़ ज़िलों से घिरा है। दक्षिण की तरफ़ कर्नाटक के बेदर और गुलबर्ग शहर हैं। इधर, कलंब के उत्तरी भाग में मांजरा नदी बहती है। मांजरा नदी ही उस्मानाबाद और बीड़ ज़िलों की सीमा तय करती बहती है। यह वाशिरा नाम की एक बड़ी नदी में मिलती है। कलंब, मांजरा नदी के किनारे बसा है। यहीं मांजरा बाँध है।

कलंब को यूँ तो कपड़ा और कृषि बाज़ार के कारण जाना जाता है। लेकिन, इस कस्बे को प्रतिष्ठा हासिल है तो निजी चीनी मिलों के कारण। इनमें रांजण, हावरगाव और चोराखली गाँव की चीनी मिलें प्रमुख हैं।

यही वजह है कि यह इलाका राज्य में चीनी उत्पादन का केंद्र रहा है। कहा जाता है कि राज्य में चीनी की तीसेक मिले हैं। इनमें से सात अकेले उस्मानाबाद ज़िले में हैं, उस्मानाबाद के ढोकी में सबसे पहले साल 1982 को तेरणा चीनी मिल स्थापित हुई।

और उस्मानाबाद से कोई साठ किलोमीटर दूर कलंब तहसील के आस-पास जहाँ हम हैं, वहाँ की हकीकत यह है कि इस समय कई सारे गाँव करीब-करीब खाली हो चुके हैं। यहाँ दीवाली बाद मज़दूर जोड़ों का गन्ना काटने के लिए खेतों की ओर जाने का सिलसिला जारी है। यहाँ मज़दूर पति-पत्नी के लिए 'जोड़ा' शब्द प्रचलित है।

इन जोड़ों में अधिकतर दलित, आदिवासी, बंजारा, घुमक्कड़ और अर्ध-घुमक्कड़ समुदाय से हैं। इनके पास न खेती लायक ज़मीन है। न ही कोई अपना धंधा है। गाँव में मज़दूरी का अकाल है। सूखे ने हालात बदतर बना दिए हैं। क्या करें? इसलिए, हर साल की तरह इस साल भी साल के छह-आठ महीने हज़ारों जोड़े अपना घर छोड़ने को मजबूर हैं।

''तो अब वे सीधे मई-जून तक ही लौटेंगे?''

''चुनाव होते तो दो-एक दिन के लिए बीच में लौटते। उम्मीदवार वोट डलवाने के लिए गाँव लाते और वापस खेत छोड़ देते हैं। अभी कहाँ कोई चुनाव है!'' मस्सा के ढाबे से कार्यालय तक के दस-बारह मिनट के पैदल रास्ते को बातों से पाटने के लिए मैंने विनायक से पूछा तो उसने बताया। एम.ए. पास यह युवक बजरंग ताटे का सहयोगी कार्यकर्ता है।

''...शिरीष भाऊ, आज हमने जिन लोगों को देखा उन्हें गाँव से बाहर होने के कारण पंचायत की किसी योजना का फ़ायदा नहीं मिलने वाला। उनकी बस्तियाँ बदलाव से अछूती ही रह जाएँगी। सबसे ज़्यादा हर्जाना तो स्कूलों में पढ़ने वाले बच्चों को भुगतना पड़ेगा। बच्चे गन्ने के खेतों में रहेंगे तो बताइए पढ़ाई को लेकर कोई उत्साह रहेगा! वहाँ रहने का ठिकाना नहीं, खाने-नहाने को तरस जाएँगे। यहाँ ऐसे ही चलता है। आप दो-तीन दिन खेत-खेत जाकर देखो तो शोषण की कितनी कहानियाँ हैं!''

मुझे अपना हक पता है
फिर कैसे किसी को अपना हक यूँ ही निगलने दूँ
हो जाल कितना भी घना
कितना भी शातिर हो बहेलिया
अंत तक लड़ता है चूहा भी
उड़ना नहीं भूलती कोई चिड़िया कभी।

कार्यालय के मुख्य दरवाज़े की सफ़ेद दीवार पर नीले-बड़े अक्षरों में लिखी यह कविता आते-जाते पढ़ लेता हूँ। यह माया शिंदे की हिन्दी में लिखी कविता है। मैंने कल बजरंग ताटे के बेटे अमर से पूछा था कि ये माया शिंदे कौन हैं? मराठी माध्यम की माध्यमिक शाला में पढ़ रहे अमर ने बताया था कि माया ताई संगठन की ताकतवर कार्यकर्ता हैं। उनकी कई कविताएँ लोग बगैर पढ़े सुना सकते हैं। वे मंगरूल नाम के गाँव में रहती हैं। मैं दो-तीन क्लिक दबाकर कविता को अपने कैमरे में लेता हूँ। फिर भीतर घुसकर सीधे सोफ़े पर गिर जाता हूँ। कुछ घंटे के लिए नींद का झोंका आया और गया।

मैंने उठकर देखा तो चमकदार धूप में पास की कुर्सी पर काली पैंट और सफ़ेद शर्ट में एक आदमी को पाया। यह बजरंग ताटे हैं। गोल-गोल चेहरे पर बड़ी-बड़ी आँखें। चेहरे पर संतुष्टि की मुस्कान। मैं यहाँ इन्हीं का मेहमान हूँ।

इन्होंने अपनी खुरदुरी हथेलियों से मेरी नर्म उँगलियों को छुआ। फिर एक चाय पिलाई तो चेतना जागी। थोड़ी देर में मैंने इनसे गन्ना मज़दूरों की हालत के बारे में पूछना शुरू किया। इन्होंने एक कार्यकर्ता को ऊपर के कमरे से फ़ाइल लाने के लिए कहा। फ़ाइल में बीते दिनों कलंब तहसील के तीस गाँवों में किए गए सर्वे का ब्यौरा दर्ज है। कागज़ों पर हाथ से लिखी कुछ गणनाएँ हैं। उन पर उँगलियाँ फिराकर बजरंग ताटे बताते हैं कि तीस गाँवों में तीन सौ बावन परिवारों के पास ज़मीन नहीं है। इनमें सत्तर दलित हैं। ये परिवार गन्ना काटने के लिए हर साल पलायन करते हैं। इसके कारण दो सौ चालीस बच्चे स्कूलों से ड्रॉप-आउट हुए हैं।

मस्सा में यह मेरा दूसरा दिन है। मैं उनसे आज किसी एक गाँव में चलने के लिए कहता हूँ। वे मुझे पहले नहाने और नाश्ता करने के लिए कहते हैं। इसके बाद मंगरूल गाँव चलने के लिए तैयार रहने को कहते हैं। मंगरूल तो माया शिंदे का गाँव है!

मंगरूल मस्सा से तीस किलोमीटर दूर है। हम तीन-चार लोग जीप से मंगरूल जाने के लिए निकले। रास्ते में बस्तियाँ और पगडंडियाँ खाली-खाली हैं। देखकर लगा ही नहीं कि कुछ दिन पहले दीवाली का त्योहार था। दरवाज़े बंद हैं। इन पर लटके ताले दिमाग पर भारी पड़ रहे हैं। ''ये कब खुलेंगे!'' मैं बुदबुदाया तो भीतर से महिला की वही आवाज़ आई, ''बरसात के पहले-पहले।'' तब तक आँगन में घास कितनी बढ़ जाएगी! पर, सूने मकान अपना हाल खुद बता रहे हैं।

इनकी गवाही से साफ़ हो रहा है कि इस बारे में किसी से कुछ पूछने की ज़रूरत नहीं! फिर एक औरत मुझे दूसरे दिन ही तीन टुकड़ों में बता चुकी थी, ''बहुत दूर, बेदर मिल, कर्नाटक'' ये स्वतंत्र भारत के गाँव हैं। असल में रोटी की गोलाई देश की सीमाओं से परे है और मजूरी यहाँ की सबसे बड़ी देशभक्ति है।

कुछ देर में हम माया शिंदे के अधकच्चे मकान तक पहुँचे। काले दरवाज़े के भीतर नीले रंग की दीवारें। वहाँ उनके अलावा कुछ कार्यकर्ता और हैं। माया शिंदे के कहने पर सभी आठ-दस लोग आँगन में दरी बिछाकर गोलाकार बैठे।

बात शुरू हुई तो माया शिंदे ने इसी साल की एक घटना बताई। बताया कि भारत सोनटके नाम के एक आदमी ने पैंतीस हज़ार रुपए पेशगी लेकर छह

महीने गन्ने के खेतों में काम करने का अनुबंध किया था। बाद में पता चला कि उसे टीबी है। वह पुणे में अपना इलाज करवा रहा है, यह ख़बर जब मुकादम को मालूम हुई तो वह भारत के घर आया। पत्नी तो भारत के साथ पुणे में थी, इसलिए पचास साल से अधिक उम्र के माता-पिता को जबरन काम कराने ले गया। उनके साथ दो छोटी बच्चियाँ भी गई हैं।

यह मुकादम होता कौन है?

चर्चा में मालूम हुआ कि यहाँ की हर मिल पच्चीस से पचास किलोमीटर तक खेतों से गन्ना कटवाना चाहती हैं। इसके लिए मुकादम की मदद ली जाती है। यहाँ मुकादम को दूसरे अर्थों में दलाल या बिचौलिया कह सकते हैं। मिल कमेटी पाँच से दस लाख रुपए देकर मुकादम को ठेका देती है। मुकादम बारह से बीस जोड़ों को छह से आठ महीने तक काम कराने की गारंटी लेता है। फिर वह इलाके के दर्जनों जोड़ों से संपर्क करता है।

आमतौर पर मुकादम ऊँची जाति का दबंग आदमी होता है। वह हर एक जोड़े को तीस से चालीस हज़ार रुपए देकर अनुबंधित करता है। इस तरह, एक-एक मिल में दो-ढाई सौ मुकादम और उनसे ढाई-तीन हज़ार जोड़े जुड़ जाते हैं।

मुकादम और जोड़ों के बीच किस तरह का रिश्ता होता है?

एक कार्यकर्ता बालाजी मुले बताते हैं कि मज़दूर और मुकादम एक-दूसरे को अच्छे-से जानते हैं। जब मुकादम को काम की तारीखों की सूचना मिलती है तो जोड़े जमा करने और उन्हें दूसरे इलाकों तक ले जाने के लिए बहुत कम समय बचता है। इस दबाव में कोई मुकादम रियायत नहीं देना चाहता। कई बार मुकादम का ठेका किसी दूर इलाके की मिल से होता है। इसलिए, यहाँ के जोड़े कई सौ किलोमीटर दूर कर्नाटक के बेदर जैसे इलाकों तक चले जाते हैं। इसी तरह, वहाँ के जोड़े इस इलाके में आ जाते हैं।

मुकादम और जोड़ों के बीच झगड़े होते हैं?

इस पर हमारे साथ आए बाभल गाँव के शिवाजी बाघमारे ने अपने यहाँ की घटना सुनाई। बोले, "बीते साल गन्ने की पैदावार ज़्यादा हुई थी। इसलिए, कई मुकादम ने काम की मियाद पूरी होने के बावजूद काम कराया। इस बात पर परभनी ज़िले के दस जोड़ों की मुकादम के साथ अनबन हो गई। एक रात उन जोड़ों ने खेतों में बनाई अपनी अस्थायी बस्तियों को तोड़कर बिना बताए टेम्पो से भागने की कोशिश की। लेकिन, तीन किलोमीटर दूर पकड़े गए। मुकादम के लोगों ने उन्हें बहुत मारा-पीटा।"

खेतों में अस्थायी बस्तियाँ किस तरह की होती हैं?

बजरंग ताटे बताते हैं कि संगठन ने गए साल कुछ बस्तियों में बच्चों की स्थिति पर अध्ययन कराया था। इसमें सभी जगहों से सामने आईं कुछ समस्याएँ एकसमान थीं। जैसे बच्चों को पर्याप्त और समय पर भोजन नहीं मिलता। वे सर्दी के मौसम में बीमार पड़ते हैं। गन्ने काटते समय धारदार औज़ार से घायल हो जाते हैं। साँप काट लेता है। बावड़ियों में गिर जाते हैं। बिजली के तारों से करंट लग जाता है। कुल मिलाकर, जीने के मौके कम हैं और दुर्घटना की अनिश्चितता हर समय रहती है। ऐसे खेतों से गाँव ही बहुत दूर होते हैं तो सरकारी अस्पताल तो और दूर होते हैं। दस-पंद्रह किलोमीटर दूर तक। इमरजेंसी में अनहोनी का डर रहता है। कई बार तो अनहोनी हो ही जाती है।

इसके अलावा आए दिन गन्ने के खेतों में महिला मज़दूरों के यौन-शोषण की ख़बरें आती रहती हैं। वापस मस्सा चलकर देखिए, ऐसी कई सारी ख़बरों की पूरी फ़ाइल हमारे पास है।

मेरे मन में कई जिज्ञासाएँ थीं और इनके पास उत्तर। साथ दोपहर का भोजन और दीवाली के बाद बचे लड्डू। बातें कुछ घंटे चलीं। और कुछ घंटे चल सकती थीं। लेकिन, सर्द दिन की छोटी दोपहर पर शाम जल्दी चढ़ गई। फिर हम सब वापस जीप से मस्सा अपने ठिकाने लौटे।

~

तीसरे दिन हमें मस्सा से निकलने में देर हो गई। अच्छी बात यह रही कि हमने बजरंग ताटे के घर समय से पहले दोपहर का भोजन कर लिया। भरे पेट दोपहर किसी समय चोराखली की तरफ़ निकले। कोई तीस-चालीस मिनट बाद विनायक ने चोराखली के धाराशिव चीनी मिल के सामने मोटरसाइकिल रोकी। यह छह-सात साल पुरानी एक बड़ी मिल है। मिल के इर्द-गिर्द कई जोड़े दिखाई देने लगे। ये जोड़े हमारे लिए नक्शे का काम करने लगे। मैंने लपककर बात करनी चाही तो विनायक ने मना किया। वह यहाँ मुकादम के लोगों से कोई लफड़ा नहीं चाहता था। हम मोटरसाइकिल से ही इधर-उधर घूमते रहे।

देखा, मिल के किनारे मज़दूरों की कुछ बस्तियाँ बन चुकी हैं। लेकिन, ये अस्थायी हैं। ये पंद्रह-बीस दिनों से ज़्यादा यहाँ नहीं रुक सकते। जल्द ही इन्हें छोटे-छोटे समूहों में बाँटकर अलग-अलग गाँव के खेतों में भेजा जाएगा।

फिर थोड़े-थोड़े दिनों में इनके खेत बदलेंगे तो बस्तियाँ बनती और टूटती रहेंगी।

हमने पता किया कि यहाँ से खेड़की गाँव के पास एक खेत है। वहाँ ऐसी ही बस्ती बन चुकी है। हम पच्चीस किलोमीटर दूर सिर पर सूरज की आँच सेंकते खेड़की गाँव और फिर आढ़ी-तिरछी मेढ़ों से खेत तक आ पहुँचे। आँखों से पर्दा हट गया। कोई दस एकड़ का खासा बड़ा खेत है। खेत का परिदृश्य ऐसा जो इस समय यहाँ के किसी भी खेत का हो सकता है।

बस्ती के नाम पर चौदह झुग्गियाँ खेत में पसर गई थीं। 'झुग्गी' और 'बस्ती' जैसे शब्द सुनने में भले ही अच्छे लगें, किंतु आँखों के सामने हर एक ढाँचा शोषण की कहानी को विस्तार देता दिखता है। नीली पन्नियों, कपड़ों के कई रंग-बिरंगे चिथड़ों और लकड़ियों के सहारे बँधी झुग्गी उड़ न जाए, इसलिए इनके ऊपर गन्ने के ढेर बाँध कर लाद दिए गए थे।

झुग्गी के भीतर की जगह को यदि कमरा कहें तो सबके लिए एक ही कमरा है। पूरी गृहस्थी लिए यह इसी कमरे में सोते हैं, जहाँ सबके लिए एक साथ पैर पसारने की भी गुंजाइश नहीं। एक झुग्गी दूसरे से बहुत दूर-दूर। ऊबड़-खाबड़ खेत में बच्चों के लिए खेल का मैदान तो बहुत दूर आने-जाने के लिए कोई गली भी तैयार नहीं है।

यह सब देख पहला सवाल यही कि लोग इस मटमैली दुनिया में रहते कैसे हैं! लेकिन, ये रहते हैं। महिलाएँ खुले में नहाती हैं। खुले आसमान के नीचे खाना पकाती हैं। बच्चे पास के गाँव से पीने का पानी लाते हैं। बिजली के तार इस खेत तक नहीं पहुँचे हैं। ये टॉर्च और चिमनियों के सहारे हैं! इन सबकी सर्द रातें अँधेरे में कटती हैं।

सुबह साढ़े आठ बजे ही से सबके हाथों में कोयना होता है। कोयना लोहे का धारदार हथियार जिससे गन्ना काटा जाता है। मज़दूर गन्ने की तरफ़ झुककर पहले उसकी जड़ें काटते हैं और फिर उसी को दो भागों में काटते हुए पीछे फेंकते हैं। गन्ना काटना हँसी-खेल नहीं होता। एक के बाद एक दूसरे, तीसरे, चौथे गन्ने की जड़ों पर पूरी ताकत से लगातार प्रहार करते रहना होता है। कहने को ये गन्ने को जड़ से उखाड़ रहे हैं, किंतु सच्चाई यह है कि गन्ने ने इन्हें जड़ से उखाड़ दिया है।

अँधेरे में सात बजे तक गन्ने काटने की आवाज़ें आती रहती हैं। पीछे महिलाएँ गन्ने बाँधती और फिर इन्हें सिर पर लादे ट्रॉली तक पहुँचाती हैं। इस ट्रॉली पर लोहे की लंबी नसेनी लगी है जिस पर बारी-बारी से चढ़कर मज़दूर

सहज भाव से बहुत ऊँचाई तक गन्ने लाद रहे होते हैं। दिन भर में एक जोड़ा कितने गन्ने काटता है?—चौदह क्विंटल वज़न तक गन्ने काटता है।

महीनों तक अमानवीय परिस्थितियों के बीच इनकी यही दिनचर्या है। एक ही काम को करते हुए इनके कंधे कितने दुखते होंगे? लेकिन, यह पूछने वाला यहाँ है कौन! हो सकता है कि दर्द दूर करने के लिए ये कोई दवा लेते हों। जैसे मैंने आज बुखार आने पर गोली ले ली है। मिलों से खेतों तक ट्रैक्टर-ट्रॉलियों का आना देर रात तक चलता रहता है।

कई बार कुछ बच्चे भी इससे जुड़े कामों में शामिल हो जाते हैं। ट्रैक्टर की ड्राइविंग-सीट पर किसी ने एक छोटा बच्चा बैठा दिया है। यह बहुत देर से रो रहा है। लेकिन, किसी का ध्यान उस पर नहीं है। कठोर परिश्रम के बावजूद ये अपने बच्चों के आँसू नहीं पोंछ पा रहे हैं।

छह से चौदह साल की कुछ बच्चियाँ दूसरों के घरों में अस्थायी काम माँगने के लिए गाँव जाती हैं। इस समय इशाका गोरे (परिवर्तित नाम) नाम की बच्ची खेत पर है। यह हरी फ्रॉक पहने है। यों तो पूरा इलाका ही हरा है, लेकिन हरे के पीछे एक दारुण संसार है, जहाँ खुशी का रंग विरोधाभासी प्रतीत होता है। इशाका ने बताया कि वह तीसरी कक्षा में है। वह ढाई सौ किलोमीटर दूर कराठ शहर के नज़दीक के किसी गाँव से अपने परिवार के साथ यहाँ आई है। बच्ची के पिता का नाम याविक है। मैंने कुछ मज़दूरों के बीच याविक को ढूँढ़ा। उनसे बातचीत की। पूछा कि इशाका की परीक्षा कब होगी? कहीं ऐसा न हो गाँव पहुँचते ही गर्मियों की छुट्टियाँ हो जाएँ? याविक ने एक पल भी सोचने में अपना समय खर्च नहीं किया।

गन्ना काटते बड़ी लापरवाही से कहा, "हो जाएँ तो ठीक, न हो जाएँ तो ठीक। चार-पाँच साल में शादी करनी है, फिर वह अपना जोड़ा देखे।" यहाँ ज़्यादातर लोग कम उम्र में शादी करने को ठीक इसलिए समझते हैं कि परिवार में जितने ज़्यादा जोड़े होंगे आमदनी उतनी ज़्यादा होगी। इसलिए, ज़्यादातर रिश्तेदारियाँ काम की जगह इन खेतों में ही हो जाती हैं। इस तरह, बाल-विवाह की प्रथा मेरे सामने एक अलग रूप में उजागर हुई।

शिकारी आता है,
जाल फैलाता है,
दाने का लोभ दिखाता है,
हमें जाल में नहीं फँसना चाहिए...

बचपन से याद कविता की ये चार पंक्तियाँ मनन कर रहा हूँ। सोच रहा हूँ कि मराठवाड़ा में शोषण का यह जाल फैला ही नहीं बहुत ज़्यादा कसा हुआ भी है। यहाँ की चिड़ियाएँ नहीं जानतीं कि वे जाल के अंदर हैं या बाहर। चारों तरफ़ शिकारियों का बड़ा गिरोह काम करता है। इसलिए, उनके शिकार बड़ी सहजता से हर साल इन खेतों तक पहुँच जाते हैं।

"दो साल पहले राजंणी के पास एक खेत में मेरी बीवी मर गई। औरतों ने पर्दा लगाकर बच्चा गिराना चाहा था, पर बच्चा और वह वहीं मर गए।" राक्षसवाड़ी निवासी सुहास मोहते की बात सुनकर मैं सन्न रह गया।

वे याद करते घबराने लगे। आँखें नम हो गईं। इतने पर भी क्या कुछ बचता है? "क्या बचेगा!" गनपत गुस्से में आ गए। "पेट के लिए काम करता है, पर पेट भी नहीं भरता।...क्या बोलता है, हमको सब अच्छा देगा तो हम इधर क्यूँ रहेगा! हाँ-हाँ, अपने गाँव रहेगा।...अरे, गाँव में सरकार-वरकार कहाँ है!" यहाँ किसी से कुछ पूछना उनका अपमान करने जैसा लग रहा है।

अपनी गोद में सफ़ेद बिल्ली लिए कुछ देर के लिए सुस्ताने बैठीं शोभायनी की चिंता अपने जवान हो रहे दो बच्चों को लेकर है। उन्हें लगता है कि उनके बच्चे गाँव के बच्चों से अलग हो रहे हैं।

कैसे?

"कभी तो बहुत ज़्यादा चिड़चिड़ाते हैं, कभी दिन-दिन भर चुप रहते हैं। खेलने-कूदने के दिनों में काम कर रहे हैं। पास होकर भी दूर हो रहे हैं। इन्हें अकेले घर पर नहीं छोड़ सकते थे। मन करता है कि कुछ दिन के लिए गाँव चले जाएँ। मगर, नहीं जा सकते।"

सर्दी से गर्मियों के अंतराल में कोई दो सौ दिन ये अपने-अपने घर लौटने का सोचने के लिए अभिशप्त हैं। मानो शक्कर की चाशनी ने इनके बचपन को सील करके रख दिया हो। मानो उसमें जमकर इनके शब्द अंदर ही सूख गए हों, लेकिन चीखों के दौर में इनकी चुप्पियों पर कौन ध्यान दे!

दो झुग्गियों से बँधी रस्सी पर सूख रहे कपड़ों के नीचे मिट्टी में उँगलियों से कुछ आड़ी-तिरछी लकीरें खींचकर बच्चे कंकड़ की गोटियों से कोई खेल खेल रहे हैं।

मैं भूल जाता हूँ, मेरे भीतर मेरे देहात का घर है, मैं देहात का वही चलता-फिरता घर हूँ, और अपने बचपन के भीतर और बाहर कहीं भी, किसी भी चीज़ में प्रकट हो जाता हूँ, जैसे इस समय मेरे सामने मेरे घर की चौखट दिखाई देने

लगी है, जिसकी खिड़कियों से इशाका, याविक, सुहास, गनपत सरीखे चेहरे दिखाई देने लगे हैं। कल हो सकता है कि मैं इनके नाम भूल जाऊँ, लेकिन हर एक का चेहरा हमेशा याद रहेगा। सबके दुख-दर्द एक-से। इनके नाम पूछने का अब कोई मतलब रह गया है? नहीं। बिलकुल नहीं।

एक महिला और हैं जिनका बच्चा उनके गाँव के स्कूल में आठवीं में पढ़ रहा है। जब यह गर्मियों में गाँव लौटेंगी तो उससे मिलेंगी। इन्हें लगता है कि एक दिन उसकी मेहनत काम आएगी। इन्हें भरोसा है कि पढ़ाई इज़्ज़त और पैसा दिला सकती है। बच्चा पढ़ गया तो इनकी तरह गन्ना न काटेगा। ऐसा कह-कह कर ये खुलकर हँसीं तो मुझे आश्चर्य हुआ। आश्चर्य इसलिए कि इसके पहले तक यहाँ मुझसे बात करते हुए कोई खुलकर नहीं हँसा, या हो सकता है कि मुझ अजनबी को लेकर ज़्यादा ही सतर्क हों।

शाम के समय एक लड़की बता रही है कि अगली बार वह गाँव नहीं छोड़ेगी, क्योंकि दसवीं बोर्ड की परीक्षा है। माँ झुग्गी के बाहर खेत में खाना बना रही है। बाज़ू में बैठी लड़की बता रही है कि उसे रोज़ स्कूल जाना पड़ेगा। पढ़ना पड़ेगा तो ही तो पास हो पाएगी। माँ कह रही है कि वह नहीं चाहती कि वह गाँव में अकेली रहे। लड़की अब सोलह वर्ष की हो गई है। दुबली-पतली माँ की उम्र चालीस पार लगती है। लड़की तेज़-तीखी आवाज़ में बात करती है और माँ बुदबुदाती-सी है। लड़की बता रही है कि उसे अपने बाबा का सपना सच करना है। बाबा मास्टर बनना चाहते थे।

बाबा अब इस दुनिया में नहीं रहे। माँ कह रही है कि इस जगह खाना नहीं पक सकता है। माँ, मुझ बिन बुलाए मेहमानों से खाना खाकर जाने को बोल रही है। उनकी बोली सुनकर तो यही लगता है कि गाँव की परिधि के भीतर और बाहर मज़दूर परिवार के ये लोग पीड़ित होकर भी अपनी मानवीयता को ज़िंदा रखे हुए हैं।

मानवीयता माँ की दुबली काया जैसी अब भी इन खेतों में बची हुई है, जहाँ शनिवार-इतवार सब बराबर हैं। माँ गाँव से मिट्टी का तेल लाई है तब भी इस जगह इस खेत में आग नहीं जलती, सब धुआँ-धुआँ हो रहा है। चूल्हे के नाम पर तीन पत्थर हैं। लड़की एक चौथे पत्थर पर पैर रख आग फूँक रही है। बता रही है कि वह गाँव नहीं भूलती। वह सुरम्य गाँव के दिनों को याद करती है। कह रही है कि वहाँ चहल-पहल होती है, यहाँ सन्नाटा है। यहाँ दूर-दूर तक कोई मकान नहीं दिखता। रात को लाइट नहीं। अँधेरे में डर लगता है। माँ कहती

है कि इसमें डरने की क्या बात है! हो सकता है कि कुछ रोज़ में खेत बदलें और वहाँ लाइट हो।

जनजातियों को आदर्श नागरिक बनाने के लिए उन्हें प्रताड़ित और मज़दूरों से खुलेआम घृणा करने वाले यहाँ से देखें कि भाखरी की गोलाई देश की सीमाओं से बड़ी हो रही है या नहीं। और मजूरी के बाद भाखरी बनाने की यह जुगत तुम्हारी तरह की देशभक्ति पर भारी पड़ रही है या नहीं। माँ बता रही है कि वह तो होश सँभालते ही खेतों में गन्ने काट रही है। खेत में ही आदमी तय हो गया। शादी हो गई।

मास्टर का कभी मुँह नहीं देखा था। मास्टर बनेगा, ऐसा कहने वाला आदमी मिला। आदमी कुछ पढ़ा-लिखा था। बुढ़ापा साथ काटना चाहा था। पर, गन्ने काटते-काटते एक दिन भरी जवानी मर गया। सिर पर कर्ज़ा छोड़ गया। लड़की सब जानती है। वह कह रही है कि ऐसा नहीं होना था।

ऐसा नहीं होना था पर, ऐसा हो रहा है। किसान आत्महत्या के लिए कुख्यात मराठवाड़ा में, जहाँ गन्ने के खेतों में शोषण की पैदावार पर किसी का ध्यान नहीं है। यह एक दुष्चक्र है जिसमें लोग अपने आप को सालाना छह से आठ महीने के लिए एडवांस बेच देते हैं। दुखों के भूगोल में कोई यह नहीं जानता कि खाना किधर, रहना किधर, जाना किधर। माँ किधर, बच्चा किधर और बाबा किधर।

~

''मैंने बारहवीं में पढ़ाई छोड़ दी थी और घर भी छोड़ दिया था। मुझे याद है कि किस तरह मेरी माँ खेतों में काम करती थी, किस तरह वह चारा जमा करती थी, पर एक दिन मैंने देखा कि खेत का मालिक मेरी माँ को लात-घूँसों से पीट रहा है। मैं वहाँ से भागा और देर तक भागता ही रहा। भागते-भागते मेरा दम फूल रहा था। फिर भी मैं रुकने का नाम नहीं ले रहा था। मैं पसीने से नहा रहा था। मेरे भीतर का लावा फूटता ही जा रहा था... ।''

बजरंग ताटे के इन शब्दों में मैंने महसूस किया कि एक आदमी की नहीं बल्कि पूरे समुदाय की आग धधक रही है। मांग जाति के दलित समुदाय से आने वाले बजरंग ताटे ने साल 1989 में इस अपमान के खिलाफ़ अलगाव का फ़ैसला किया। तब से ये सदियों से दमन के शिकार लोगों को एकजुट कर रहे हैं। गाँव-गाँव में ज़मीन के अधिकार के लिए आंदोलन करने पर कई बार जेल

जा चुके हैं। इनके दिलो-दिमाग में श्रम के प्रति गहरी आस्था है।

वे बताते हैं कि उनके पिता सबके सामने ज़मीन पर गिरकर लोट-पोट होते रहते थे, जबकि वे लोगों से बराबरी और नम्रता से मिलते हैं। ये डॉ. बाबासाहेब भीमराव अंबेडकर के विचारों का प्रभाव है। बाबासाहेब के विचार मानवता के हक में हैं। उनकी बातें मनुष्य के भीतर स्वाभिमान की भावना जगाती हैं, जिन्हें जानकर गूँगे बोलने और अंधे देखने लगते हैं। बजरंग ताटे निराशाओं की गहराई में उम्मीद की सतह बता रहे हैं।

कल शाम विनायक के साथ खेतों से लौटते हुए मेरे बुखार का ताप चढ़ गया और ठंड का पारा गिर गया। गोलियों से कुछ आराम मिला। कल का दिन खेत में खत्म हो चुका था। फिर भी रात नींद में दो-एक बार मैं मज़दूरों को मुड़-मुड़कर देख चुका था। डायरी में लिखते समय लगा कि कई बातें याद नहीं आ रही हैं। लेकिन, बीते दिन के सारे कांटे आत्मा में कील से गड़ते रहे। मैं खुद को सामान्य बनाने के लिए पूरा एक दिन चाहता हूँ। लेकिन, घड़ी के कांटे दिमाग पर चलते सुनाई दे रहे हैं। सोफ़े का बिछौना आराम देने वाली जगह बन गया है। दस, सवा दस बजे सुबह रोशनी में मैंने ठहराव के विरुद्ध एक कार्रवाई की और अधमुड़ी ठंडी टाँगों को सीधा कर कंबलों को अपने शरीर से दूर फेंक सोफ़े से उठ खड़ा हुआ।

चौथे दिन तैयार होकर बजरंग ताटे के साथ जीप में सवार होकर सुस्ताने लगा। जीप आगे बढ़ी और मैं बजरंग ताटे की कहानी में उपस्थित होकर उन्हें पूरी शांति से सुनता रहा। आस-पास के दृश्य बासी पड़ते गए। कोई तीस किलोमीटर बाद पहिए की गति भी मंद पड़ गई। हम दोनों कलंब की कस्बाई हवाओं में प्रवेश कर गए।

'हर हाथ को काम और काम का पूरा दाम' देने के लिए सरकार ने एक साल पहले मनरेगा योजना लागू की थी। योजना की सच्चाई जानने हम कलंब विकासखंड के कार्यालय पहुँचे। यहाँ पंचायत विभाग के विस्तारी अधिकारी बसंत बाघमारे मिले। इन्होंने यह तो बताया कि पूरे विकासखंड में नब्बे गाँव हैं। यहाँ पचास हज़ार से ज़्यादा मज़दूर हैं। किंतु, यह पूछने पर कि कितने गाँवों में कुल कितने काम चालू हुए हैं और कितने लोगों ने काम माँगा है तो वह इस बारे में ज़्यादा नहीं बता सके।

मज़दूरों के भुगतान के बारे में पूछने का कोई तुक ही नहीं था। मैंने उनसे इस निष्क्रियता का सबब पूछा। उन्होंने इसके लिए कागज़ी औपचारिकताओं को

बड़ी वजह बताया। लेकिन, बजरंग ताटे ने उन्हें दूसरी बात सुनाई। बताया कि स्थानीय पंचायतों में ऊँची जातियों का राज है। यह खेती का मौसम है। ऊँची जाति वालों को अपने खेतों में काम करने के लिए सस्ते मज़दूर चाहिए। यदि मज़दूर ऐसी योजना के बारे में जागरूक हो गए तो मज़दूरों के पास दूसरा विकल्प मौजूद होगा। इससे उनका काम प्रभावित होगा। इसलिए, मनरेगा को जानबूझकर फ़ेल बनाया जा रहा है। कहने को योजनाओं से जाति का क्या लेना-देना! सवाल है कि क्या वंचित समुदाय योजनाओं के भीतर जाति का दंश झेल रहे हैं?

पुनश्चः

क्या हमारा सिस्टम मज़दूर को नागरिक बनाने से रोकता है!

जिस इलाके से तीन मुख्यमंत्री, दो उप-मुख्यमंत्री, दो केंद्रीय गृह-मंत्री और एक लोकसभा का सभापति सत्ता के गलियारे तक पहुँचे, उस इलाके की सम्पन्नता की कल्पना की जा सकती है, लेकिन मराठवाड़ा की सच्चाई यह है कि गन्ना मज़दूरों का इस्तेमाल गुलामों की तरह किया जा रहा है। चीनी मिलों को 'मीठा' देने वाले गन्ना मज़दूर एक-एक निवाले को मोहताज हैं। इसी के समानांतर इसी मराठवाड़ा में कई और कहानियाँ गरीबी, सूखा, किसान आत्महत्या, भूख, पलायन और जातीय संघर्षों से भरी पड़ी हैं।

आज़ादी के कुछ समय बाद तक यह इलाका निज़ाम की रियासत का हिस्सा था। उस्मानाबाद का नाम हैदराबाद के आख़िरी शासक मीर उस्मान अली खान के नाम पर ही है। आज़ादी के बाद से पश्चिम महाराष्ट्र की तुलना में शैक्षणिक तौर पर यह इलाका पिछड़ा ही रहा है। इसका सीधा असर रोज़ी-रोटी के अन्य विकल्पों पर पड़ा।

चीनी उद्योग यहाँ रोज़ी-रोटी का बड़ा ज़रिया बना। इसलिए, छह से आठ महीने बड़ी तादाद में मज़दूर गन्ने के खेतों में जबरन बेघरों का जीवन जीते हैं। ये परिवार एक जगह से कई किलोमीटर दूर तक बारम्बार स्थानांतरित होते रहते हैं। ऐसे लोग पहले ही बिचौलियों के कर्ज़ में डूबे होते हैं। जब महीनों बाद वे लौटकर आते हैं तो उनकी कमाई का बड़ा हिस्सा काम के दौरान ही खर्च हो चुका होता है। खाद्य-सुरक्षा के अभाव में उनके पास जीने का दूसरा कोई चारा नहीं बचता है। इसलिए, वे शोषण का आसान शिकार हो रहे हैं। प्रवासी पलायन को बच्चों के नज़रिए से नहीं देखा जाता है। इतने लंबे दिनों का पलायन विशेष तौर पर बाल-मन पर प्रतिकूल प्रभाव डालता है। उनके मन पर घर, खेत, नदी,

स्कूल और दोस्तों से बिछड़ने से भावनात्मक आघात होता है।

मराठवाड़ा में एक ताकतवर चीनी लॉबी काम करती है। 'मीठा के संकट' से उबरने के नाम पर सरकार चीनी मिलों को हज़ारों करोड़ रुपए के विशेष पैकेज देती है। वहीं, गन्ना काटने वाले मज़दूरों की झोली खाली ही रहती है। संगठन की कमी गन्ना मज़दूरों की उपेक्षा की बड़ी वजह है। चार पैसे पाने का जाल इन्हें असंगठित बनाए रखता है।

इसके अलावा ये अलग-अलग खेतों और छोटे-छोटे समूहों में रहते हैं। लिहाज़ा, अपनी तरह के काम से जुड़े दूसरे मज़दूरों से कटे रहते हैं। चीनी मिल मालिकों को मुकादमों के ज़रिए सस्ते मज़दूर मिल जाते हैं जहाँ सुविधाओं की तो कोई बात ही नहीं, त्रासदी यह कि शोषण की स्थिति में भी कोई सशक्त आवाज़ नहीं निकलती है।

कहा जाता है कि चीनी लॉबी के भीतर एक ऐसी प्रणाली है जो व्यवस्थित तरीके से वंचित समुदायों को उनके अधिकारों से दूर रखती है। महाराष्ट्र एक प्रगतिशील राज्य माना जाता है, बावजूद इसके विशेष तौर पर मराठवाड़ा में कई तरह की असमानताएँ हैं। मराठवाड़ा में एक चौथाई आबादी दलित और आदिवासियों की है। लेकिन, वे महज़ सत्रह फ़ीसदी कृषि भूमि पर नियंत्रण रखते हैं।

इसमें से भी इस तबके के 87 फ़ीसदी छोटे और सीमांत किसान हैं। यहाँ ज़मीन उत्पादन का मुख्य ज़रिया है। यहाँ कुछेक के पास बहुत सारी ज़मीन है और बहुतों के पास थोड़ी-सी ज़मीन भी नहीं है। ज़मीन के इसी बँटवारे ने यहाँ सामाजिक अन्याय की भूमिका तैयार की है। ज़मीनों पर मुख्य रूप से आज भी उच्च जातियों का प्रभुत्व है।

इन जातियों पर वंचित-भूमिहीन तबके की बड़ी आबादी निर्भर है। लेकिन, इसके बाद भी न्यूनतम आजीविका की कोई गारंटी नहीं। फिर सूखे ने रोज़ी-रोटी के परंपरागत विकल्पों पर बुरा प्रभाव डाला है। ऐसे में मनरेगा जैसी योजनाएँ फौरी राहत का काम कर सकती थीं, किंतु मज़दूरों तक पहुँचने से ये राहत भी रोकी जा रही है।

सूरज को तोड़ने जाना है

महादेव बस्ती, महाराष्ट्र

"नन्हे बच्चे जिज्ञासु, खोजी इंसान होते हैं। वे अपनी समस्त इंद्रियों की मदद से दुनिया की अनूठी चीज़ें तलाशते हैं। वे हर पल पूरी समग्रता से जी कर सीखते हैं। पर, केवल इतना ही नहीं है। उन्होंने जो कुछ सीखा होता है उसका उपयोग पहले जैसी या नई स्थितियों में करते हैं।"

—जूलिया वेबर गार्डन

वर्ष 1946 में प्रकाशित अपनी पुस्तक *माई कंट्री स्कूल डायरी* में जूलिया वेबर गार्डन ने स्टोनी ग्रोव नामक गाँव की दुर्गम पहाड़ी पर स्थित स्कूल में बतौर शिक्षिका बिताए चार वर्षों के अपने अनुभव साझा किए हैं।

उनका अनुभव बताता है कि एक विपन्न ग्रामीण समुदाय अपने स्कूल को सीखने लायक सम्पन्न शैक्षणिक वातावरण में बदल सकता है। कुछ स्कूल बच्चों में बदलाव लाते हैं। लेकिन, *माई कंट्री स्कूल डायरी* में डायरी के रूप में दर्ज एक ऐसी कहानी है जिसमें स्कूल समुदाय में बदलाव लाता है।

इस डायरी में स्कूल सबको आपस में बाँध देता है। इसे पढ़ते हुए लगने लगता है कि स्कूल के नाम पर केंद्रीकृत विशालकाय कारखानों की बजाय छोटे स्कूलों की ज़रूरत है। इसमें शिक्षक वह सब कर पाते हैं, जो जूलिया वेबर कर सकीं। इस डायरी को इस उम्मीद के साथ पूरा पढ़ा जा सकता है कि एक दिन सभी बच्चों को अच्छे शिक्षक मिलेंगे।

इसे पढ़ने के बाद मुझे कुछ साल पहले का वह दिन याद आता है। उस दिन की दूरी को याद के सहारे पाटना चाहता हूँ। यादों के साथ अच्छी बात यह है कि इन्हें किलोमीटर से नहीं नापा जाता। नहीं तो होता यह कि उस दिन में लौटने के लिए मुझे ट्रेन, बस, जीप, मोटरसाइकिल या साइकिल के बूते अपनी मंज़िल तय करने के लिए पता नहीं कितने दिन लग जाते। यादों में पीछे लौटना ज़्यादा मुश्किल नहीं होता। किसी और माध्यम से होकर जाने की कोई मजबूरी भी नहीं होती।

एक पैडल मारा नहीं कि पहुँच गए किसी तारीख की उस मनचाही जगह पर जिसकी तारीख भले ही ठीक-ठीक याद न हो लेकिन वह दिन यादों में हमेशा उपस्थित रहता है। यादों की यात्रा होती है या वह खुद सहयात्री होती हैं जो अक्सर किसी भी समय में अनायास लौट आती हैं।

बात 1 दिसंबर 2010 की है, जब हम मुंबई से सड़क के रास्ते कोई दो सौ किलोमीटर दूर उस जगह पहुँचे जहाँ जीवन की गति महानगर के विपरीत, शांत और ठहरी हुई लगी। उस्मानाबाद ज़िले की उस जगह पुलिस और पत्रकार भी तभी रुख करते हैं जब आस-पास चोरी जैसी आपराधिक घटना घटती है। लेकिन, वहाँ मेरे जाने का कारण दूसरा था और वहाँ मैं अकेला कहीं पहुँच ही नहीं सकता था। वहाँ दूरस्थ, दुर्गम तथा पहाड़ी अंचल की ओट में पहुँचकर यह जान ही नहीं सकता था कि उम्मीद की कोई घनी बस्ती होगी और पेड़ों की झुरमुट से झाँकता हुआ मुझे परिवर्तन का छोटा लेकिन पक्का भवन दिखाई देगा...

तीन लड़कियाँ स्कूल लगने के एक घंटे पहले ही पहुँच गईं। स्कूल की सीढ़ी पर बैठी एक लड़की ऊँची आवाज़ में किताब पढ़ रही है। उसके नीचे वाली सीढ़ी पर बैठीं दो लड़कियाँ पहली लड़की की बातों को सुन कर अपनी-अपनी कॉपी में कुछ नोट कर रही हैं। तीनों ऐसी तल्लीन हैं कि उन्हें नहीं पता कि उनके नज़दीक क्या हो रहा है! उनके नज़दीक खड़े हम सब बड़े ध्यान से यह दृश्य देख रहे हैं।

फिर संजय तांबारे ने चुप्पी तोड़ी और तीनों से उनके नाम बताने को कहा तो सबका ध्यान टूटा। किताब पढ़ने वाली लड़की ने बेझिझक जवाब दिया— ललिता। बाकी दोनों लड़कियों ने खड़े होकर उसी आत्मविश्वास से अपने-अपने नाम बताए। एक ने वैशाली तो दूसरी ने अपना नाम सीमा बताया। सीमा ने सुबह-सुबह प्यारी मुस्कान बिखेरते हुए यह भी बताया कि वे तीनों तीसरी में पढ़ रही हैं। शिक्षक संजय तांबारे और 'लोकहित सामाजिक विकास संस्था' के कार्यकर्ता विनायक तौर को तो ये लड़कियाँ जानती ही हैं। रहा मैं, तो मैंने भी अपना परिचय दिया।

इस स्कूल की जब मैंने पूरी कहानी जानी तो समझ आया कि शुरू में अति-साधारण लगने वाला पहला दृश्य वाकई कितना दुर्लभ है! यह स्कूल है—महादेव बस्ती का। स्थानीय रहवासियों के लिए महादेव बस्ती का यह स्कूल किसी अचरज से कम नहीं। इसकी वजह है।

असल में जिस बस्ती की हम बात कर रहे हैं वह पारधी जनजाति की है।

पारधी का अर्थ है शिकार करने वाला। किंतु, अंग्रेज़ों के बनाए एक कानून ने इनके माथे पर ऐसा दाग दिया है, जिसके कारण यह आज तक जातीय पूर्वाग्रह, पुलिसिया प्रवृत्ति, प्रणालीगत शोषण और अभावग्रस्त जीवन की कैद में हैं। मिथकीय इतिहास के चक्के पर अपनी पहचान की तलाश में घूमती यह जनजाति पारंपरिक ज़मीन के निरंतर छिनते जाने के कारण गुमनामी के अंतिम छोर तक पहुँच चुकी है।

इस छोर का एक सिरा वर्ष 1871 के 'आपराधिक जनजाति अधिनियम' से जुड़ा है जिसमें अंग्रेज़ों ने सैकड़ों जनजातियों को अपराधी की श्रेणी में रख दिया था। अंग्रेज़ों ने ऐसी जनजातियों का दमन करने के लिए पुलिस को विशेष अधिकार दिए थे। पारधी उन्हीं में से एक जनजाति है।

दूसरी तरफ़, जानकारों का मानना है कि राजा के यहाँ पारधी शिकार-विशेषज्ञ या सुरक्षा-सलाहकार होता था। जैसे, राजा कहता कि मुझे शेर पर सवार होना है तो पारधी शेर को पकड़ता और उसे पालतू बनाता। एक तो शेर को ज़िंदा पकड़ना ही बेहद मुश्किल और फिर उसके बाद उसे पालतू बनाना तो और भी मुश्किल। बताते हैं कि कई राजा अंग्रेज़ों के खिलाफ़ युद्ध में हार गए तब भी पारधियों ने अंत तक अंग्रेज़ों से हार नहीं मानी और वे अंग्रेज़ों के खिलाफ़ उग्र प्रतिक्रियाएँ देते रहे। इस दौरान उन्होंने कई छापामार लड़ाइयाँ लड़ीं।

तंग आकर अंग्रेज़ों ने इन्हें 'अपराधी' घोषित कर दिया। भारत आज़ाद हुआ तो वर्ष 1952 में अंग्रेज़ों का बनाया वह काला कानून समाप्त हो गया। इसके बाद पारधी को 'अपराधी' की जगह 'विमुक्त' जनजाति का दर्जा मिला। किंतु, अंग्रेज़ों के जाने के बाद भी धारणाएँ नहीं मिटीं। लिहाज़ा, मराठवाड़ा के इन इलाकों में जब भी कोई अपराध होता है तो पुलिस सबसे पहले पारधी जनजाति के लोगों को तलाशने इनकी बस्तियों में छापा मारती है।

सच्चाई यह है कि कथाओं से भरे इस विशाल देश में पारधी जनजाति की गौरवगाथा लिखना अभी बाकी है, किंतु सच्चाई यह भी है कि सैकड़ों साल पीड़ा के अंतहीन थपेड़ों को सहन करने वाली पारधी जनजाति आज अपने अस्तित्व की लड़ाई लड़ रही है।

नतीजा, पारधी बस्तियाँ गाँव से कोसों दूर जंगलों में रहती हैं। जैसे कि यह बस्ती जहाँ हम हैं। कोई सड़क इस तरफ़ नहीं आती। न ही सरकार की कोई योजना यहाँ तक पहुँचती है। न बिजली, न पानी, न राशन और न ही स्वास्थ्य की ही कोई सुविधा है। यहाँ तक कि आस-पास कोई गाँव भी नहीं है।

ऐसे में इस बस्ती में स्कूल होना एक मिसाल है। लिहाज़ा, स्थानीय लोग कहते हैं कि आज़ादी के कई सालों बाद सरकार ने इन्हें एकमात्र सुविधा दी है और यह सुविधा है—महादेव बस्ती का यह स्कूल।

इस स्कूल की विशेषता इसकी विपन्नता के बीच मौजूद है। यह स्कूल महाराष्ट्र के आदर्श स्कूलों में गिना जाता है। यहाँ कुछ सालों से बच्चों की शत-प्रतिशत हाज़िरी हो रही है, शत-प्रतिशत सफल परीक्षा-परिणाम आ रहा है, लेकिन अहम बात यह है कि इन्हीं गतिविधियों के ज़रिए इन्हें अच्छे संवैधानिक नागरिक बनाने की कोशिश चल रही है।

संजय तांबारे की मानें तो यहाँ पढ़ाने के तौर-तरीकों के मामले में हमने खुद को अपडेट रखा है। इसके अलावा यहाँ कम्प्यूटर की व्यवस्था भी है। *लोकहित* ने बच्चों को सिखाने के लिए दो कम्प्यूटर दिए हैं। मेरे मन में यह बात आनी स्वाभाविक है कि इसके पीछे ज़रूर ही लंबी और अनथक संघर्ष की यात्रा होगी! आदर्श स्कूल बनने की कहानी कोई आज की कहानी तो होगी नहीं!

''नहीं, यह आज, कल या परसों की बात नहीं है!'' इतना कहकर संजय तांबारे तीन साल के अतीत पर सोचने लगे। फिर दोबारा बताने लगे कि 'चार साल पहले शिक्षक यहाँ आने की हिम्मत भी नहीं करते थे।

''क्यों, पढ़ाई से भला इन्हें क्या दुश्मनी?'' मैंने पूछा।

''दुश्मनी जैसी बात नहीं है। पहले यहाँ आए दिन पुलिस के छापे पड़ते रहते थे। इसलिए, लोग बाहरी आदमी पर भरोसा नहीं करते थे। चार साल पहले हालत यह थी कि यहाँ आना किसी खतरे से कम नहीं था। शिक्षक आया भी तो बच्चे नहीं मिलते थे। मिले भी तो इधर-उधर खेलते रहते। कभी थाली को एक उँगली से घुमाकर दिखाते तो कभी लाठी से पत्थर पर निशाना मारकर उसे गिरा देते। पक्षी पकड़ने के लिए जाल बिछाते और बटेर की तरह आवाज़ निकालते। बुलाने पर भी नहीं आते। ऊँचे वृक्ष पर खड़े होकर देखते रहते। उलटा 'का रे मास्टर' कहकर हमें चिढ़ाते।''

''बड़े कुछ नहीं कहते थे?''

''बड़ों को हमसे और ज़्यादा परेशानी थी। इन्हें लगता कि स्कूल के बहाने पुलिस बस्ती पर निगाह रख रही है। हम इनकी निगाह में पुलिस के एजेंट जो थे। लेकिन, अब तस्वीर बदल गई है।''

तभी एक बच्चे ने टन-टन-टन घंटी बजाई। फिर मेरी आँखों के सामने थोड़ी देर पहले घटी वह घटना घूम गई जब मैं मोटरसाइकिल से वीरान, ऊबड़-खाबड़

और पथरीले रास्ते से इस जंगल में घुसा था। कुछ देर पहले ही मोटरसाइकिल की आवाज़ सुनते ही पूरी बस्ती के लोग लापता हो गए थे। इन्हें लगा होगा कि आस-पास में कोई वारदात हुई होगी जिसकी छानबीन के लिए पुलिस इन्हें पकड़ने आई है! कुछ देर बाद जब उन्होंने मेरे साथ विनायक तौर को देखा तो 'आमचा मानुष' यानी अपना आदमी कहकर हमें घेर लिया।

हम बस्तीवालों से जिस जगह मिले वह बस्ती का एकमात्र पक्का भवन है, जिसे ये लोग 'समाजशाला' कहते हैं। यानी महादेव बस्ती स्कूल ही समाजशाला है। इसी जगह जब हम लोग इनसे थोड़ी देर बातें करते हैं तो मालूम होता है कि इनके दिलों में शासन की दहशत कायम है। तभी तो हमारी गाड़ी देख ये लोग लापता हो गए थे।

धूप खिल गई थी। हम चौखट पर खड़े थे कि स्कूल की शिक्षिका प्रतिभा दीक्षित ने मुस्कुराते हुए हमसे कक्षा में आने को कहा। सभी बच्चे खड़े हुए और 'गुड मॉर्निंग' कह कर हमारा अभिवादन किया। कमरे में एक पल के लिए शांति छा गई और सारे बच्चे मुझ अजनबी को आतुरता से देखने लगे। कक्षा में घुसने पर सबसे पहले ध्यान गया भवन की चारदीवारी पर। इस चारदीवारी पर यदि बच्चों ने ही चित्र बनाए होते तो और अच्छा लगता।

फिर भी यहाँ अलग-अलग भित्ति-चित्रों में सपनों के ढेर सारे रंग तो बिखरे ही हैं, एक चतुर्भुज के भीतर हरे-भरे बगीचे और लाल-पीले फूलों पर सूरज की तिरछी धूप चमक रही है। दीवारों पर अक्षर, अंक, शब्द और जोड़-घटाव हैं। राष्ट्रीय गीत सहित मराठी में लिखित कुछ कविताएँ हैं। सस्ते और सादे सामान रखे हैं।

ब्लैक-बोर्ड के ऊपर एक पंक्ति में महात्मा गाँधी, महात्मा ज्योतिबा फुले, सावित्रीबाई फुले, शाहूजी महाराज और बाबासाहेब डॉ. भीमराव अम्बेडकर फ़ोटो के फ्रेम से सीधे बच्चों को देख रहे हैं। अक्षर ज्ञान के लिए उनके पास तरह-तरह के कार्ड हैं। इन बच्चों ने स्लेटों पर अंग्रेज़ी और हिन्दी में अपने-अपने नाम लिखकर हमें दिखाए। यह परिचय देने का इनका अपना अंदाज़ है।

काबिले गौर है कि ये बच्चे अपनी शिक्षिका से निस्संकोच सवाल पूछ रहे हैं। शिक्षिका को गृह-कार्य दिखा रहे हैं। घर से कागज़ की नाव और लिफ़ाफ़े जैसी चीज़ें बनाकर लाए हैं। फिर वे मिलकर पाठ का वाचन और चर्चा करने लगे। लगा मुझे भी चर्चा में शामिल होना चाहिए। इसके लिए कोई किस्सा सुनाना चाहिए। लेकिन, बहुत सोचने पर भी कोई किस्सा न सूझा।

अचानक मैं सोचने लगा कि एक भारी बैग मेरी पीठ पर इतनी देर से बेवजह क्यों लदा है! मैं उसे अपनी कुर्सी पर उतारकर कक्षा से बाहर निकलता हूँ और स्कूल के भीतर-बाहर मुआयना करने लगता हूँ। एक दालान, दाईं ओर कार्यालय, ठीक सामने कक्षाओं के दो कमरे तथा पीछे लड़के-लड़कियों के अलग-अलग शौचालय। कुल मिलाकर, भवन छोटा होते हुए भी कुल सत्ताइस बच्चों की संख्या के अनुपात में बड़ा ही है। पूरा परिसर साफ़-सुथरा और सजा हुआ है। बाहर खुला नज़ारा है। मैं दालान में एक क्षण रुका और फिर जंगल पर नज़र दौड़ाते हुए बाहर निकला। विनायक से बस्ती घुमाने की बात कहकर उससे पूछा, ''समाजशाला, क्या यह कुछ अलग तरह की शाला है?''

''हमने वर्ष 2006 में बस्ती के सभी साठ परिवारों को शामिल करके एक सर्वे किया था। इसमें पूछा गया था कि आप कैसी शाला चाहते हैं। समाज से पूछकर शाला का मॉडल बनाया, इसलिए इस स्कूल को समाजशाला कहने लगे।''

''मगर इन्हें तो किसी बाहरी पर भरोसा ही नहीं होता था। फिर तुम लोगों पर कैसे हुआ?''

''ये पहले हमें भी पुलिस का दोस्त समझते थे। पूछने पर अपना नाम अमिताभ बच्चन या आमिर खान बताते थे। फ़ोटो तो बिलकुल नहीं खिंचाते थे। तुम भी इनसे फ़ोटो खिंचाने के बारे में पूछो तो मना करेंगे।'' मैंने साथ आए कल्याण की तरफ़ मज़ाकिया अंदाज़ में कैमरा किया तो वह हथेली से मुँह छिपाते हुए हल्का हँसा।

विनायक ने स्कूल की तरफ़ नज़र घुमाते हुए बताया कि किस तरह कहने को यह (स्कूल) बारह साल पहले ही खड़ा हो गया था। पर, सात बरस बस फ़ाइल में ही चलता रहा। सारा समय बच्चों को बुलाने में ही चला जाता। बस्ती के बीच होकर भी स्कूल सूना ही रहता। बजरंग दादा पारधी लोगों के बीच लंबे समय से काम कर रहे हैं तो उनका तजुर्बा काम आया।

बता दूँ कि *लोकहित* के संस्थापक बजरंग ताटे बीते दो दशकों से आस-पास के कई गाँवों में हाशिए के समुदायों के बीच मानवीय अधिकारों को लेकर सक्रिय हैं।

''बजरंग ताटे ने क्या जुगत भिड़ाई?'' मैंने कल्याण से प्रतिक्रिया जाननी चाही।

''ये लोग आते तो घंटों बतियाते, पर पढ़ाई की बात नहीं करते। तीज-त्यौहार में शामिल होते तो कोई सुविधा दिलाने का लालच नहीं देते। हमारे साथ

ज़्यादा-से-ज़्यादा समय बिताते जिससे हमारा डर दूर होने लगा। फिर धीरे-धीरे इन्होंने यह बताया कि आजकल पढ़ाई कितनी ज़रूरी हो गई है। फिर पढ़ाई में आने वाली अड़चनों पर घंटों बातें करने लगे।''

विनायक ने बताया कि इस दौरान दोनों युवा शिक्षकों को भी बैठक में शामिल करते। आते-जाते दोनों शिक्षक बस्तीवालों से बात करते और भरोसा दिलाते कि पढ़े-लिखे बच्चे उनकी मौजूदा पहचान बदलेंगे। शिक्षक अपने उदाहरणों से समझाते कि पढ़-लिखकर वे किस तरह सशक्त हो गए। कल्याण और विनायक पुरानी बातों को ऐसे बता रहे हैं मानो वे सारे दृश्य उनकी आँखें में तैर रहे हों और गुज़री घटनाएँ सजीव हो उठी हों।

कल्याण ने बताया तो मुझे सुखद आश्चर्य हुआ कि तीन साल पहले यहाँ के लोगों ने अपनी पंचायत बुलाई और निर्णय लिया कि यदि कोई बच्चा पारिवारिक लापरवाही के कारण स्कूल नहीं जाता है तो उस परिवार को स्कूल के नाम पचास रुपए का दंड देना पड़ेगा। वैसे बच्चा स्कूल न आने पर खुद ही कारण बताता है। जो बस्ती शिक्षा की रोशनी से दूर थी उसी के लोगों ने किताबों की दुनिया का यह महत्त्व जाना था। चौथी तक दस लड़कियाँ भी पढ़ रही हैं।

बस्ती के भीतर चहलकदमी करते हुए मैंने देखा कि छोटी-छोटी झोपड़ियों के बाहर मुर्गियाँ, चूज़े, बकरियाँ, कुत्ते और कई बड़े बच्चे घूम रहे हैं। यहाँ दिन के सन्नाटे को महसूस कर लगता नहीं है कि इधर साठ परिवारों में कोई तीन सौ की आबादी भी होगी। मेरे जैसे आधे-शहरी और आधे-देहाती आदमी को यदि कोई चीज़ सबसे ज़्यादा आकर्षित कर रही है तो वह है समाजशाला का सफ़ेद भवन जिसमें पढ़ने वाले बच्चों की आवाज़ें इस बस्ती को पहचान दे रही हैं।

इसी दौरान एक महिला हमारे पास आई। कल्याण ने बताया कि ये सुनिधि बाई हैं। ये समाजशाला समिति की सदस्या हैं। समिति में सभी महिलाएँ हैं जो बच्चों की हाज़िरी से लेकर दोपहर के भोजन तक का ध्यान रखती हैं। सुनिधि बाई से बातचीत हुई तो मालूम चला कि ये हर महीने हर परिवार से पचास रुपए जमा कराती हैं। यह राशि अगस्त में लगने वाले बाल-मेले या बच्चों की पढ़ाई पर खर्च होती है।

दोपहर के समय हम फिर समाजशाला की तरफ़ लौटे। बच्चों को पढ़ाने के बाद जब शिक्षिका प्रतिभा दीक्षित कक्षा से बाहर आईं तो हम उनसे बातें करने लगे। मैंने पूछा, ''समाजशाला का पाठ्यक्रम क्या कुछ अलग है मैम?''

''पाठ्यक्रम तो सरकारी ही है बस सिखाने का तरीका हमारा है। इसके

लिए हम दो शिक्षक हैं, जो बच्चों को रोचक गतिविधियों से सिखाते हैं। असल में, पहले-पहल इन बच्चों के साथ विशेष परेशानी यह आ रही थी कि ये अपनी ही बोली में समझते थे, जो हमें नहीं आती थी। तब इन्हें समझने के लिए हमने खेल, गाने, चित्रों और दूसरी तरह की गतिविधियों का सहारा लिया। अभी ये बच्चे मराठी, हिन्दी और अंग्रेज़ी के पाठ पढ़ते हैं। आप सुबह इनसे हिन्दी में बात कर ही रहे थे।''

''हाँ,'' मैं बोला और फिर उनसे यह जानना चाहा कि किताबों में कठिन शब्द के अर्थ वे पारधी बच्चों की जुबान में कैसे ढूँढ़ती हैं तो उन्होंने बताया, ''कहानी को नाटक या तस्वीरों की मदद से समझाती हैं। कविताओं से गिनती और फलों की गुठलियों से जोड़-घटाव सिखाती हैं।''

''क्या आपको भी बस्तीवालों की जुबान समझ आने लगी है?''

''हलु-हलु!'' मेरे सवाल पर प्रतिभा बोलीं और हम सबके मुस्कुराते चेहरे देख वे खुद भी हँसीं।

इसके बाद ऑफ़िस के कमरे में प्रधानाध्यापक राम हाडवे और शिक्षक संजय तांबारे भी लंच के समय बारी-बारी से बातचीत में शामिल हुए। राम हाडवे बताने लगे कि पढ़ाई के समय हम बच्चों को प्रश्न पूछने के लिए प्रेरित करते हैं। किसी पाठ को इस तरह सुनाते हैं कि उनमें जिज्ञासा पैदा हो। शिक्षक मार्गदर्शक की भूमिका निभा रहे हैं।

संजय तांबारे बताते हैं कि स्थानीय परिवेश के अनुकूल शिक्षा देने से बच्चे जल्दी सीखते हैं। इसके लिए हम बच्चों से भूमिका-अभिनय करने को कहते हैं जो उन्होंने परिवारवालों से सीखी हैं। दादी की कहानियों पर नाटक कराते हैं। बच्चों के साथ मैत्रीपूर्ण व्यवहार रखते हैं। संजय की बातों से जान पड़ता है कि यह बाल-मन को बहुत गहराई से समझते हैं। इनकी बातों से यह सुकून भी मिला कि यही शिक्षक शिक्षा-व्यवस्था की रीढ़ हैं जो शिक्षा से वंचित बच्चों को शिक्षित बना रहे हैं।

इस बस्ती के कुछ परिवार आठ-दस महीनों के लिए गन्ना काटने दूर-दराज के इलाकों में जाते हैं। इसके अलावा कुछ रोज़ी-रोटी के लिए पुणे और मुंबई जैसे महानगरों की तरफ़ रुख करते हैं। उनके साथ बच्चे भी होते हैं। किंतु, अब ये परिवार बच्चों को बस्ती में ही छोड़कर जा रहे हैं।

लौटते समय फुलादेवी (परिवर्तित नाम) से बातें होने लगीं। वे बताती हैं, ''पुलिस वालों की ज़्यादती रुकी नहीं है। आस-पास कोई चोरी हुई नहीं कि

यहीं आ जाते हैं हमें परेशान करने। फिर भी हमारे बच्चे स्कूल जा रहे हैं। ये मास्टर बनेंगे!''

मैंने उनसे इतना ही कहा, ''बदलाव की यह आदत बनी रहे अम्मा!'' उन्होंने पता नहीं समझा या नहीं, लेकिन मेरे सिर पर अपना हाथ धर दिया। इस मर्म-स्पर्श से मैं भीतर तक पिघलकर नम्र पड़ गया। और सोच में पड़ गया कि चौथी के बाद बदलाव की यह आदत बनी रहेगी या नहीं!

वजह, पाँचवीं की पढ़ाई के लिए इन नन्हे बच्चों को यहाँ से पाँच किलोमीटर दूर इटकुर गाँव जाना होगा, जबकि हकीकत यह है कि इस बस्ती से दूर जाने से बच्चे तो क्या बड़े भी डरते हैं। यह औपनिवेशिक अतीत का आँखों देखा हाल है। कुछ हैं जिन्हें जन्म के साथ ही सब कुछ मिल जाता है और कुछ हैं जिन्हें जन्म के साथ ही अपनी पहचान के लिए जूझते रहना होता है।

दोपहर बाद एक लोकधुन पर स्कूल के मैदान में बच्चों का थिरकना शुरू हो गया।

वे उन्मुक्त होकर लयबद्ध नाचने लगे।

गाँव के लोग जुट गए।

हम मोटरसाइकिल पर बैठे तो स्कूल के कुछ बच्चों ने हमें घेर लिया।

उनमें से दूसरी कक्षा का दीपक बोला, ''हमारी एक कविता तो सुनते जाओ।''

''कौन-सी?'' मैंने पूछा।

''सूरज को तोड़ने जाना है।''

''अगली बार तोड़कर सुनाना न!'' मैंने कहा और चल दिया।

पुनश्च

कम्प्यूटर की मेज़ से सामान हटाया। खिड़की खोली। पंखा और बल्ब चालू करने के लिए बटन दबाए। कम्प्यूटर स्टार्ट किया। आरामदायक कुर्सी का कुशन ठीक किया और उस पर धँसकर नोटबुक खोलकर वर्डफ़ाइल में टाइपिंग शुरू की...

कोई एक हफ़्ते बाद मुंबई में महादेव बस्ती की खींची तस्वीरें देख रहा हूँ तो पूरी बस्ती जीवंत हो उठी। आख़िर हँसते चेहरे पर बोलती-सी ये आँखें क्या कह रही हैं! यही न कि बच्चों की पढ़ाई के प्रति ललक ने बड़ों में भी जीवन को नई तरह से जी सकने की उम्मीदें जगा दी हैं!

सोचता हूँ, उस्मानाबाद ज़िले के मस्सा गाँव से बगैर किसी रास्ते बीस किलोमीटर दूर पहुँचने के लिए यदि निजी साधन का सहारा न लिया होता तो वहाँ

कभी नहीं पहुँच पाता। वजह, वहाँ के लिए न राज्य परिवहन की बस चलती है और न ही कोई शेयर ऑटो। वहाँ आते-जाते कोई बस्ती और वाहन तो क्या दूर-दूर तक चलता-फिरता आदमी भी नज़र नहीं आया। उस पर एक छोटी पहाड़ी चढ़ते हुए यदि विनायक सही दिशा नहीं बताता तो मैं दूसरी ही पगडंडी पकड़ लेता।

सही जगह पहुँचा तो देखा कि ऐसी जगह भी एक स्कूल हो सकता है! और यह बात भी पता चली कि जिन बस्तियों की तरफ़ आमतौर पर एक आम आदमी भी आना-जाना पसंद नहीं करता है, वहाँ आज़ादी के सालों बाद दो शिक्षक शिक्षा का उजाला फैला रहे हैं।

यह बदलाव संभव हुआ महादेव बस्ती के बाहर कुछ लोगों की कोशिशों के चलते। कुछ दलित कार्यकर्ताओं के प्रयासों ने अज्ञानता के खिलाफ़ पारधी समुदाय और शिक्षकों के संघर्षों को साझा किया और दूर-दराज के एक ऐसे सरकारी स्कूल में शिक्षण की गुणवत्ता की नींव रखी जहाँ कोई सोच भी नहीं सकता था।

विकास के विकल्पहीन इस संसार में यह बदलाव सूरज बनकर सामने आया है, जिसकी किरणें न केवल उनका जीवन बदल रही हैं बल्कि उनके मन में आत्मविश्वास और आत्मसम्मान की भावना भी भर रही हैं।

सवाल है कि जिन बच्चों ने शिकारी जीवन ही देखा था, उनके लिए तो शिकार ही जीवन था। स्कूल की दुनिया में शामिल हुए बगैर वे कैसे तय करते कि कौन-सी दिशा सही है। लेकिन, सवाल यह भी है कि इस दिशा का रास्ता बहुत लंबा है।

इसलिए, यह बदलाव एक शुरुआती प्रयास है। वजह, यदि कुछ बच्चों ने चौथी के बाद पढ़ाई छोड़ दी तो सूरज की चमक फीकी पड़ जाएगी। पारधी जनजाति के सामने पहचान के संकट के बाद दूसरी बड़ी समस्या है बेकारी, जिसके कारण पारधी परिवारों पर अपने बच्चों से छोटी उम्र में भी काम कराने का दबाव रहता है।

शिक्षा से ही उनकी पहचान बदल सकती है। जब दूसरे समाज के बच्चे पढ़ सकते हैं तो पारधी बच्चे क्यों नहीं! किंतु, बजरंग ताटे ने मुझे अपने अनुभवों के आधार पर बताया कि खुद समाज ही पारधी बच्चों की राह में सबसे बड़ा रोड़ा है।

वे कहते हैं, ''पारधी बच्चे समाज के बाकी बच्चों के साथ घुल-मिल नहीं पाते। ऐसा इसलिए कि अक्सर दूसरे बच्चे उन्हें 'पारधी' कहकर चिढ़ाते हैं और उन्हें यह एहसास दिलाते हैं कि वे उनसे अलग हैं।''

बजरंग ताटे की मानें तो कई बार शिक्षक पारधी बच्चों को दाखिला

देने में आना-कानी करते हैं, बाकी बच्चों से दूर बैठने के लिए कहते हैं और कभी-कभार सबके सामने ही उन्हें नहा-धोकर आने की फटकार लगाते हुए जानबूझकर उनका मज़ाक उड़ाते हैं। चोरी होती है तो पहले पारधी बच्चों के बस्ते खंगाले जाते हैं। इससे इन बच्चों में हीन-भावना आती है।

कहने को विकास का जाति से कोई लेना-देना नहीं होता। किंतु, महादेव बस्ती के उदाहरण से मैंने जाना कि कुछ वंचित समुदाय ऐसे भी हैं जो भूगोल से भले ही उजाड़े नहीं गए हों पर विकास के मूल विचार से विस्थापित हो चुके हैं।

हम लौटे तो उसी रास्ते थे फिर भी दृश्य बदल गए थे। आशा-निराशा एक-दूसरे में घुल-मिल गई थीं। दिसंबर के बादलों के छाने और छंटने का क्रम चलता रहा। फिर भी मैं था कि मोटरसाइकिल पर पीछे बैठा सूरज को एकटक देखे जा रहा था। मतलब अँधेरे में भी उम्मीद ज़रूर होती है। शिक्षा भी सूरज की रोशनी की तरह होनी चाहिए, जो सबके लिए एकसमान हो। हर ओर से उम्मीद की किरण जब क्षीण होती जा रही है तब उम्मीद ही आख़िरी शब्द रह गया है जो यहाँ से होकर गुज़र रहा है।

दोनों ओर भागता भूगोल ठहर गया था। दरअसल, मैं मुख्यधारा से अंतरधारा की तरफ़ लौटने लगा था। हम अक्सर हरी घाटियाँ याद रखते हैं और घटनाएँ भूल जाते हैं। लेकिन, मैं घाटियों की जगह से घटनाओं को लेकर लौट रहा था। मेरे मन के बढ़ते सन्नाटे में घाटियों के भीतर घटनाओं का संसार पनपना शुरू हो गया था।

बाहरी घाटियों की अराजकता ने मेरे भीतर की यात्रा को ऐसे प्रभावित किया कि इसके बाद मैंने जीवन की हर घाटी में सौंदर्य की बजाय यथार्थ खोजना शुरू कर दिया जो सुख दे सकता था और बेचैनी भी। बेचैनी से विचार पैदा होते और विचारों से विचारधारा बनती जाती है। यही विचारधारा मुझे तटस्थ होने से बचाने लगी और शोषितों के पक्ष में और अधिक मुखर बनाती चली गई।

यात्रा को अब मैं मौज-मस्ती से आगे जनमानस से जुड़ने का ज़रिया बनाना चाहता हूँ। मैं अपने आस-पास के किसी 'नो मैन्स लैंड' जाना चाहता हूँ, जहाँ आम पर्यटक जाने लायक नहीं समझता और सामाजिक यायावर को भी इन स्थानों की बजाय हिमालय की पहाड़ियों की ओर जाना भाता है। मैं इसी तरह के स्थानों पर जीवन की भयावहता की ओर मुँह करके ताकना चाहता हूँ। ऐसा सच बताना चाहता हूँ जो अविश्वसनीय लगे।

मीराबेन को नींद नहीं आती!

संगम टेकरी, गुजरात

मीराबेन को नींद नहीं आती!

"क्यों नहीं आती?"

रात के 11:30 बज रहे हैं। जब किसी ने कोई जवाब नहीं दिया तो मैंने मीराबेन से ही पूछा, "आपको नींद क्यों नहीं आती?"

उन्होंने उल्टा मुझसे पूछा, "यदि आपका फाँसी पर लटकना तय है। पर, तारीख तय नहीं तो आपको नींद आएगी?"

बार-बार, लगातार अपनी झोपड़ियों सहित उजड़ना और नुकसान झेलते रहना मीराबेन की ज़िन्दगी है। पर, वे यहाँ अकेली नहीं हैं। उनके साथ बस्ती की डेढ़ सौ से ज़्यादा घर-गृहस्थियाँ सड़क पर आ चुकी हैं। बात करने पर ये लोग बताते हैं कि कभी भी सरकार का कोई भी अमला अचानक धावा बोलकर इनके आशियाने उखाड़ फेंकता है। इसलिए, इन्हें अपने झोपड़े सजाने-संवारने का अब कोई शौक नहीं रहा।

पता नहीं कब कोई बुल्डोज़र आए और एक-एक करके बड़ी मुश्किल से जोड़ी गईं तमाम चीज़ों को पलक झपकते रौंद डाले, इसलिए ये ज़्यादा सामान नहीं जुटाते हैं। ये अपनी चारदीवारों पर भव्य भवनों और लग्ज़री कारों की खूबसूरत तस्वीरें चिपकाना भूल गए हैं। वजह, डेमोलेशन के दौरान ऐसी खूबसूरत तस्वीरें कई-कई दफ़े इनकी झोपड़ियों के नीचे ज़मींदोज़ हो चुकी हैं। कई-कई बार इनके सपने माटी में मिल चुके हैं। लिहाज़ा, इस बड़े शहर के ये आमजन अब सामान्य सपने देखने से भी डरते हैं।

"कितने दिन और आबाद रहेंगे?" एक नहीं बल्कि यहाँ कई लोगों के दिलो-दिमाग में इस प्रकार के प्रश्न रात-दिन तैरते रहते हैं। इन प्रश्नों के साथ इन्हें राहत भरी नींद आ जाए, अब यही बहुत है।

यह हाल है भारत के पश्चिम में स्थित गुजरात के दूसरे प्रमुख शहर सूरत का। ताप्ती नदी इस शहर के मध्य से होकर गुज़रती है। यह शहर मुख्यतः कपड़ा

उद्योग और डायमंड कटिंग-पॉलिशिंग के लिए प्रसिद्ध है। इसलिए, इसे 'सिल्क सिटी' या 'डायमंड सिटी' के नाम से भी जाना जाता है। शहर की आबादी चालीस लाख के पार है।

यह यात्रा शहर की इसी आबादी के बीच विकास की थ्योरी की परत-दर-परत पड़ताल करती है। बात कोई दस-बारह साल पुरानी है, जब टेम्स नदी के आस-पास के लंदन को सूरत की ताप्ती के तट पर उतारने का सपना करीब-करीब पूरा होने की कगार पर था। इसके लिए शहर में ज़ीरो स्लम अभियान अपने आख़िरी दौर में चल रहा था। तब 'न्यू सूरत' के मैप से एक-एक करके स्लम एरिया क्लीन किए जा रहे थे। सूरत की 'सूरत' चमकाने और सड़कों को चौड़ा करने के नाम पर हज़ारों हज़ार गीली आँखें अपने घर-संसार को उजड़ते हुए देख रही थीं। यही वजह थी कि शहर के एक तबके के लिए ज़ीरो स्लम अभियान आपदा बनकर आया था।

इसी दौरान मैंने जुलाई 2009 से सितंबर 2010 के बीच मुंबई से सूरत की तीन यात्राएँ कीं। मुंबई से कोई तीन सौ किलोमीटर दूर स्थित सूरत अक्सर शताब्दी ट्रेन से आता-जाता और हर बार हफ़्ता-पंद्रह दिन यहाँ के अलग-अलग ठिकानों पर रुकता। तब मेरे साथ उम्र में मुझसे बहुत बड़े, लेकिन मेरे दोस्त और इसी शहर के बाशिंदे भरत और अल्फ्रेड भाई ने यहाँ के विकास के फ़ैक्ट और फ़िक्शन को समझने में मेरी खासी मदद की।

लिहाज़ा, मैंने सूरत के भीतर की अनेक गलियों को टटोलते हुए एक दशक के दरम्यान विकास की प्रक्रिया, द्वंद्व, संघर्ष, टकराव, नैतिक मूल्यों के पतन और सत्तारूढ़ शक्तियों के गठजोड़ सहित विस्थापित बस्तियों से हटा दिए गए मलबों में दबी पीड़ा ढूँढ़ निकाली। तब सूरत के एक छोर से दूसरे छोर तक तोड़ने और टूटने की इन दो समानांतर कड़ियों को मैंने समय के तीन भागों में तीन तरह से देखा-सुना। पहली बार जो देखा-सुना था, वह सतह पर था। पर, दूसरी और फिर तीसरी बार जो देखा-सुना था, वह पहली बार से भिन्न और सतह के नीचे बहुत गहराई तक महसूस किया था। इसमें विकास के सताए लोगों के छोटे-छोटे किस्से जमा हैं। सभी तरह की उथल-पुथल और शोर-शराबे के बावजूद जो दबे पाँव कभी भी आकर मेरे जीवन में प्रवेश कर जाते हैं। इन्हें बार-बार सुने जाने की ज़रूरत है। आइए, इन्हें फिर सुना जाए...

तो मीराबेन को वह तारीख अच्छी तरह से याद है। वह तारीख थी ग्यारह फरवरी 2009 की। तब उनकी और उनकी जैसी कुल एक सौ अड़सठ झोपड़ियों

को तोड़कर संगम टेकरी बस्ती को मैदान बना दिया गया था। यहाँ की बूढ़ी गोटी अम्मा मुझे कोई बड़ा अफ़सर समझ लेती हैं। पूछती हैं, ''झोपड़ियाँ तोड़ीं किसने?''...''मुआवज़ा देगा कौन?''

मैं क्या जवाब दूँ? लोगों के इस सवाल के जवाब में 'सूरत म्युनिसिपल कॉरपोरेशन', 'रेलवे कार्यालय' जाने के लिए कहता है। रेलवे के अफ़सर वापस कॉरपोरेशन भेज देते हैं। असल में, बताया यह जा रहा है कि मीराबेन की झोपड़ी कारपोरेशन की ज़मीन पर थी और गोटी अम्मा की झोपड़ी रेलवे की ज़मीन पर थी। इसलिए, इस परेशानी से जूझ रहे लोग कभी कॉरपोरेशन तो कभी रेलवे वालों के चक्कर काट रहे हैं। लेकिन, कोई अब तक यह जवाब नहीं ढूँढ़ पाया है कि ''आख़िर झोपड़ियाँ तोड़ीं किसने?''

एक चायवाले ने बताया, ''पूरे शहर में यही चल रहा है। झोपड़ियाँ ऐसे ही तोड़ी जा रही हैं।'' बडोदरा बारडोली रोड पर स्थित बाँस के सुंदर फ़र्नीचर तथा माटी की भव्य मूर्तियाँ बनाने वालों की बस्ती संगम टेकरी को भी ऐसे ही तोड़ा जा चुका है। इसके साथ अन्य बस्तियों को भी तोड़ा जा चुका है। इनमें से कुछ नाम तो मुझे याद हो गए हैं, जैसे: उधना, तुलसी नगर, बापू नगर, जेपी नगर, मोफत नगर...

एक ज़माने में विकास के लिए 'गरीबी हटाना' घोषित नारा हुआ करता था। लेकिन, संगम टेकरी इस बात की गवाही देती है कि दशकों तक जब गरीबी नहीं हटी तो विकास पथ से 'गरीबों को हटाना' कैसे एक अघोषित एजेंडा बन गया है। यही वजह है कि गुजरात और विशेष तौर से सूरत जैसे शहर को विकास का मॉडल बताने पर विकास एक विवादास्पद शब्द लगने लगा है। इसी शब्द की आड़ में लगातार मानवीय संवेदनाओं और उनके अधिकारों को सिरे से खारिज किया जा रहा है।

दूसरी तरफ़, संगम टेकरी से सड़क पार स्थित अंबेडकर नगर के रहवासियों को यह भ्रम था कि वोटर होने के कारण कोई बड़ा नेता ऐन मौके पर पहुँचेगा और समय रहते विध्वंस की कार्रवाई रुकवा देगा। लेकिन ग्यारह फरवरी की ही सुबह यहाँ के लोगों का यह भ्रम तब टूटा जब दो शिफ़्टों में पूरी बस्ती के मकान तोड़ दिए गए। महज़ कुछ घंटों में सैकड़ों परिवारों को मामूली सुख देने वाली सुविधाएँ इधर-उधर बिखरी पड़ी थीं।

बतियाते हुए हम सड़क पार स्थित अंबेडकर नगर पहुँच गए। यहाँ ठाकुर भाई बताते हैं कि उस दिन सूरत रेलवे लाइन के दोनों ओर से कोई चार सौ मकान तोड़ दिए गए। बकौल ठाकुर भाई, ''झोपड़पट्टी तोड़ने वाले दस्ते में कोई सवा

सौ पुलिसकर्मी, पचासेक रेलवे सुरक्षा गार्ड और बड़े अफ़सर अपने साथ तीन बुल्डोज़र लेकर आए थे। आगे-आगे तोड़ा-फोड़ी चल रही थी और पीछे-पीछे कॉरपोरेशन वाले नल, गटर के पाइप और बिजली के तार वगैरह उखाड़ रहे थे।''

सूरतवासी मानते हैं कि शहर की सूरत और इसके साथ ही इसका चोला तेज़ी से बदल रहा है। लेकिन, जिनकी झोपड़ियाँ टूट रही हैं, इसका दर्द सीधे उनसे पूछिए। उनमें से बड़ी संख्या ऐसे लोगों की है, जो न्यूनतम दो हज़ार रुपए महीने पर भी भाड़े पर मकान नहीं ले सकते। लेकिन, इससे कहीं विकट समस्या तो यह है कि झोपड़पट्टी का नाम सुनकर ही मुँह-नाक सिकोड़ने वाला शहर का मिडिल क्लास आख़िर इन्हें किराए पर अपना मकान क्यों दे?

''पर, अंबेडकर नगर की अंजू बेन के साथ तो बहुत ही बुरा हुआ।'' अल्फ्रेड भाई की सूचना के बाद हम पैदल-पैदल चलकर नज़दीक ही एक जगह अंजू बेन के ठिकाने तक पहुँचे। वे एक पेड़ की दुबली छाया के नीचे टीन के काले-बड़े संदूक पर अपनी लगभग सोलह साल की बेटी काजल के साथ बैठी दिखीं। यहाँ मालूम हुआ कि विध्वंस की कार्रवाई से अंजू बेन की घर-गृहस्थी के तार तो टूटे ही, घरवाला भी छूट गया।

अंजू बेन का पति सूरज यादव ऑटो चलाता था। झोपड़ी टूटने के हफ़्ते भर पहले उसने डेढ़ हज़ार रुपए खर्च करके ऑटो की मरम्मत कराई थी। पर, तोड़-फोड़ दस्ता उसका ऑटो उठा ले गया। सूरज ने बहुत कोशिशें कीं, मगर उसका ऑटो उसे नहीं दिया गया। कई दिनों तक बेकारी के चलते हताशा में डूबा सूरज एक दिन अचानक गायब हो गया। फिर लौटकर नहीं आया।

अंजू बेन रुक-रुक कर पूरी बात बताती हैं। बताती हैं कि कैसे एक मुसलमान खानदान की होकर भी उन्होंने सूरज के साथ दुनिया बसाने का फ़ैसला किया था। बीस नवंबर 1991 को वह अपने पिता के घर से भागीं और सूरज के साथ एक भाड़े के मकान में आ गईं। फिर एक के बाद एक भाड़े के कई मकान बदलती रहीं। ऐसे ही एक भाड़े के मकान में उनकी बेटी काजल पैदा हुई।

बेटी को बड़ा होते देख अंजू बेन के मन में अक्सर यह बात आती कि भले ही सस्ता घर हो, लेकिन अपना घर हो। यही सोचकर साल 1995 में उन्होंने वराछा पुलिस स्टेशन के पीछे तीस हज़ार रुपए का एक झोपड़ा पाई-पाई जमा करके खरीदा। फिर साल 2001 में उन्होंने वही झोपड़ा डेढ़ लाख रुपए में इस आस में बेचा कि किसी सस्ती झोपड़ी में रहेंगी और बचत के पैसों से कोई छोटा-मोटा धंधा शुरू करेंगी।

इसी साल सूरज ने ऑटो खरीदा। लेकिन, बचत का पैसा चोरी हो गया। चार दिनों तक गमगीन रहने के बाद दिमागी असंतुलन बिगड़ने से अंजू बेन को अस्पताल में भर्ती कराया गया। पर, सदमे के आगे सारी दवाइयाँ बेकार गईं। सालों तक उनकी तबीयत ठीक नहीं रही।

इस नाज़ुक घड़ी में इनका अगला ठिकाना कोसाठ के बाढ़-ग्रस्त क्षेत्र में भाड़े की एक झोपड़ी बनी। लेकिन, साल 2006 की बाढ़ में वह भी बह गई। दर-दर की ठोकरें खाने के बाद अगला आशियाना अंबेडकर नगर था। यहाँ कुछ महीने में ही बस्ती तोड़ने की पहली कार्रवाई झेलनी पड़ी। फिर अब इस दूसरी कार्रवाई में शासन ने ऐसा कहर बरपाया है कि आख़िर में बेटी काजल को छोड़कर अंजू बेन के पास कुछ नहीं रह गया है। हम भी उनकी कहानी सुन उन्हें वहीं छोड़कर आगे बढ़ जाते हैं।

सुनने में आ रहा है कि सूरत में बहु-विस्थापन की दहशत भी दिनोंदिन बढ़ती जा रही है। पिछली बार जब मैं सूरत आया था तो मीठी खाड़ी के रहवासियों से मिला था। वहाँ भी झोपड़ियों को तोड़े जाने की चर्चा तेज़ हो गई है। वहाँ से कई परिवारों को कोई पच्चीस साल पहले उमरवाड़ा से भी उखाड़ा गया था। तब सड़क चौड़ी करने के नाम पर उखाड़ा गया था। अब एक फ़्लाईओवर बनाने के नाम पर उखाड़ा जाएगा। कहने का मतलब है कि एक आबादी को बार-बार शहर के बाहर धकेलकर सूरत निर्माण और पुनरुद्धार का कार्य चलाया जा रहा है।

~

अब किसी शहर में विकास के नाम पर झोपड़ियाँ टूटने की ख़बर नई नहीं लगती। लेकिन, कॉरपोरेट के नाम पर रातोंरात स्लम उखाड़ फेंकने का किस्सा मैंने पहली बार सूरत में सुना। सूरत के साउथ-वेस्ट में कोहली खाड़ी से लगा और करीब दो एकड़ में फैला मिलेनियम मार्केट इसका जीता-जागता उदाहरण है। इस टेक्सटाइल मार्केट का पता कौन नहीं जानता! लेकिन, इस मार्केट के शोरगुल में कई सिसकियाँ दब गई हैं। आलीशान संरचनाओं की नींव में कई महत्त्वाकांक्षाएँ दफ़न हो चुकी हैं। इस जगह को देख कौन कहेगा कि यहाँ वर्ष 1999 में आठ सौ झोपड़ियों की एक भरी-पूरी बस्ती हुआ करती थी! यहाँ कभी पाँच हज़ार लोग साँस लेते थे।

मालम भाई बंजारा और चका भाई की साँसें भी यहीं से चला करती थीं। यही नहीं, इनकी तरह इस शहर में असंख्य पीड़ित मिल जाएँगे, जो बताएँगे

कि सालों पुरानी बस्तियों में ज़मीनों के दाम जब आकाश छूने लगे तो सरकार ने कैसे शहर की भलाई का वास्ता देकर ज़मीन के असली मालिकों को सस्ते मकानों सहित उखाड़ फेंका :

"देखिए शिरीष भाई, हमारे पुराने दिन कोई सोने जैसे नहीं थे। पर, ऐसे बदरंग भी नहीं थे। तब हमारे सस्ते झोपड़े चाँदी की ज़मीन पर खड़े थे।" मालम भाई बंजारा ने चका भाई की तरफ़ नज़र फेरी तो वे फूट पड़े।

चका भाई ऊँची आवाज़ में बोले, "क्या सूरत में रहना गुनाह हो गया है? हमको 1999 में इस गवर्नमेंट ने मुफ़्त खदेड़ दिया। मकान, दुकान और सामान टूटने का नुकसान तो भूल जाइए! सालों बाद एक मकान मिला भी तो हमारी जगह से कोसों दूर भेस्तान में। पचपन हज़ार के लोन पर। मकान का साइज़ मालूम है कितना? दस गुना बारह फ़ीट का। बहुत बड़ा खानदान है हमारा। पुराने मकान के साइज़ में सब एडजस्ट हो जाते थे। इस फ़्लैट में कहाँ बनेंगे! नहीं बनते।"

मिलेनियम मार्केट के नज़दीक ही एक चाय की दुकान पर हमारे सामने देर से सिर झुकाए चका भाई ने अपनी ही बैंच पर बैठे मालम भाई की ओर देखा। दोनों के चेहरे रुआँसे हो गए। फिर थोड़ा रुककर चका भाई ने मालम भाई से पूछा, "क्यों, मिलेनियम मार्केट की ज़मीन ग्यारह साल में सौ करोड़ रुपए पार तो हो ही गई होगी?"

इधर, सूरत के दूसरे छोर पर राजीवनगर झोपड़पट्टी के मज़दूर परिवार सरकारी कागज़ों की भूल-भुलैया में गोते खा रहे हैं। इस बस्ती के संतोष ठाकुर हाथ जोड़कर बताते हैं कि उन्हें क्या पता था कि एक दिन उनके घर टूटेंगे! क्या पता था कि एक दिन उनसे बस्ती के रहवासी होने के सबूत माँगे जाएँगे! इसलिए, उनके जैसे कई परिवार ज़रूरी कागज़ों को जमा या सँभालकर ही नहीं रख पाए।

वहीं, कुछ बस्तियों के लोगों से एक अजीब बात सुनने को मिल रही है। बात यह कि कॉरपोरेशन जिन मकानों को तोड़ने का मन बना लेता है, उनसे टैक्स वसूलना बंद कर देता है। जिन बस्तियों से टैक्स लिया जाना बंद कर दिया जाता है, वहाँ के लोग डर जाते हैं। उन्हें लगता है कि शहर के सौंदर्य के नाम पर अगली कुर्बानी कहीं उनसे तो नहीं माँगी जाएगी! सुभाषनगर से कुर्बान हुए लोगों का भी यही दुखड़ा है।

दरअसल, वर्ष 2007 में ताप्ती नदी की धारा रोकने के लिए एक दीवार बनाई गई। इससे सुभाषनगर की करीब आठ सौ झोपड़ियाँ डूब में आईं। कन्हैयालाल बंजारा की मानें तो दीवार सिंचाई विभाग ने बनाई थी। झोपड़ियाँ तोड़ने का

नोटिस कलेक्टर ने दिया था। झोपड़ियाँ टूटीं तो प्रभावित लोग सिंचाई विभाग के पास गए। विभाग ने कहा कि पुनर्वास का काम उसके दायरे में नहीं आता। लोग कलेक्टर के यहाँ गए तो उन्होंने कहा कि उनका काम सिर्फ़ मॉनिटरिंग करना है।

लोग सूरत म्युनिसिपल कॉरपोरेशन के पास गए तो उसने बताया कि तोड़-फोड़ की पूरी कार्रवाई जब सिंचाई विभाग और कलेक्टर ने की है तो वह जवाब क्यों देगा। हालाँकि, बहुत बाद में बायोमेट्रिक सर्वे हुआ। पर, इसमें भी कई प्रभावितों के नाम छूट गए। कन्हैयालाल बंजारा उन्हीं में एक छूटा हुआ नाम है। कन्हैयालाल जैसे अनगिनत नाम इस बात की तस्दीक करते हैं कि शहर में किस तरह विस्थापन रुकता नहीं है और पुनर्वास होता नहीं है।

~

पुनर्वास के नाम पर जिन मुट्ठी भर लोगों को राहत मिली, यदि उनका हाल जानना हो तो सूरत के कतारगाम इंडस्ट्रियल एरिया से कोई दस किलोमीटर दूर कोसाठ नाम की वीरान जगह जाएँ। वहाँ जाने के लिए कोई बस नहीं चला करती। इसलिए, चढ़ती दुपहरी हम ऑटो करके वहाँ पहुँचे। हमने देखा कि हज़ारों विस्थापित परिवारों को मकान के बदले मकान देने की बजाय उन्हें बहुमंज़िला इमारतों के भीतर कबूतर के दड़बे टाइप फ़्लैटों में ठूँसा गया है। हालाँकि, ये फ़्लैट भी इन विस्थापितों को मुफ़्त देने की बजाय रियायती दरों पर मुहैया कराए गए हैं।

कतारगाम इंडस्ट्रियल एरिया के रहवासी सूरज महापात्र अपनी ज़मीन, घर, गृहस्थी से उजड़ने के बारे में कोई बात नहीं करना चाहते। वे खीझकर बोले, "कुछ दिन पहले तक आए होते तो आपके सामने कलेजा निकालकर रख देता। जाने दीजिए अब। जो हुआ सो हुआ। अब कुछ काम-धाम हो तो बताएँ?" फिर वे बड़ी मासूमियत से बोले, "क्या है कि यहाँ आने के बाद हम सब लोग बेकार हो गए हैं!"

दरअसल, कतारगाम इंडस्ट्रियल एरिया में पहले इन्हें पॉवरलूम इंडस्ट्री में दिहाड़ी मिल जाती थी। एक आदमी महीने में चार हज़ार रुपए कमा लेता था। महिलाओं को आस-पास की सोसाइटियों में घरेलू काम मिल जाता था। हज़ार रुपए वहाँ से आ जाते थे।

"पर, यहाँ कोसाठ से कतारगाम जाने के लिए ऑटो रिक्शे वाले को चालीस रुपए किराया देना पड़े और किसी रोज़ काम न मिले तो?" यह तकलीफ़ है

अपने फ़्लैट में खाली हाथ बैठे अज्जू मियां की।

रक्षा बेन से बात करने पर उन्होंने अंदर आकर बैठने के लिए कहा। ख़ुद खड़े-खड़े बताया कि यहाँ हर आदमी कम-से-कम पच्चीस हज़ार का कर्ज़दार है। सबने फ़्लैट पाने के लिए कर्ज़ लिया है। ''किस भाव पर कर्ज़ उठाया है?'' मेरे पूछने पर पास ही बैठे हेमंत भाई बताते हैं कि महीना भर पहले ही उनकी पत्नी टीबी के कारण मर गई। बकौल हेमंत भाई, ''इलाज के लिए भारी ब्याज पर कर्ज़ उठाया है। एक तो साला आमदनी नहीं। उस पर ये कर्ज़ा! ये बेकारी!''

इनकी बातें सुन अल्फ्रेड भाई का गला भर आया। इसलिए, हम कोसाठ से ऑटो रिक्शा करके जल्दी ही स्टेशन पहुँचे। यहाँ से दूसरा रिक्शा करके पर्वत गाँव पहुँचे। कोई पच्चीस किलोमीटर लंबा रास्ता तय करके हम देर शाम भरत भाई के फ़्लैट पर पहुँचे। यहाँ थोड़ी देर में ही एक अंडाकार मेज़ पर भाभी ने हम सबको रात का भोजन परोसा। भरत भाई ने खाना खाते-खाते बताया कि अतिक्रमण हटाने की ज़्यादातर कार्रवाइयाँ रहवासियों को बगैर सूचना दिए होती हैं। ये दस्ते देर रात, नहीं तो तड़के मौका-स्थल पर पहुँचकर अचानक हमला बोल देते हैं। एक बसी-बसाई दुनिया उजाड़ देते हैं।

''क्यों?'' मैंने उनकी बात पर भरोसा जताया, लेकिन थोड़ा हैरान होकर कुछ जानना भी चाहा।

''जिससे कोई आर्गनाइज़्ड न होने पाए,'' जवाब अल्फ्रेड भाई ने दिया। वे बोले कि तोड़-फोड़ लार्ज स्केल पर होता है। एक टाइम में चार सौ तक झोपड़ियाँ तोड़ दी जाती हैं। ऐसे में एडमिनिस्ट्रेशन नहीं चाहता कि लोगों को किसी तरह भी सँभलने का मौका मिले, या वे लड़ाई-झगड़े पर उतारू हो पाएँ।

''आपने कभी डेमोलेशन देखा है?'' हम तीनों खाना खाकर बरामदे में रखे सोफ़ा-सेट पर लौटे तो भरत भाई ने मुझसे पूछा। मैंने 'न' में सिर हिलाया। भरत भाई बोले, ''कई बार वे (अतिक्रमण विरोधी दस्ते) ऐसा समय चुनते हैं, जब घर के जवान लोग काम पर गए हों। मतलब, दोपहर के बारह बजे के आस-पास। जब घर में बच्चे और बुज़ुर्ग होंगे तो वे कोई खास विरोध तो कर नहीं पाएँगे। हमने एक-एक बस्ती में दो-दो हज़ार घर टूटते देखे हैं।''

''फिर उन्हें शहर से कोसों दूर निर्जन स्थानों पर छोड़ दिया जाता है, जैसे कोसाठ में। है ना!'' मैंने जोड़ा। सूरत के दारुण घटनाक्रम मुझे भीतर तक झकझोरने लगे।

''असल में सिटी से बहुत बाहर पटकने के पीछे एक मेंटेलिटी काम करती

है कि तुम लोग सेकेंड क्लास सिटीज़न हो,'' अल्फ्रेड भाई का नर्म चेहरा ज़रा सख्त हो गया।

यह बात तो भरत और अल्फ्रेड भाई भी जानते हैं कि आबादी की दृष्टि से सूरत भारत में आठवें नंबर का शहर है। जनता की बढ़ती भीड़ के कारण शहर विकास के गुब्बारे सा फटा जा रहा है। मेरा प्रश्न है, ''मेगासिटी का रूप धर चुके सूरत के विकास पर जनसंख्या का यही बढ़ता दबाव तो इसका नतीजा नहीं?''

''यदि ऐसा ही है, तो इसे अपने भीतर रहने और शहर को चलाने वाले वंचित समुदाय से ही परहेज़ क्यों? आप देखिए, किस क्रूरता और सुनियोजित ढंग से उन्हें शहर से कोसों दूर वीरान जगह पटका गया है, जहाँ रोज़मर्रा का कोई रोज़गार नहीं। हर रोज़ काम ढूँढ़ने उन्हें कितना खर्चा करके बहुत दूर आना-जाना पड़ता है। वे बेहद कठिन परिस्थितियों में रह रहे हैं। मैं आपको क्या बताऊँ कि कुछ तो पारिवारिक बिखराव भी झेल रहे हैं।''

मुंबई मेगासिटी के अनुभव से जानता हूँ कि भरत भाई की इस बात में दम है। आमतौर पर झोपड़पट्टी वालों पर 'जबरन कब्ज़ा' करने का आरोप लगता है। पर, यह नहीं सोचा जाता कि यही तबका तो हाड़तोड़ मेहनत करके शहर की अर्थव्यवस्था को चला रहा है।

अपने होटल जाने से पहले मैंने कॉपी में जब कुछ बातें नोट कीं तो अल्फ्रेड भाई ने यह बात जोड़ने के लिए कहा। बोले, ''यहाँ इलीट क्लास (कुलीन वर्ग) के ड्रीम में मॉर्डन, स्मूथ, नीट एंड क्लीन सूरत बसा हुआ है। यह चाहता है कि उन्हें बिलो पॉवर्टी लाइन वालों से दूर रखा जाए। उन्हें एन्जॉयमेंट की हर चीज़ अपने आस-पास एवलेबल चाहिए। बेसिकली सिटी डेवलपमेंट का पूरा प्लान और डेमोलेशन इसी थ्योरी पर है।''

सूरत के बीच की ज़मीनों से वंचित समुदाय को उखाड़कर जिस तरह से उन्हें व्यावसायिक उपक्रमों के लिए दिया जा रहा है, उससे पुष्टि होती है कि इस शहर की प्राथमिकता में हैं कौन। सीधी बात है कि सूरत को दो सूरतों में बाँटा जा रहा है। शहर के भीतरी हिस्से में अमीरी के लिए साफ़-सुथरा, व्यवस्थित और महँगी कारों से दौड़ता सूरत होगा। शहर के बाहरी हिस्से में अपनी रोज़मर्रा की ज़रूरतों के लिए रात-दिन लड़ने वाले गरीबों का सूरत। जहाँ न लोग सुरक्षित हैं और न ही उनके काम या रहने के स्थान वगैरह।

मैं कॉपी में लिखता हूँ—एक सूरत में अमीरी और गरीबी की दूरी को कम करने की बात तो दूर दोनों वर्गों को एक-दूसरे से बहुत दूर-दूर किया जा रहा

है। पहला हिस्सा दूसरे हिस्से की मेहनत के ज़रिए शहर के बाज़ार से मुनाफ़ा तो चाहता है। लेकिन, बदले में श्रम का श्रेय, सम्मान और शहर के भीतर पर्याप्त स्थान देने से वंचित रखना चाहता है।

इस समय यदि कोई मुझसे पूछे कि सूरत में झोपड़ियों को हटाने की दिशा में जो काम हो रहा है, उसका असर क्या होगा तो मैं कहूँगा कि आने वाले समय में इस शहर और इसकें इर्द-गिर्द गरीबी और अधिक बढ़ेगी। वजह, यदि गरीबी हटाने की बजाय उल्टा उनकी मेहनत की पूँजी को खुर्द-बुर्द कर दिया जाएगा तो उनकी आर्थिक हालत पहले से और अधिक तंग हो जाएगी। इस पर उनकी आजीविका और रोज़गार के साधनों से भी उन्हें बेदखल कर दिया जाएगा तो वे कहाँ जाएँगे?

पहले किसी शहर का अर्थ उसकी पूरी आबादी से लगाया जाता था। लेकिन, धीरे-धीरे मेगासिटी के भीतर एक क्लास के डेवलपमेंट को डेवलपमेंट मान लिया गया है, जबकि शहर की बड़ी आबादी इसकी चपेट में तबाह हो रही है। प्रश्न है कि शहर के भीतर एक बड़ी आबादी उजड़ती है तो दूसरा वर्ग इनके पक्ष में खड़ा होना तो दूर, क्यों इनके प्रति अपनी संवेदनाएँ तक नहीं जताता है? या फिर डेवलपमेंट के पक्षधरों के सरोकार एक विशेष वर्ग के चरित्र और सत्ता की शक्ति द्वारा निर्धारित होते हैं?

स्टेशन के पास होटल सनसिटी लौटकर ध्यान आया कि अल्फ्रेड भाई से यह पूछना रह ही गया कि कल के लिए अपना प्लान क्या है? मोबाइल पर बात करने पर उन्होंने कहा, ''कल मॉर्निंग नाइन ओ क्लॉक पाटीचाल चलेंगे। विट्ठल भाई से मिलने। जानेंगे, कई जेनेरेशन के बाद भी सिटी में कई लोग अपने को पराया क्यों समझते हैं।''

~

सुबह 9 बजे के पहले-पहले हम यह प्रश्न समझने के लिए निकल पड़े। शाम को मुंबई के लिए रवाना होना है। इसलिए, कम समय में हमने सूरत के कुछ और उन गली-मोहल्लों में घुसकर उन्हें देखना चाहा, जिन्हें प्रशासन गंदगी समझकर शहर से बाहर फेंकने की तैयारी कर रहा है। दरअसल, ऊपर का दबाव नीचे के लोगों को मसल रहा है। इन गलियों के रास्ते जितने आड़े-तिरछे, संकरे और ऊबड़-खाबड़ नज़र आते हैं, यहाँ के लोगों की दिनचर्या उससे कहीं अधिक

उलझी-उलझी लगती है। सुबह-सुबह मुझे सूरत के संपूर्ण ढाँचे में विस्थापित परछाइयों की भारी भीड़ और किस्त-दर-किस्त अपनी जड़ों से कटे बेकसूर लोगों के अलग-अलग बयानों में दर्ज एक शोकगीत सुनाई दिया।

स्टेशन से कुछ तंग छोटी गलियाँ पार करके एक रास्ता खुला। यह रास्ता हमें पाटीचाल की ओर ले गया। यहीं एक मकान में विट्ठल भाई सपरिवार रहते हैं। मकान के तंग बरामदे में हम तीन जन दाखिल हुए। विट्ठल भाई ने बड़े अदब से हमें पलंग पर बैठने को कहा। टीवी बंद किया और खुद सामने रखे सोफ़े पर बैठकर अपने बाज़ू बैठे साठ पार अपने हमउम्र दोस्त दशरथ भाई से हमारा परिचय कराया।

सीधे मुद्दे पर बात होने लगी तो दशरथ भाई ने यह जानना चाहा, "आख़िर हम जैसों की ही छोटी-छोटी खुशियों का खून करके ये बड़े-बड़े शॉपिंग मॉल्स, ये भारी-भरकम कॉम्प्लेक्स और लंबी-चौड़ी सड़कों का जाल क्यों फैलाया जा रहा है?"

सीधी बात है कि सूरत मेगासिटी बन रहा है। मेगासिटी की चमक सोच-सोचकर लोगों की आँखें चुँधिया रही हैं। लेकिन, इस चमक ने अपने पीछे एक ऐसा अँधेरा छोड़ना शुरू किया है, जिसमें कई हज़ार लोगों की ज़िन्दगी प्रश्नवाचक चिन्ह में बदल रही है।

यूँ तो यह बस्ती बहुत पुरानी है। लेकिन, विट्ठल भाई पच्चीस साल पुरानी यादों से अपनी बात शुरू करते हैं। वे याद करते हैं कि इस पूरे इलाके पर कभी सूरत के भू-माफ़िया का राज चला करता था। मजाल थी कि उनसे बगैर पूछे कोई अपनी झोपड़ी तोड़कर मकान बना सके, या अपना ही मकान किराए पर दे सके। हर छोटी-से-छोटी बात के लिए बस्तीवाले भू-माफ़िया के मोहताज थे।

फिर इसके खिलाफ़ विट्ठल भाई आगे आए तो बस्तीवालों ने उनके नेतृत्व में भू-माफ़िया को यहाँ से भगाने का मन बना लिया। फिर ज़मीन से लेकर कोर्ट-कचहरी तक लंबी लड़ाई लड़ी। आख़िर सबने मिलकर भू-माफ़िया को यहाँ से खदेड़ दिया।

"पर, इतने लंबे संघर्ष के बाद मिली हमारी खुशी सरकार को ज़्यादा देर रास नहीं आई। अब ये भू-माफ़िया का बाप कॉरपोरेट हमारे सामने आकर खड़ा हो गया है। हमारी पाटीचाल को भी जल्द ही तोड़ दिया जाएगा," विट्ठल भाई इतना कहकर चुप हो गए।

मैंने जानना चाहा कि पाटीचाल में कितने मकान हैं। भरत भाई ने यहाँ

कोई सात सौ मकान होने की ख़बर दी। अल्फ्रेड भाई ने बताया कि पाटीचाल वालों को भी कोसाठ ही शिफ़्ट किए जाने की बात चल रही है। पर, सेटलमेंट के नाम पर कोई भी बात क्लियर नहीं की जा रही है।

बकौल अल्फ्रेड भाई, ''इसके बाद बस्ती की पूरी खाली ज़मीन कॉरपोरेट के हवाले कर दी जाएगी। हमें पुराने एक्सपीरियंस से समझना पड़ेगा कि कॉरपोरेट के फ़ेवर में यह सरकार का एक अघोषित एजेंडा है।''

इस समय चाय के दौरान बातचीत हुई तो मैंने जाना कि शहर में हर मकान सिर्फ़ प्रॉपर्टी नहीं होता, कुछ मकान सिर्फ़ और सिर्फ़ रहने की जगह होते हैं। लेकिन, सरकार हर मकान मालिक को बहुमंज़िला इमारतों में भेजना चाहती है। इसका मतलब यह हुआ कि यदि उन्हें मकान के बदले फ़्लैट दे भी दिया गया तो हर मकान मालिक के हाथ से ज़मीन तो मुफ़्त ही खिसक जाएगी।

दूसरी तरफ़, इनसे बस्ती के बदले महज़ एक फ़्लैट दिए जाने का वादा किया जा रहा है, जबकि बस्ती की नाते-संबंधों पर आधारित एक भरी-पूरी सर्वसुलभ दुनिया होती है।

यही नहीं, यहाँ पहले मकान तोड़ो, फिर फ़्लैट पाने की बात चल रही है, जबकि यदि पुनर्वास की बात हो भी तो पहले फ़्लैट पाने, फिर मकान तोड़ने की बात होनी चाहिए।

''...मुझे ये बताओ यार कि आप अपने मकान में किस चीज़ का सपना देखते हैं? यही कि दीवारों पर रंग-रोगन हो, उसे साफ़-सुथरा और सजा-संवारकर रखा जाए। रोज़मर्रा की ज़रूरी हर चीज़ वहाँ हो। है ना? पर, हम चाहकर भी ऐसा नहीं कर सकते। क्योंकि, कल क्या हो तो ये हमें पता नहीं,'' दशरथ भाई ने हमारी बातचीत के बीच टोककर कहा।

ज़ाहिर है कि सूरत अपने ठिकाने पर है, लेकिन इसमें रहने वाले सामान्य लोग शहर से बाहर नए ठिकाने तलाश रहे हैं।

पुनश्चः

कोई पाँच वर्ष बाद जयपुर से लौटकर चंद दिनों के लिए जब मैं 'अपने शहर' भोपाल में रुका तो मुझे इसमें कुछ-कुछ सूरत की शक्ल दिखाई दी। मुझे अली बाबा और चालीस चोर वाली कहानी याद आई, कि कैसे खज़ाने का एक चोर जब अली बाबा का घर पहचान लेता है तो उस घर के बाहर क्रॉस का निशान लगाकर अपने सरदार को बताने चल देता है। अगली सुबह चालीस चोर आते हैं।

पर, हर घर के बाहर क्रॉस के निशान देख चकरा जाते हैं। चालीस चोर मिलकर भी अली बाबा का घर नहीं ढूँढ़ पाते हैं। हालाँकि, कहानी में यह समस्या चालीस चोरों की है। लेकिन, मुझे लगता है कि यही स्थिति इन दिनों इस देश के सभी शहरों की होती जा रही है। हो सकता है कि अगली बार वर्षों बाद फिर जब हम अपने शहर लौटें तो अपने ही रास्ते, चौराहे और अड्डे ढूँढ़ते फिरें।

शहर चाहे अहमदाबाद हो या जयपुर, सूरत हो या भोपाल। सबके नए-नए नक्शे और मास्टर प्लान एक जैसे होते जा रहे हैं। लिहाज़ा, मुझे तो सारे शहर कुछ-कुछ एक जैसे दिखाई देने लगे हैं।

असल में विकास के मॉडल की धुरी जिस शहरीकरण पर टिकी है, उसकी अँधाधुँध गति एक विकटतम समस्या बनती जा रही है। भारतीय जनगणना के तथ्य बताते हैं कि इससे शहर और गाँव के बीच की खाई दिनोंदिन चौड़ी होती जा रही है। इसी के समानांतर अमीरी और गरीबी की खाई भी चौड़ी होती जा रही है। कार्यशील युवाओं की श्रम-शक्ति शहरों तक सीमित होकर रह गई है।

भारत की वर्तमान आबादी का लगभग इकतीस फ़ीसदी इन्हीं शहरों में बसा है। अनुमान है कि वर्ष 2030 तक चालीस फ़ीसदी आबादी शहरों में रहने लगेगी। शहरों की बढ़ती आबादी के अनुपात में घटती बुनियादी सुविधाओं की वजह से समस्या जटिल होती जा रही है। सड़क, पानी, बिजली, सीवेज, परिवहन, शिक्षा, स्वास्थ्य की कमी और वितरण में असमानता अराजकता को बढ़ावा दे रही है। शहर 'नरक' कहलाए जाने लगे हैं। हालत यह है कि एक बड़ी आबादी को घर का मालिकाना अधिकार तक हासिल नहीं है। अधिकतर लोगों के लिए शहर आख़िरी चारा है, जो गरीबी, बेकारी, सूखा, बाढ़, भूकंप, कर्ज़, उत्पीड़न और अन्य व्यक्तिगत परेशानियों के चलते शहर आते हैं।

दूसरी तरफ़, बड़े शहर देश की प्रगति के केंद्र बनने से उत्पादन, बाज़ार और संपत्ति के केंद्र भी बन रहे हैं। इसलिए, गाँव के निर्धन एक ठीक-ठाक आमदनी की उम्मीद में शहर भागे आ रहे हैं। यहाँ आकर ये पूँजी की प्रकृति, आबादी के बोझ और अरबन सिस्टम के पैरों तले कुचले जा रहे हैं। एक शहर में कई तरह की असमानताएँ फल-फूल रही हैं। लिहाज़ा, यहाँ भी इनकी दुर्दशा हो रही है। यह सब देख समझ नहीं आ रहा है कि गाँव की निर्धनता ज़्यादा विकराल है या शहर की निर्धनता।

खैर, तभी मैंने भोपाल से भरत भाई को कॉल करके सूरत की खैर-ख़बर जाननी चाही। मालूम चला कि विठ्ठल भाई नहीं रहे। उनका पाटीचाल वाला मकान

तोड़ा जा चुका है। उनके बेटे भाड़े के मकान में रह रहे हैं। जब अल्फ्रेड भाई के बारे में पूछा तो ख़बर मिली कि कैंसर के कारण बहुत कम उम्र में अल्फ्रेड भाई की भी मौत हो चुकी है। अल्फ्रेड भाई ने सूरत में मेरे साथ अपने शहर के हर परिवार के सिर पर मज़बूत छत का सपना साझा किया था। वे लंबे समय से सूरत के कई घरों को बचाने और बेघरों को घर दिलाने की लड़ाई लड़ रहे थे।

अल्फ्रेड भाई के अचानक ही चले जाने की ख़बर सुनकर मेरी आँखें भर गईं। तुरंत पलकें बंद कर लीं। फिर स्मृतियों के अपने अनंत आसमान में पहुँचकर उन्हें ट्रैक करना शुरू किया। सूरत से मुंबई जाने वाली शताब्दी जब छूटने को थी तो उन्होंने ही मुझे अपनी मोटरसाइकिल से प्लेटफ़ॉर्म छोड़ा था। मैंने भागते-भागते अपना डिब्बा पकड़ा था। और एक बार भी पीछे मुड़कर अल्फ्रेड भाई को नहीं देखा था। यदि ज़रा भी लगता कि अल्फ्रेड भाई से वह आख़िरी मुलाकात साबित होगी तो उस दिन सूरत-मुंबई शताब्दी छोड़ ही देता।

जब तक आँखों के सामने अँधेरा छाया रहा तब तक हाथ घड़ी के सेकेंड के काँटे दिल की धड़कनों के साथ चलते सुनाई दिए। अल्फ्रेड भाई मुझे घंटों याद आए। मैं अल्फ्रेड भाई के लिए देर तक मौन रहा। अंत में एक हाथ हवा में ऊँचा उठाया। और बोला, ''सैल्यूट टु अल्फ्रेड भाई!''

वे तुम्हारी नदी को मैदान बना जाएँगे!

बरमान, मध्यप्रदेश

घाट पर लोग न के बराबर थे। वहाँ सन्नाटा था। सूरज आँखों के सामने आ रहा था। उसकी किरणें ठंडी नदी में तैर रही थीं। फिर भी मैंने चारों तरफ़ गर्म हवा महसूस की। मैंने बिना छुए ही जाना कि आस-पास की चट्टानें हल्की तप रही थीं। हल्की तपती चट्टानों के बीच उस दोपहर एक बूढ़ा आदमी नदी के किनारे ही बैठा बीड़ी सुलगा रहा था।

एक पल मुझे लगा कि यह जलती बीड़ी नदी को किसी भी पल झुलसा देगी और अगले पल उसके आस-पास की बड़ी आबादी तबाह हो जाएगी! मुझे ऐसा यूँ ही नहीं लग रहा था। यह मैंने बाद में जाना।

वर्ष 2011 की 8 मार्च! तारीख ठीक-ठीक इसलिए याद है कि 8 मार्च अंतर्राष्ट्रीय महिला दिवस होता है। वर्ष इसलिए याद है कि उसी वर्ष मुझसे मेरी हकीकत और फसानों का महानगर मुंबई छूट गया था। और वह दृश्य तो मैं बिलकुल भी नहीं भूल सकता हूँ, जब मुंबई से दूर हम बरमान में नर्मदा के सतधारा घाट पर बैठे थे। हम यानी मैं और ज्योति। तब हमारी शादी नहीं हुई थी। शादी से एक बरस पहले वह अकेले मुंबई से भोपाल, फिर भोपाल से मेरे साथ मेरे गाँव मदनपुर अपनी होने वाली ससुराल आई थी।

उन्हीं दिनों में से एक दिन हम मदनपुर से राजमार्ग चौराहा होते हुए वहाँ से महज़ आधे घंटे दूर बरमान में नर्मदा के सतधारा घाट पर बैठे थे। जबलपुर से कोई सवा सौ किलोमीटर दूर नरसिंहपुर ज़िले से बहने वाली सतधारा के साथ बचपन से मेरा रिश्ता रहा है। वजह, एक तो मेरे गाँव की सिंदूरी नदी नर्मदा में मिलती है। फिर, बरमान के सतधारा तट पर हर साल लगने वाला मकर संक्रांति का मेला मेरे बालमन में बसा है।

नर्मदा का अर्थ है, आनंद देने वाली। यह बात सबसे पहले मैंने स्कूल के एक पाठ में पढ़ी। मैंने उस समय ज्योति को बताया कि जब से होश सँभाला है तब से देखा और जाना है कि नर्मदा यहाँ सबकी भूख और प्यास मिटाती आई है।

यह बात उसे भली-भाँति समझ भी आ गई थी। वजह, उसका बचपन भी महाराष्ट्र के सांगली शहर में कृष्णा नदी के किनारे बीता था। लेकिन, कोई दस साल बाद जब मैं सतधारा घाट पर अपनी सदानीरा के पास गया तो देखा कि उसका जल अत्यधिक रीत गया था। बचपन में नर्मदा में बहुत पानी हुआ करता था, जो एक दशक बाद एक पतली धारा में बदलते दिखा। लगा, नर्मदा सतधारा पर जल रही है। हालत इस हद तक पतली हो चुकी थी कि ऊपर पुल से रेत में नदी दिख रही थी, जबकि मेरे लड़कपन तक वहाँ से नदी में रेत दिखा करती थी।

यही वजह है कि अक्सर मैं अपनी जगह नहीं लौट पाता हूँ, नहीं लौटना चाहता हूँ। मैं अपने गाँव, खेत, जंगल, घाट, नदी नहीं लौटना चाहता हूँ। अक्सर मैं मेरे अतीत से जुड़ी कुछ जगहों पर नहीं लौटना चाहता हूँ, जिन्हें मैंने वर्तमान में बार-बार जिया है ज्यों-का-त्यों। बीते दिनों की याद और घटनाओं में बगैर कोई काट-छांट किए हुए। वे मेरी दुनिया के कई किस्सों में अब तक ज्यों-के-त्यों रखे हुए हैं। मैं उनमें ज़रा से बदलाव की कल्पना से सिहर जाता हूँ। मुझे लगता है कि थोड़ा-थोड़ा करके वहाँ सालों में काफ़ी कुछ बदल गया होगा।

इसलिए, सालों से जगह-जगह घूमकर भी मैं अपनी जगह लौटने से रह जाता हूँ। मुझे लगता है कि सालों बाद मैं मेरी जगह लौटूँगा तो उस जगह गाँव, खेत, जंगल, घाट, नदी तो मिलेंगे, पर ज्यों-के-त्यों नहीं मिलेंगे। इतने सालों में चेहरे और नक्शों के अलावा भी तो कितना कुछ बदला ही होगा! मैं जैसा छोड़कर निकला था उससे तो बहुत कुछ बदला ही होगा! और फिर यही तो एक मोर्चा है, जहाँ मैं रत्ती भर समझौते के लिए तैयार नहीं हूँ।

फिर मेरे वर्तमान में मेरा हस्तेक्षप है। इसमें किसी चीज़ के बार-बार टूटने की प्रक्रिया से खास अंतर नहीं पड़ता। इसलिए नहीं पड़ता है कि मुझे यकीन है यदि मैं चाहूँगा तो आख़िरी तक सब सँभाल ही लूँगा। लेकिन, मेरे अतीत को तो मैंने कब से छोड़ दिया है स्वतंत्र। और मुझे लगता है कि अतीत की किसी चीज़ के होने या न होने या टूटने या बिखरने की प्रक्रिया पर अब मेरा कोई बस नहीं रह गया है।

तो उस समय कोई दस साल बाद जब मैं सतधारा घाट लौटा था तो पुल के नीचे वर्तमान में ज्योति के साथ उतरते हुए नर्मदा के रेतीले तट पर पहुँचा। वहाँ हम दोनों ने शीतल धारा में अपने हाथ डुबो दिए। तब धारा की आवाज़ के अलावा उसमें शामिल हो सकने वाली कोई दूसरी आवाज़ सुनाई नहीं दे रही थी। यहाँ तक कि आकाश में उड़ने वाले पक्षियों की आवाज़ें भी नहीं। लेकिन,

तभी एक हैरान कर देने वाला दृश्य सामने था।

हमारे करीब ही एक बाबा ने सतधारा में आँखें बंद कर एक हाथ कान पर धर दिया था। मानो वह अर्धनग्न-अधेड़ बाबा डूबकर शांत सुर में नदी की आवाज़ सुन रहा हो। मैंने उसे सिरफिरा जान कर जल्द ही वहाँ से ध्यान हटा भी लिया था। लेकिन, वह ताड़ चुका था कि मैं उसकी हरकत से हैरान हुआ हूँ।

"तुम जानत हो हम का कर रये?" उसने पूछा।

"नदी सुन रये।"

"और?" उसने पूछा।

इस बार मैंने कोई जवाब नहीं दिया तो वह बोला, "मैया कहानी सुना रई है।" मुझे यकीन हो गया कि वह सिरफिरा है। मैं भी थोड़ा दार्शनिक हुआ। सोचा, 'नदी का सुर और संगीत हो सकता है, क्या नदी की कोई भाषा होती होगी जो वह कहानी सुनाएगी!' हम वहाँ से चल दिए और पीछे मुड़कर देखा तो वह धारा पर कान लगाकर वैसे ही सुनता रहा, जैसे नदी सच में उसे कोई कहानी ही सुना रही हो।

फिर मुझे याद आया कि मैं भी तो बचपन में अपने गाँव की सिंदूरी नदी के किनारे बैठकर नदी की आवाज़ सुनता था। दसवीं में मैंने अपनी कल्पना से एक कविता भी लिखी थी। उन दिनों सिंदूरी पर छोटा बाँध बनाने की तैयारी चल रही थी। मैंने जब सुना तो नदी से बात की। यह कविता पुराने, टीन के संदूक में रखी बचपन की डायरी में दर्ज है :

सिंदूरी
तू एक नदी की सरसराहट भर नहीं है
ग्राम मदनपुर के सैकड़ों लोगों की
सहज, सुंदर अभिव्यक्तियाँ तुझमें शामिल हैं
कोई पठार अब तक तुझे
विचलित कर नहीं सका अपनी राह से
भला एक छोटा बाँध रोक सकेगा
नर्मदा मिलन की चाह से।

सिंदूरी पर बाँध बन चुका था। उसका निर्मल प्रवाह रोका जा चुका था। दसवीं की वह कविता याद करते ही मेरे भीतर एक प्रेरणा आई! मैंने तुरंत ज्योति से यह बात साझा की। बताया कि अब तक मैंने नर्मदा को अलग-अलग समय में

अलग-अलग घाटों से देखा है। लेकिन, अब मैं इसे एक तारतम्य में देखने और सुनने के लिए इसके प्रारंभ से कुछ सौ किलोमीटर की यात्रा करना चाहता हूँ। यही पाँच, छह, सात-आठ सौ किलोमीटर की। इसकी वर्तमान धाराओं पर जा-जाकर कहानियाँ सुनना और सुनाना चाहता हूँ। वह नहीं समझी। पूछा, "नौकरी छोड़ेंगे! इतनी लंबी छुट्टी देगा कौन?" मैंने कहा, "देखेंगे! अमरकंटक से होशंगाबाद तक भी घूम पाया तो मेरा मकसद पूरा हो जाएगा। प्रेस की नौकरी से हटकर इसके लिए बीस दिन की छुट्टी भी लेनी पड़ी तो ले लूँगा।"

उस दोपहर घरवालों को विवाह पूर्व अपने क्षेत्र में इस तरह हमारा साथ घूमना भले ही अच्छा न लगा हो, लेकिन ज्योति मेरे सकारात्मक विचारों को जानकर खुश हुई। इसके बाद हम कार से घर लौटे। रास्ते में मैं लौटते समय सोचने लगा कि हल्की तपती दोपहरी यदि बूढ़े ने घाट पर बीड़ी न सुलगाई होती तो मुझे मेरे अनुभव और एहसास नदी की कगार पर लगी आग से सचेत नहीं कराते। यदि वह बाबा सतधारा पर कान धर कहानी न सुन रहा होता तो मेरे मन में प्रेरणा नहीं आती। आमतौर पर प्रेरणाएँ विपरीत परिस्थितियों में पैदा होती होंगी।

सतधारा, बरमान से लौटे सात साल हो गए। फिर भी वह घटना और उसके बाद नर्मदा यात्रा की पूरी मानस-कथा मेरे भीतर इस तरह चल रही होती है मानो यह कोई दस-पंद्रह दिन पुरानी बात हो।

~

12 मार्च को हम यात्रा पर हैं। सुबह साढ़े छह बजे ही हम मदनपुर से करेली आए और फिर करेली से हबीबगंज। भोपाल के लिए हबीबगंज जनशताब्दी ट्रेन में बैठ गए हैं। असल में हबीबगंज से अगली ट्रेन पकड़कर मुझे एक अलग दिशा की ओर दिल्ली जाना है और ज्योति को भोपाल एयरपोर्ट पर फ़्लाइट से एक दूसरी दिशा की ओर मुंबई उड़ जाना है...

बस की यात्रा पाँच घंटे से कम रहे तो ही ठीक। ट्रेन की बात कुछ और होती है! स्कूल के दिनों में कुछ प्राइवेट स्लो-खटारा बसें गाँव से बाहर निकलने का मुख्य ज़रिया हुआ करती थीं। वे बहुत ही ज़्यादा समय खा जाती थीं। गाँव से डेढ़ सौ किलोमीटर दूर भोपाल पहुँचने में ही छह-छह घंटे लगा देती थीं। ट्रेन में मैं पहली बार भोपाल के हबीबगंज से इटारसी स्टेशन के लिए कोई नौ साल की उम्र में बैठा था। दूसरी बार, ठीक ग्यारह साल बाद बीस साल की

उम्र में हबीबगंज से नागपुर स्टेशन के लिए। फिर यात्राओं का ज़्यादातर हिस्सा धड़धड़ाती ट्रेनों में ही गुज़रा।

उसके बाद तो ज़िन्दगी में रह-रहकर कई सुरंगों से गुज़रने का दौर शुरू हुआ। कभी छोटी सुरंग, तो कभी बड़ी सुरंग। एक के बाद दूसरी और तीसरी और चौथी सुरंग। खुले मैदान और मोड़ों से फिर उन्हीं सुरंगों का अँधेरा। साथ हल्की रोशनी। जैसे नदी में पानी का साम्राज्य, पहाड़ों पर पत्थरों का साम्राज्य, जंगलों में वृक्षों का साम्राज्य वैसे ही सुरंगों में अँधेरे का साम्राज्य। जैसे नदी, पहाड़, जंगल में जीवन वैसे सुरंगों के भीतर अँधेरे में भी जीवन का एहसास।

फिर दिन बदले, दुनिया घूमी लेकिन बचपन की कहानियों के रहस्य-रोमांच से अँधेरा नहीं छंटा। रहस्य-रोमांच जिज्ञासाओं को जन्म देते और जिज्ञासाएँ एक जगह ठहरने कहाँ देती हैं! वे तो एक से दूसरे, तीसरे और चौथे-पाँचवें पड़ाव पर ले जाती हैं। हर पड़ाव अपना एक मकसद हासिल कर लेता है।

यात्रा में कुछ पहाड़ मिलते हैं, तो कोई-न-कोई नदी भी। किसी आदमी में पर्वत होता होगा, जो उसे स्थिर बनाए रखता होगा। मुझमें शायद नदी बहती होगी, जो मुझे नज़दीक की नदियों की तरफ़ खींचती रहती है।

जब कभी छोटी-छोटी यात्राओं के दौरान सुरंगों से बाहर निकलने का मौका मिला, तो किसी नदी ने ताज़गी और उत्साह से भर दिया। हालाँकि, कई बार छोटी-से-छोटी यात्रा का ख़याल भी नीरसता पैदा कर देता है। लेकिन, मैंने अपनी छोटी-से-छोटी यात्राओं में भी यह जाना कि एक यात्रा भी किसी नदी की तरह यात्री को सरस ही नहीं, सरल भी बना देती है।

दिन बदले, दुनिया ज़रा और घूमी तो मैंने जाना कि यात्रा के पीछे भी कई कारण हो सकते हैं। जैसे—खुशी, प्यार, पुण्य, तकरार, आज़ादी और सरोकार इत्यादि।

और ट्रेन में इसी समय यात्रा के दौरान मुझे एक और यात्रा की प्रेरणा हासिल हुई है। मेरी सीट खिड़की वाली है, लेकिन जिस स्थिति में है उस जगह से यात्रा करते लगता है कि ट्रेन मुझे उलटी दिशा में ले जा रही है।

अक्सर ऐसा ही होता है। उस सुबह मैंने चलती ट्रेन से खिड़की के बाहर देखा तो गाडरवाड़ा से पिपरिया और होशंगाबाद होकर हबीबगंज स्टेशन के रास्ते कई छोटी और हरी-भरी पहाड़ियाँ उलटी दौड़ती दिख रही थीं। मैं अपना चेहरा देख तो नहीं सकता हूँ, लेकिन महसूस कर रहा होता हूँ कि चेहरे से सुबह की थकान गायब है। लगा, हवा में ठंडक तैरने लगी है। घर, परिवार और गाँव से

बिछड़ने की टीस मिटी जा रही है। इससे पहले मैं जिज्ञासावश यह देख पाता कि वह कौन-सी जगह है, ज़िन्दगी मुझे धड़धड़ाते हुए उलटी दिशा की ओर एक नई सुरंग में ले गई...

~

'माँ रेवा...तेरा पानी निर्मल...कल-कल बहता जाए रे'...! रेवा का यह गीत जिसे 'इंडियन ओसियन' वालों ने ज़्यादा पॉपुलर कर दिया है, सुन रहा हूँ। इसे सुनते ही रेवा की निर्मल और कल-कल धारा मेरे भीतर बहने लगी है। रेवा यानी नर्मदा की यह धारा असल में मध्यप्रदेश की जीवनरेखा है, जो महाराष्ट्र, गुजरात से गुज़रते हुए करोड़ों जन का भाग्य भी तय करती है। लेकिन, आज 20 मार्च को जब मैं अकेले ही दिल्ली के लक्ष्मीनगर से ऑटो में निज़ामुद्दीन रेलवे स्टेशन की ओर जा रहा हूँ, तो बीते आठ दिनों के शोध के बाद मेरे मन में अथाह पानी के भीतर सदियों से समाए काले पत्थर अपना पूरा पथरीलापन लिए उभर रहे हैं।

दिल्ली से बहुत दूर जब अपनी जड़ों की ओर लौट रहा हूँ, तो सायास इस गीत को गुनगुना भी रहा हूँ और अपने बचपन की नदी के बारे में यह सोचकर डर भी रहा हूँ कि नदी की यह निर्मल, कल-कल धारा कहीं इन सुरों में ही दर्ज होकर न रह जाए!

सोच रहा हूँ, वाशिंगटन डीसी के 'वर्ल्ड रिसोर्सेज़ इंस्टिट्यूट' की रिपोर्ट पढ़ने के बाद और दिमाग में चल भी क्या जा सकता है! यह रिपोर्ट नर्मदा को दुनिया की छह सबसे संकटग्रस्त नदियों में शामिल बता रही है। नर्मदा बनी ही जंगलों से है और यह अब तक बची भी रही है तो इसलिए कि एक ओर सतपुड़ा तो दूसरी ओर विंध्याचल की पर्वतमालाओं ने इसे काफ़ी हद तक ढँका हुआ था। लेकिन, आठ दिनों के भीतर मैंने पढ़ा-जाना कि इन पर्वतमालाओं में जंगलों की लगातार कटाई ने नर्मदा के अस्तित्व पर प्रश्नचिन्ह लगा दिया है। जब कभी महीने भर बाद दिल्ली लौटता हूँ, तो शहर का नक्शा बदला हुआ लगता है।

पिछली दो शताब्दियों में नर्मदा तट का भूगोल जितना नहीं बदला था उतना बीस साल में बदल गया है! फिर ऑटो के बाहर दिल्ली की सड़क देखता हूँ, विकास मार्ग पर 'बरकतउल्ला विश्वविद्यालय, भोपाल' के शोध का सार याद दिलाता है कि नर्मदा का तटीय इलाका कभी एक हज़ार मीटर तक चौड़ा हुआ करता था, जो अब घटकर किनारों से सट गया है। विकास का मार्ग यहाँ भी चौड़ा है और वहाँ भी। इतना चौड़ा है कि बड़े बाँधों और खुदाई की बड़ी मशीनों

ने नर्मदा का सैकड़ों मील लंबा तट लील लिया है। आज़ादी के बाद सबसे तेज़ गति से ज़ंगल कट गए हैं। मैंने 'केंद्रीय जल आयोग' की रिपोर्ट हासिल की तो मालूम हुआ कि नर्मदा में उसकी क्षमता का आधा ही जलभराव हो पाता है और वह भी लगातार घटता जा रहा है।

प्रगति मैदान पहुँचते ही मन में आया कि नर्मदा बहेगी तभी तो रहेगी! लेकिन पाँच बड़े बाँधों से इसका जल बहना बंद हो गया है। फिर भी यह ज़िंदा है, लेकिन मैंने सरकारी घोषणाओं से जाना कि सरकार जबलपुर से नरसिंहपुर के बीच किनारे-किनारे झुंड-के-झुंड कोयले वाले बिजलीघर बनाने जा रही है। लगा कि इसकी मौत तय है। बिजलीघर नदी को तो चूसेंगे ही, बदले में छोड़ी जाने वाली राख से उसे खाक भी कर देंगे। फिर जबलपुर के भूकंप केंद्र कोसमघाट से चालीस किलोमीटर दूर चुटका में बनने वाले परमाणु बिजलीघर ने मुझे कँपा दिया। यह भले ही कभी जापान जैसा हादसा न दोहराए तो भी अपने विकिरणयुक्त जल से नर्मदा में ज़हर तो भर ही सकता है!

यात्रा के दौरान मुझे 'पुणे विद्यापीठ' द्वारा वर्ष 2002 में किया गया शोध-कार्य हासिल हुआ है। इसने बताया कि व्यापक स्तर पर मौसम के बदलाव से नर्मदा घाटी की जल उपलब्धता पर बहुत बुरा प्रभाव पड़ा है। इससे छोटे-छोटे अंतराल में कभी प्रलयकारी बाढ़ तो कभी भयावह सूखा पड़ेगा। बीती शताब्दी के शुरुआती पचास सालों के मुकाबले गुज़रे साठ सालों में विकराल बाढ़ की आवृत्ति में तेज़ी से बढ़ोतरी हुई है। मैंने आईआईटी, नई दिल्ली का छह साल पुराना शोध-कार्य ढूँढ़ निकाला। इसकी मानें तो ग्रीन हाऊस गैसों का प्रभाव बढ़ने से बरसात और नर्मदा के जल की उपलब्धता में खासी कमी आएगी। 'भारतीय मानक संस्थान' की रिपोर्ट हाथ लगी तो जाना कि नर्मदा का पीएच स्तर 9.02 हो गया है। आँकड़ों से यही निष्कर्ष निकाल पाया हूँ कि नर्मदा में प्रदूषण अपने खतरनाक स्तर पर पहुँच चुका है।

मथुरा रोड से होकर स्टेशन के बाहर उतरता हूँ और ऑटोवाले को किराया देकर स्टेशन में दाखिल होता हूँ। यहाँ बहुत सारी ट्रेनों और भीड़ को देख मेरे ज़ेहन में अकेले इंदौर की औद्योगिक पट्टी पर ही तेरह सौ से अधिक इकाइयों के प्रदूषण मानकों को धुएँ में उड़ाने वाली तस्वीर आती है। फिर यह बात भी कि गंगा का ज़हरीलापन देखकर सरकार कह चुकी है कि वह गंगा के किनारों पर कोई उद्योग नहीं लगाएगी। नर्मदा के बारे में राज्य सरकार ऐसा क्यों नहीं सोचती है! क्या कुछ साल बाद गंगा प्रदूषण बोर्ड की तरह नर्मदा के लिए भी

कोई प्रदूषण बोर्ड बनाने की योजना चल रही है?

मैं जब सीढ़ियों से नीचे प्लेटफ़ॉर्म पर पहुँच चुका होता हूँ तो मुझे चलती रेल की आवाज़ों में नर्मदा का चीत्कार सुनाई देता है, बोगियों में वह परिदृश्य दिखाई देता है जिसमें कुछ बच्चे ही अपनी माँ की हत्या करने पर आमादा हैं। लेकिन, इस चीत्कार में भी मुसीबतों की फ़िक्र अधिक है, जो उसकी करोड़ों संतानों पर तब आ सकती हैं जब नर्मदा का ममतामयी आँचल उनके सिर पर न रहेगा। और फिर तेज़ी से गुज़रती दो ट्रेनों के बीच एक अंतराल बाद, मैं हूँ...

— 20 मार्च को आज शाम छह बजे निज़ामुद्दीन-जबलपुर एक्सप्रेस से नर्मदा की यात्रा के पहले की यात्रा पर। साइड की लोअर सीट पर।

— समय कोई बीस दिन। लेकिन, वापसी का टिकट नहीं।

— जबलपुर के बाद की यात्रा की कोई तैयारी नहीं। कहीं रेल, बस, दोपहिया, चारपहिया, पैदल और नाव से जाना पड़ सकता है, तैयार।

यह मार्च के आख़िरी दिनों का समय है तो धूप होगी ही। हैंडबैग में गमछा, ताँबे की बोतल, मोबाइल-चार्जर, नर्मदा पर फ़ैक्ट-शीट, अखबार की कतरनें, मिनी लैपटॉप और कपड़े वगैरह।

साथ ही परिचितों की संपर्क-सूची। यह जानते हुए भी कि इनमें से कुछ ही काम आएँगे।

दिल्ली से जबलपुर की यह पंद्रह घंटे लंबी मेरी पहली यात्रा है, लेकिन यात्राएँ मेरी दिनचर्या-सी हो गई हैं, इसलिए एक हज़ार किलोमीटर की दूरी भी नजदीक ही लग रही है। जबलपुर नर्मदा किनारे का प्रमुख शहर है। यह नर्मदा के उद्‌गम स्थल अमरकंटक से कोई ढाई सौ किलोमीटर दूर है।

एक वह दौर भी था जब बारहवीं पास होने तक मैंने जबलपुर देखा नहीं था और नेशनल हाइवे-12 पर भोपाल के विपरीत मेरे गाँव से सवा सौ किलोमीटर दूर होने के बावजूद जबलपुर मुझे एक दूसरी दुनिया की तरह बहुत दूर लगता था। लेकिन, उस समय दिल्ली से जबलपुर की ट्रेन पर सवार खटर, खटर, खटर, खटर के बीच मैं यात्रा में होकर भी यात्रा में शामिल महसूस नहीं कर पा रहा हूँ।

दरअसल, मुझे पता है कि मेरे भीतर की नदी जबलपुर आने के बाद ही हिलोरें मारना शुरू करेगी और नर्मदा के प्रति मेरा पुराना राग जबलपुर के भेड़ाघाट पहुँचकर अपने चरम पर आ जाएगा। नर्मदा के कई घाट मेरे लिए अपरिचित जान पड़ रहे हैं, इसलिए देर रात नर्मदा नदी पर हर पड़ाव की कल्पना और अधिक आकर्षित करने लगी है।

आज 21 मार्च की सुबह आठ बजे जब जबलपुर रेलवे-स्टेशन पहुँचा हूँ, तो ट्रेन से उतरने वाले हर यात्री की थकान अपने चेहरे पर महसूस कर रहा हूँ। कुछ इस तरह कि सुबह ही पूरा जबलपुर शहर थका-थका लग रहा है। स्टेशन से नज़दीक ही सिविल लाइन स्थित एक होटल पहुँचने तक दिल्ली की दौड़-भाग दिमाग पर इस कदर हावी है कि ऑटो रिक्शा से शहर की सड़कों से गुज़रते हुए सब शांत-शांत लग रहा है। यह एक बड़े शहर से छोटे शहर में आने का असर है।

बचपन में मेरे लिए जो महज़ एक बड़ा अनजान शहर था, आज यहाँ वापस लौटा हूँ तो यह रानी दुर्गावती, ओशो और हरिशंकर परसाई का कस्बाई-शहर लग रहा है। जबलपुर, जिसका इतिहास कितना ही बृहत् क्यों न हो, पर मुख्यत: इस शहर पर राजगौड़, मराठा और ब्रिटिश राज की छाप दिखाई देती है। मध्य भारत के इस शहर में इतिहास, साहित्य, संस्कृति, दर्शन और राजनीति आपस में गुँथे हुए हैं तो कहीं-न-कहीं यहाँ विस्थापन की टीस भी शामिल है। वजह, नर्मदा नदी के किनारों से पहला विस्थापन सन् 1972 में तब शुरू हुआ जब यहाँ बरगी में नर्मदा पर पहला बड़ा बाँध बनाना तय हुआ।

जबलपुर में दो दिन रुकता हूँ। दो दिनों में यहाँ बरगी बाँध विस्थापितों के अधिकारों के लिए संघर्ष करने वाले राजकुमार सिन्हा, नर्मदा पर यात्रा वृत्तान्त लिख रहे छायाकार रजनीकांत यादव, प्रस्तावित कोयला बिजलीघरों के कारण नर्मदा पट्टी पर आए संकट का विरोध करने वाले रजनीश दुबे, अधिवक्ता जयंत वर्मा और न्यूज़ चैनल संवाददाता, मेरे दोस्त विश्वजीत राजपूत से विस्तार से बातचीत हुई है।

जबलपुर से निकलते समय राजकुमार सिन्हा और रजनीकांत यादव का एक सवाल कॉमन है, ''ज्ञानरंजन जी से मिले!'' साहित्यकार ज्ञानरंजन जी का नाम तो मैंने कई दफ़ा सुना था, लेकिन उनके रचे साहित्य से अनजान था। इतना कि यही नहीं पता था कि उन्होंने लिखा क्या है! 'अनजान', 'पिता', 'घंटा', 'फ़ेंस के इधर-उधर' और 'हास्यरस' जैसी उनकी कहानियाँ बहुत बाद में पढ़ीं।

इन चार-पाँच लोगों से अलग-अलग बातचीत के दौरान इस मुकाम पर पहुँचा हूँ कि मुझे यात्रा और लिखने के दौरान फिर एक बार पीड़ा और यातनाओं के दौर से गुज़रना होगा। जाने वो कैसे लोग थे जिन्हें लिखते समय आनंद हासिल हुआ! खैर, जबलपुर से निकलते समय मेरे पास अलग-अलग जगहों पर मददगारों की एक और सूची है। एक मोटा खाका भी।

यह तो तय था ही कि नर्मदा को धर्म और आध्यात्म की नज़र से हटकर

देखूँगा, लेकिन यहाँ मेरे भीतर से नदी क्षेत्र को एक सामाजिक दृष्टिकोण से देखने की हूक उठी है। मैं समाजशास्त्री तो नहीं हूँ, हाँ फिर भी नदी किनारे का आदमी तो हूँ ही। मुझे अब यह भी समझ आ गया कि यदि मैं मेरे 'मैं' और 'मेरी यात्रा' से बाहर नहीं निकला तो नर्मदा की यात्रा अपना मकसद खो देगी।

इसके अलावा नर्मदा सिर्फ़ सौंदर्य का नाम नहीं है, घाट-दर-घाट, जंगल-दर-जंगल, गली-दर-गली, कूचे-दर-कूचे यहाँ आज कई तरह की विभिन्नताएँ और समस्याएँ हैं कि इस यात्रा को तारीखों में बाँधना ठीक नहीं होगा। इसलिए, यात्रा को तारीखों की बजाय पड़ाव-दर-पड़ाव मुद्दा आधारित बना रहा हूँ। जैसे,

अमरकंटक : बाक्साइट खदानों में खनन और तापमान

डिंडोरी और मंडला : जंगलों की अँधाधुँध कटाई और लकड़ी तस्करी

चुटका : परमाणु बिजलीघर के खतरे और बहु-विस्थापन

बरगी : बड़ा बाँध, अधूरी नहरें, खेती तथा जीव-विविधता पर संकट

जबलपुर से होशंगाबाद : कोयला बिजलीघरों से नई आफ़त और मैकेनाइज़्ड फ़ार्मिंग के साइड इफ़ेक्ट

डिंडोरी से भोपाल : बड़े शहरों से लेकर छोटे कस्बों तक नर्मदा के पानी की माँग, ठेकेदार और प्रदूषण।

जबलपुर से कोई ढाई सौ किलोमीटर दूर कुछ अनजान जगहों से होकर मैं दोपहर एक सुपरफ़ास्ट बस से अमरकंटक पहुँच जाता हूँ, यहीं से नर्मदा निकलती है, यहाँ से करीब तेरह सौ किलोमीटर बहकर नर्मदा अरब सागर खंभात की खाड़ी में मिलती है।

अमरकंटक, समुद्रतल से हज़ार मीटर ऊँचाई पर स्थित एक पहाड़ी क्षेत्र है। इसे नदियों का मायका कहा जा सकता है, क्योंकि नर्मदा के अलावा यह सोन और जोहिला जैसी नदियों का उद्‌गम स्थल भी है। अमरकंटक, मध्यप्रदेश के अनूपपुर ज़िले का छोटा-सा कस्बाई क्षेत्र है, जहाँ पर्यटक नर्मदा-कुंड के अलावा नर्मदा के जलप्रपात कपिलधारा और दूधधारा तथा माई की बगिया वगैरह देखने आते हैं। लेकिन, इन सामान्य बातों से हटकर आमतौर पर यहाँ आने वालों की आँखें जो नहीं देख पाती हैं, वह है पहाड़ी और नदी के बीच एक विशेष किस्म का रिश्ता।

पहाड़ी के पत्थरों की विशेषता है कि ये स्पंज की तरह पानी सोखते हैं और उसी पानी को नदी-तंत्र में छोड़ते रहते हैं। लेकिन, अमरकंटक पहाड़ी क्षेत्र में नर्मदा नदी का मैलापन बता रहा है कि पहाड़ी और नदी का यह रिश्ता टूट रहा

है और नदी की सेहत बहुत नाज़ुक है। अमरकंटक में ही नर्मदा सबसे अधिक मैली हो चुकी है, यह कहना है मध्यप्रदेश प्रदूषण नियंत्रण बोर्ड का। बोर्ड का कहना है कि यहाँ बड़े पैमाने पर उत्खनन से निकले खनिजों ने नर्मदा में घुलकर इसका प्रदूषण इस हद तक बढ़ा दिया है कि यह जैविक तत्वों को पचा डालने की ताकत खो रही है।

24 मार्च की दोपहर एक भोजनालय में खाना खाने के बाद मैं नर्मदा कुंड के नज़दीक हूँ, दो बजे अमरकंटक का तापमान पैंतीस डिग्री सेल्सियस पार हो रहा है। मेरे पास अनूपपुर निवासी और वरिष्ठ पत्रकार अमन नम्र की एक ताज़ा रिपोर्ट है, जो यहाँ के तापमान में बढ़ौतरी को पहाड़ और जंगल के अनियंत्रित दोहन का परिणाम बता रही है।

रिपोर्ट कहती है, साठ के दशक में शून्य से 10 डिग्री कम तापमान में ठिठुरने वाले अमरकंटक को अब मई-जून में 42 से 44 डिग्री की झुलसाने वाली गर्मी बर्दाश्त करनी पड़ रही है। यहाँ हर दशक में दो डिग्री तापमान बढ़ रहा है। सन् 1974 तक यहाँ औसत सालाना बारिश 62 इंच थी, जो घटकर 44 इंच के नीचे पहुँच चुकी है।

मैंने यहाँ से मोबाइल पर भोपाल के अमन नम्र से संपर्क साधा। उन्होंने बताया कि राज्य सरकार ने बहुत पहले एक सर्वे कराया था। सर्वे में अमरकंटक में छह सौ से ज़्यादा वनस्पतियाँ पाई गई थीं। दुर्लभ जड़ी-बूटियों और बाक्साइट की खदानों में अधिकतम उपभोग के कारण अमरकंटक की यह दुर्दशा हो गई है। सन् 1962 से बॉक्साइट की जो खदानें खुलीं, उनमें एक हज़ार हैक्येटर से अधिक ज़मीन पर खुदाई का पट्टा दिया गया था। हालाँकि, सरकार ने सन् 1990 के बाद कंपनियों को नई खदानों का पट्टा देने से इनकार कर दिया। लेकिन, अमरकंटक में बॉक्साइट की खदानों की खुदाई ने जलस्तर पाँच सौ फ़ीट नीचे पहुँचा दिया है।

यही वजह है कि अब नर्मदा-कुंड (जहाँ नर्मदा पहाड़ की कोख से निकलकर पहाड़ की गोद में आती है) और उससे एक किलोमीटर दूर माई की बगिया (जहाँ नर्मदा पहली बार दिखकर लुप्त होती है) के बीच का दलदल सख्त होता जा रहा है।

अमरकंटक में कई बाबाओं की धर्मशालाएँ हैं। ऐसी ही एक धर्मशाला में मेरी रात गुज़र गई। फिर अलसुबह एक गिलास गर्म चाय पीकर डिंडोरी की ओर जाने से पहले रास्ते में मेरी एक साधु महाराज से बातचीत हुई। मैंने नर्मदा की

दुर्दशा के बारे में पूछा तो उन्होंने जवाब देने की बजाय नर्मदा की ऐसी महिमा बताई जो आमतौर पर नर्मदा किनारे के हर आदमी को पता होती है। वे बोले, "एक बेर गुस्सा में आके मैया लोप हो गईं, मैया को मनाबे और लौटाबे के लाने सभी पहाड़ों से गुहार लगाई गई। सबने मना कर दई। तभई विंध्य आगे आओ। बाने बा की बलशाली भुजाओं में नरबदा की तेज धार हे धारण कर लई। बो नरबदा हे लोटाबे में सफल भओ।"

यदि मिथकों में सचमुच इतिहास के सूत्र होते हैं तो मैं देख रहा हूँ कि अमरकंटक में इतिहास दोहराने लायक नहीं बचा है। वजह, बॉक्साइट की खदानों में लगातार खनन ने विंध्याचल पर्वत को इस हद तक खोखला बना दिया है कि भविष्य में वह किसी भी नदी की तेज़ धार को धारण नहीं कर सकेगा। विंध्याचल पर्वत ज्वालामुखी से निकले काले पत्थरों के कालांतर में बॉक्साइट और मुरूम में बदलने की विशेषता के चलते कई खनन ताकतों के लिए लूट की पहली पसंद बना गया है।

चलते-चलते, अमरकंटक से सारतत्व यह है कि जिस नर्मदा के दोहन के लिए पूरी घाटी में परियोजनाओं का जाल बिछाया जा रहा है, वह अपने उद्गम पर ही सूख रही है। अमरकंटक काल के कंठ में है।

~

एक ओर, अमरकंटक के बाद जगह-जगह जंगल को घेरती और अपने आप में सहायक नदियों को समाती हुई नर्मदा आगे बढ़ जाती है। दूसरी ओर, मैं अमरकंटक से सड़क-मार्ग के ज़रिए नब्बे-सौ किलोमीटर डिंडोरी ज़िले की तरफ़ बढ़ रहा हूँ। इससे पहले एमपी स्टेट हाइवे की इस सड़क से होकर मैं कभी नहीं गुज़रा था। मुझे चलती टैक्सी और वृक्षों से होकर आती हवा के साथ घुली-मिली आवाज़ें एक छोर से दूसरे छोर ले जा रही हैं। चलती टैक्सी के साथ सूरज फिर मेरे माथे के बल चल रहा है। जब-तब पीछे मुड़कर देखता हूँ तो सोचता हूँ कि नदी के साथ चलना भर नदी की यात्रा नहीं होती है।

नदी के समानान्तर इसके विशाल जंगल और समृद्ध जल-संग्रहण क्षेत्र को आत्मसात् करते हुए आबाद छोटे गाँवों को नापना भी नदी की यात्रा होती है। नर्मदा को जंगल से काटने के पहले बड़े दृश्य चटख धूप और खुले आकाश में बहुत साफ़ दिखाई देते हैं। नर्मदा के उद्गम के साथ एक और धारा बहती है।

इसमें शामिल हैं हरियाली में सूखे के चिन्ह, सन्नाटे में खतरों के संकेत, सहज संसार में सरकारी दमनचक्र की मार, निश्छल भावनाओं के बीच घुसपैठिए, आधुनिकता विध्वंस के बिम्ब और कुछ और ध्वनियाँ।

नर्मदा जंगल से पैदा हुई नदी है। नर्मदा ग्लेशियर से निकली गंगा नहीं है कि बर्फ़ पिघली और पानी नदी की माफ़िक बहने लगा। इसलिए, नर्मदांचल में जंगल की सबसे बड़ी उपयोगिता नर्मदा का जल माना गया है। जंगल का हर वृक्ष यहाँ दोहरी भूमिका अदा करता है।

अव्वल तो यह बादलों को वो ठंडक देता है, जिससे वे बरसने पर मजबूर हो जाते हैं। दूसरा, यह बरसात के पानी को चौतरफ़ा फैली अपनी जड़ों से रोकता है। जड़ों में रुका हुआ यही पानी बारह महीने आहिस्ता-आहिस्ता नदी में रिसता रहता है। खास तौर से गर्मी के दिनों में। नर्मदा और उसकी सहायक नदियाँ बारहमासी यूँ ही नहीं कहलाती हैं!

किंतु, आज बादलों को जो ठंडक चाहिए वह जंगल कटने से कम हो रही है। इस इलाके के जंगल टहनियों से जड़ों तक तेज़ी से साफ़ हो रहे हैं। इसलिए, शिखर से जड़ों, जड़ों से ज़मीन और फिर ज़मीन के भीतर से नदी में पानी ले जाने वाली लाइनें टूट रही हैं। इसलिए, नर्मदा की लय-ताल के साथ ही पूरे इलाके की लय-ताल टूट रही है।

उत्सुकताओं के सफ़र में मैं बार-बार पीछे देख रहा हूँ। आदतन मजबूर हूँ। फिर भी मैं रास्ते में पीछे छूटे कुछ गाँवों के नाम याद नहीं कर पा रहा हूँ, कुछ नाम याद आते-आते फिसल रहे हैं, कुछ के नाम याद करने की कोशिश में बिगाड़ रहा हूँ। बैगाचक यानी बैगा जनजाति बहुल इलाके से होकर बीच-बीच में घना जंगल और आदिवासी। इन्हें देख कर अच्छा लगता है कि लाख उत्पीड़न के बावजूद आदिवासी लोग कहीं तो अपनी जड़ों से अब तक जुड़े हुए हैं। लेकिन, अगले ही क्षण...

"डिंडोरी से आगे मंडला जाते समय देखना नंगी पहाड़ियाँ दिखाई देंगी!" सेराझन गाँव के धनसिंह पहले मुझे और फिर सूरज को ताकते हुए अपनी बात कहते हैं, "दसेक साल पहले तक जंगल इतना अधिक घना था कि यहाँ से सूरज न दिखता था।" हर जगह सूरज उम्मीद का प्रतीक होता है, लेकिन मेरे ज़ेहन से इस भरी दोपहरी उम्मीद की ज़मीन फिर दरक गई। मैं सोच में पड़ गया कि जब कभी नर्मदा की तबाही की बात होती है तो इसके पीछे छिपे इसके सबसे बड़े कारणों में से एक जंगल की तबाही की बात क्यों नहीं होती है?

"हाँ, तो भोग नहीं रहे क्या!" कंरजिया निवासी वीरसिंह ने यह बात इस तरह कही मानो इस दुष्परिणाम के पीछे उनका भी हाथ हो। उन्होंने बताया कि पच्चीसेक साल पहले तक भी रिमझिम बारिश कई दिनों तक होती थी। पानी रुक-रुककर नहीं गिरता था। वह धीरे-धीरे धरती में नीचे बहुत गहरे तक धंसता जाता था। मूसलाधार बरसकर माटी नहीं बहा ले जाता था।

तो कौन खा रहा है यहाँ के इन जंगलों को और क्यों? लोग बताते हैं कि बैगाचक में पच्चीस-तीस साल पहले तक तरह-तरह के वृक्ष (मिश्रित जंगल) हुआ करते थे। फिर साल-बहुल जंगल घोषित करने के बाद कहा जाता है कि यहाँ वन-विभाग की योजनाबद्ध कटाई ने साजा, धावड़ा, हलदू, तेंदू, गराड़ी जैसे कई वृक्षों को उजाड़ दिया। अब यहाँ अस्सी फ़ीसदी साल के वृक्ष हैं। साल में तनाछेदक नामक कीड़े लगने के कारण फैलने वाली महामारी ने नर्मदांचल के जंगलों को काफ़ी नुकसान पहुँचाया है।

और सफ़र में आगे बढ़ते हुए मैंने भोपाल वन-विभाग के पूर्व अधिकारियों से बात की। इस मौके पर बतौर पत्रकार मेरे संपर्क-सूत्र बहुत काम आए। पूर्व अधिकारियों ने बताया कि इस महामारी का पहला बड़ा हमला सन् 1983 में आया था।

तब साल के अलावा वृक्षों की बाकी प्रजातियाँ भी बड़ी तादाद में थीं। इसलिए, पूरे जंगल पर उसका ज़्यादा असर नहीं हुआ। लेकिन, सन् 1995 में जब दूसरी बार आपदा आई तो साल के अस्सी फ़ीसदी वृक्ष प्रभावित हुए। वहीं, मोबाइल पर कुछ जानकारों से बात हुई। वे बताते हैं कि साल बहुल जंगल बनाने के लिए वृक्षों की बाकी प्रजातियों को नहीं काटा जाता तो यहाँ की पहाड़ियाँ ज़्यादा हरी-भरी दिखाई देतीं।

मार्ग पर आगे समनापुर गाँव के कुछ रहवासी एक अलग ही कहानी बता रहे हैं। इनका कहना है कि महामारी का तो डर दिखाया गया, पर बात कुछ और है। मेरा सवाल है, "ऐसा कैसे?" रहवासी बताते हैं कि ऐसा इसलिए कि महामारी की आड़ में साल के कई वृक्षों को काटा जा सके। फिर उनसे बातचीत करते हुए समझ आता है कि साल वृक्ष की लकड़ियों की माँग सबसे अधिक होती है। इसलिए, रहवासियों को लगता है कि करोड़ों रुपए कमाने के लिए महामारी के नाम पर साल का जंगल काटा गया है। साल के एक वृक्ष से बहुत लकड़ी मिलती है। मैंने पूछा, "कितनी?"

इन्होंने हिसाब बताया और मैंने अनुमान लगाया कि यही कोई चालीस

वर्ग फ़ीट। इस तरह तो दो से चार वृक्षों से लाखों रुपए कमाए जा सकते हैं। यही कारण है कि साल की लकड़ियों की तस्करी भी यहाँ ज़ोरों पर होती रही है। स्थानीय रहवासियों ने मुझे यह भी बताया कि वृक्षों को सुखाने के लिए किस तरह से उनके तनों को छील लिया जाता है! और किस तरह कुछ ही दिनों में साल के विशाल वृक्ष खड़े-खड़े सूख जाते हैं!

बहरहाल, शाम होने को है और शाम से पहले मुझे रात ठहरने के लिए एक होटल की तलाश में समनापुर से कोई पंद्रह किलोमीटर दूर डिंडोरी शहर जाना है। जाते हुए मैं फिर पीछे की ओर देखता हूँ तो एक कतार में महिलाएँ कदमताल करती हुईं जंगल के रास्ते घर लौट रही हैं। मानो काम से लौट रहीं ये महिलाएँ उजाड़ के दौर में भी अपनी रचनात्मकता को दर्ज करा रही हों। इस हाल में भी ये सुंदर, सच्ची और दमदार महिलाएँ हैं, जो हारी नहीं हैं, वे अपने परिवार के लिए आज फिर कुछ लेकर ही लौट रही हैं।

डिंडोरी में रात को पत्रकार लक्ष्मीनारायण अवधिया के कार्यालय में गया। वहाँ से जमा की ख़बरों की कतरनें बताती हैं कि अधिकतम राजस्व वसूलने के लिए अधिकारी जंगलों की नीलामी करके उन्हें जबलपुर और बिलासपुर के ठेकेदारों को बेच रहे हैं। लक्ष्मीनारायण अवधिया कहते हैं कि जंगल में ठेकेदारों को कोई खास इन्वेस्टमेंट तो करना नहीं पड़ता है। इसलिए, ऐसे ठेकेदारों के लिए यहाँ के जंगल बड़ी कमाई का ज़रिया बन गए हैं।

चलते-चलते, डिंडोरी से सारतत्व यह है कि जिस जंगल के बूते नर्मदा का अस्तित्व है, उसे ही जड़ सहित खोदा जा रहा है। कटता जंगल, घोर अमंगल!

~

''एक-एक लकड़ी और ईंट कैसे जोड़ी जाती है, यह सरकार को थोड़ी न पता है!''

कुछ घटनाएँ यदि हमारे सामने न घटें तो उनका मर्म हम कभी न समझ सकें, महज़ एक किताबी आदमी बनकर न रह जाएँ! 'बहु-विस्थापन' शब्द से वास्ता एक साल पहले सूरत शहर में हुआ था। और अब तपती हुई इस एक और दोपहर जब चुटका गाँव पहुँचा हूँ तो जयंतीबाई के तजुर्बे मुझे बहु-विस्थापन शब्द की भयावहता और दुख-ताप से रू-ब-रू कराते हैं।

सूरत में शहर से शहर का विस्थापन था। चुटका में गाँव से गाँव का विस्थापन है। दोनों के केंद्र में ग्रामीण हैं, क्योंकि शहर से बारम्बार विस्थापित हो

रहे परिवार आख़िर हैं तो व्यवस्था द्वारा गाँव से खदेड़े हुए लोग ही।

मंडला से जबलपुर सड़क-मार्ग पर बस से पहले नारायणगंज उतरा। फिर नारायणगंज से ऊबड़-खाबड़ रास्ते से होकर भरी दोपहर चुटका गाँव पहुँचा। मंडला से कोई 75 किलोमीटर दूर चुटका में अतीत अपने को दोहरा रहा है, जिसमें तीन दर्जन से अधिक गाँवों की पचास हज़ार से ज़्यादा आबादी की दुनिया का पहिया दूसरी बार विस्थापन पर आकर टिक रहा है।

चुटका जैसे दुर्गम स्थान तक भरी गर्मियों के दिनों में मेरे पहुँचने का सबब यह है कि पहले चरण में यहाँ से चुटका, टाटीघाट और कुंडा गाँवों से चार हज़ार की आबादी को उजाड़ा जाना है, जबकि इसके पहले बरगी बाँध से जिन एक सौ चौरासी गाँवों को उजाड़ा गया था, उनमें ये तीनों गाँव शामिल थे। चुटका, यह वही गाँव है जो परमाणु बिजलीघर के कारण देश भर में सुर्खियों में है, जहाँ परमाणु बिजलीघर से कुल चौदह सौ मेगावाट बिजली पैदा करने की तैयारी की जा रही है।

जयंतीबाई झारिया बरगी जलाशय के किनारे झोपड़ी में अकेली बैठी थीं कि मैं और मेरे साथी सामाजिक कार्यकर्ता नवरत्न दुबे चलते हुए जयंतीबाई के पास पहुँचे। हम उनसे उनके छोटे-से आँगन में बतिया रहे हैं। वे बता रही हैं कि एक-एक लकड़ी और ईंट कैसे जोड़ी जाती है, यह सरकार को थोड़ी न पता है! एक घर जो अपने लिए बनाया था वह तोड़ दिया। दूसरा जो अपने बुढ़ापे के लिए बनाया है वह भी सरकार तोड़ने की ताक में है।

"कहाँ जाएँगे?" यह उम्र के हिसाब से पचासवीं दहलीज़ पार कर चुकीं जयंतीबाई का सवाल है। बरगी बाँध से डूब के बाद अब चुटका से डूब का मतलब है अपनी तबाही के बीते दिनों में लौटना। उन दिनों में उनके पति का तो साथ था, इन दिनों में उनका साथ देने के लिए उनके पति भी ज़िंदा नहीं रहे।

जयंतीबाई की झोपड़ी से उठकर थोड़ी देर के लिए हम बरगी बाँध के जलाशय के किनारे पहुँचे। ज़मीन पर सूख रही एक उखड़े हुए पेड़ की शाख पर बैठे। नवरत्न दुबे जलाशय को खामोशी से ऐसे देख रहे हैं जैसे उसके पानी में चिंता की लहरें तैर रही हों। "सरकार ने छब्बीस साल में एक भी वादा पूरा नहीं किया।" कौन-से वादे? "हर परिवार से एक को नौकरी, पाँच एकड़ ज़मीन, फ़्री बिजली।" और? और मैं ख़ुद सोच रहा हूँ कि जो नदी जीवनरेखा है, इन छब्बीस सालों में कैसे इसके पास होना यहाँ के बाशिंदों के दुखों का कारण भी बन रहा है।

मुझे मालूम है कि विस्थापन का अंत वापसी नहीं होता। जो लोग यहाँ से फिर से उठा दिए जाएँगे वे कभी वापस नहीं लौट सकेंगे, क्योंकि मुझे मालूम है कि विस्थापन की नींव पर घटती विस्थापनों की प्रक्रिया जहाँ-जहाँ दोहराई जा रही है, वहाँ-वहाँ अपनी जड़ों की तरफ़ वापसी संभव नहीं हो पा रही है। विकास इतना हो रहा है कि गाँव उजड़ रहे हैं और शहरों में गाँववालों के लिए पैर रखने की जगह नहीं बच पा रही है।

मेरे ज़ेहन में इन प्रभावों से इतर एक बूढ़ी अम्मा हमारे पास आकर खड़ी हो गई हैं। उम्र, अंदाज़न सत्तर पार। पूछने पर अपना नाम टाटो बताती हैं। टाटोबाई के लिए यहाँ से उजड़ने का मतलब ज़मीन से नहीं ज़िन्दगी से भी उजड़ना होगा। वजह, इस दहलीज़ पर वे अकेली ही हैं। हम टाटोबाई से क्या पूछें, वे हमसे पूछ रही हैं, "इतने कष्ट भोगे हैं, और कितने भोगने हैं!"

कुंडा के पूर्व सरपंच दयालसिंह मिले। उन्होंने बताया, "सरकार ने शुरू से ही हमें अँधेरे में रखा है।" चुटका में जब रात चर्चा हुई तो जाना कि सरकार ने वाकई इन्हें आज तक अँधेरे में कैसे रखा है! बरगी बाँध की बिजली मध्यप्रदेश के बाहर बेची जा रही है और चुटका के लोग आज जलती चिमनी के बीच बैठे बतिया रहे हैं।

यह विडंबना ही है कि जिस चुटका में भारत का परमाणु बिजलीघर बनाने की तैयारी चल रही है वहीं बिजली नहीं है। यहाँ तक कि आस-पास बिजली के खंबे तक नहीं हैं। बरगी बाँध के लिए अपना जीवन बुझाने वालों के घरों में आज भी चिमनी जल रही है। यहाँ से समझा जा सकता है कि जो लोग बिजली के लिए कुर्बानी देने वालों में सबसे आगे होते हैं, वे किस तरह बिजली की रोशनी से बेदखल कर दिए गए हैं। लिहाज़ा, जब भी कोई नेता या अफ़सर राहत का वादा करता है तो वह इन्हें धोखे की पटकथा का नया सूत्रधार क्यों नहीं लगेगा!

अब दूसरी बार धोखा न खाएँ, इसलिए प्रभावितों ने 'चुटका संघर्ष समिति' बनाई है। समिति के दुर्गेश वर्मन की पीड़ा है, "यहाँ तीन गाँवों में मछुआरों की सहकारी समिति है। सब के सब मछलियाँ पकड़कर पेट पालते हैं। अब यहाँ से हटे तो जीने का आख़िरी चारा भी जाएगा। महँगाई में बाहर हमारा गुज़ारा न होगा।" मतलब अब यहाँ रहने लायक हालात बन रहे हैं तो सरकार कहती है, "चलो भैया अपनी घर-गृहस्थी बाँध लो और अपना दाना-पानी कहीं और देखो!"

अगली सुबह जब जाने को हुए तो हमसे मिलने आईं जयंतीबाई कहती हैं, "पहले पानी की आफत आई, अब बिजली की आई, आगे भी आएगी ही, तो

एक बात समझ आ रही है, हमें किसी भी कीमत पर अपनी ज़मीन नहीं छोड़नी है।'' जयंतीबाई के दिल में विरोध है। विरोध ही हर चुटका के बाशिंदे की आख़िरी उम्मीद है। विरोध विस्थापन का। विरोध अपनी जड़ों से उखड़ने का। विरोध भावनात्मक घावों के खिलाफ़, जिनसे ये अब तक उभर नहीं सके हैं। विरोध से विरोध तक के चार दशकों में यहाँ यह जाना जा सकता है कि विस्थापन महज़ एक घटना नहीं है, इस घटना से पैदा हुआ संघर्ष भी है, जो चलता रहेगा।

वर्ष 1997 को जबलपुर में आया भूकंप यहाँ मुझे फिर याद आता है, जिसके झटके देर रात जबलपुर से कोई सवा सौ किलोमीटर दूर मेरे गाँव मदनपुर तक पहुँचे थे। गूगल पर सर्च करने पर पता चला कि 6.5 तीव्रता के इस भूकंप का केंद्र कोसमघाट था। यह चुटका से चालीस किलोमीटर दूर है।

कुछ दिनों पहले भूकंप के कारण जापान में फुकुशिमा की आपदा लाने वाली जलवायु और भौगोलिक स्थितियों को झेल पाने की क्षमताओं के नज़रिए से परमाणु बिजलीघरों पर संदेह किया जा रहा है। वैसे भी वे सारी परिस्थितियाँ सोच पाना असंभव ही है जो बदलती जलवायु भविष्य में अपने साथ लेकर आ सकती है। 'केंद्रीय पर्यावरण मंत्रालय' चुटका परमाणु बिजलीघर पर आपत्ति जता चुका है।

चलते-चलते, चुटका से सारतत्व यह है कि यदि ज़िन्दगी और सुविधा के बीच एक को चुनना हो तो आदमी ज़िन्दगी को चुनेगा। लेकिन, सरकार ने यहाँ दूसरा विकल्प चुना है। लिहाज़ा, यहाँ विस्थापन के बाद एक और विस्थापन की तैयारी की जा रही है। लेकिन बुनियादी सवाल है कि क्यों और किसके लिए?

~

काम से लौटी
थकी, एक गोंडनी माँ
अपने चौथे बच्चे को
बेधड़क दूध पिला रही है।
देवदूत, परियाँ और
उनके किस्से
श्लोक, आयतें और
आश्वासन

सब झूठे हैं
स्तनों से बहा
खून का स्वाद
चोखा है।
'तीस रुपैया'
दिहाड़ी के साथ मिली
ठेकेदार की
अश्लील .फब्तियों से
अनजान है बच्चा।
नींद में
उसकी मुस्कान
नदी की रेत पर
चाँदनी सी पसरी है।
धरती पर बैठी
देखती माँ
बेतहाशा चूमती है
उसके सारे दुख और
सपने!

—जबलपुर, 29 मार्च 2011

जबलपुर में सुबह एक बेहतरीन चाय के बाद, यहाँ से कोई साठ किलोमीटर दूर सूरज की पहली किरण के साथ चलते हुए मैं घंसौर पहुँचा हूँ, जहाँ मध्य भारत की एक बड़ी नदी बिजली के लिए कामधेनु मान ली गई है। लिहाज़ा, इसके पहले कि नर्मदापट्टी के लोग अपने बचाव के लिए कुछ जान, समझ पाते, तब तक मानचित्र पर और एक रेखा खींच दी गई है।

यह रेखा है, विस्थापन और पुनर्वास के अगले दौर की, जिस पर अनगिनत नए गाँवों की बेहिसाब आबादी आ गई है, जिस पर यदि विकास का यह खाका लागू हो गया तो इसके पीछे से निकलने वाली राख पहाड़ों की लंबी श्रृंखलाएँ बनाएगी और कोई आश्चर्य नहीं कि यह ऐतिहासिक नदी इतिहास बन जाए।

अगली कुछ पंक्तियाँ अखबार की सूचनाओं की तरह हैं कि घंसौर में एक थर्मल पॉवर प्लांट प्रस्तावित है, प्रति घंटा छह सौ टन कोयला उपयोग में लेने वाला यह प्लांट हर घंटे डेढ़ सौ टन राख निकालेगा। ऐसा दावा है एजेंसी का।

हालाँकि, जानकारों का दावा है कि घंसौर में एजेंसी खतरे को बहुत कम आँक रही है। दरअसल, इस हिसाब से यह प्लांट प्रति घंटा ढाई सौ टन राख निकालेगा। मैं विशेषज्ञ नहीं हूँ, लेकिन यह बात तो तय है कि प्रति घंटा डेढ़ सौ टन राख निकले या ढाई सौ टन, राख के निपटान का एकमात्र उपाय नर्मदा का किनारा ही होगा। लेकिन, बात यहीं खत्म नहीं हो जाती।

यहाँ से थर्मल पॉवर प्लांटों की यह शृंखला आगे जबलपुर, नरसिंहपुर, खंडवा और बैतूल तक जाने वाली है। यहाँ से मध्यप्रदेश की हद में पाँच सौ किलोमीटर तक ऐसे एक दर्जन से अधिक थर्मल पॉवर प्लांट प्रस्तावित हैं।

नर्मदा को एक छोर से देखने के बाद इसे दूसरे छोर से देखना दरअसल इसे नई दृष्टि से देखना है। जबलपुर से साठ किलोमीटर दूर से मैं देख रहा हूँ कि नर्मदा के किनारे 'विकास' शब्द धोखे में रखने के लिए सबसे ज़्यादा इस्तेमाल होने वाला शब्द है। और घंसौर विकास की परिभाषा पर बहस का एक नया पड़ाव, जहाँ सम्पन्न तबके का स्वार्थ साधे बगैर असल जनकल्याण की कोई योजना बनती ही न हो।

नर्मदा की जिस कोख में थर्मल पॉवर प्लांट पल रहे हैं वहाँ के निवासियों को भी अब विकास की परिभाषा समझ आने लगी है। ये भी अब विकास से असहमत नज़र आने लगे हैं। ये विकास के नए-नवेले पीड़ित हैं।

करकबेल निवासी रजनीश दुबे पूछ रहे हैं कि बाँधों की बिजली किसके लिए बनाई जाती है?...उद्योगों के लिए। बरगी बाँध से जो बिजली बनी वह किसानों को मिली?...नहीं। सवा़ल भी उन्हीं के हैं और जवाब भी उन्हीं के पास हैं। सरदार सरोवर और इंदिरा सागर की बिजली कहाँ गई?...गाँवों में आने से पहले शहरों में लुट गई। बिजली बनाने के लिए कई योजनाएँ हैं, लेकिन बिजली के सही इस्तेमाल की एक भी योजना नहीं बन पाई है। क्यों?

कुछ और लोगों से बात की तो जाना कि विपत्तियों और तजुर्बों ने इन्हें जागरूक बना दिया है। नर्मदा पर निर्भर लोग विकास के लगातार हमलों से लड़ते रहे हैं। पीढ़ी-दर-पीढ़ी लड़ाई लड़ने की एक परंपरा बन गई है। यही वजह है कि एक अरसे से तरक्की की तमाम सुंदर तस्वीरें दिखाने और सरकारी वादे होने के बावजूद जगह-जगह से बेदखली के कारण छोटे-बड़े आंदोलन और धरना-प्रदर्शन जारी हैं।

कोई त्रासद यात्रा यदि वह बहुत लंबी हो तो उसे कम-से-कम शब्दों में पिरोना चुनौतीपूर्ण होता है, फिर यहाँ तो अन्याय की हद ही पार हो चुकी है,

मानो विस्थापनों का विकास यहाँ किश्त-दर-किश्त सब खत्म करने पर आमादा हो। यहाँ से इसकी बेदखली हुई तो वापसी बिलकुल नहीं होगी, घंसौर से मुझे यह लगने लगा है कि स्थानीय लोग अपनी नदी को बचाने की आख़िरी कोशिश कर रहे हैं।

दरअसल, नदियों के किनारे बसे लोग थर्मल पॉवर के खतरे जानते हैं। उनके सामने नर्मदा की सहायक नदी तवा के तट पर बसे सारणी कस्बे का उदाहरण है। सारणी में पॉवर प्लांट से निकलने वाली राख ने तवा का पूरा पानी प्रदूषित किया है। सच्चाई (गूगल के सैटेलाइट मानचित्र पर) तीन सौ किलोमीटर की ऊँचाई से ही दिख गई।

इस मुद्दे पर कई पत्रकार दोस्त कई रिपोर्ट कवर कर चुके हैं। रिपोर्ट बताती हैं कि नदी में नहाने से स्थानीय लोग अपनी चमड़ी जलने की शिकायतें कर रहे हैं। इस इलाके से खासी तादाद में फेफड़े खराब होने के प्रकरण भी सामने आए हैं। राख बहाने से पानी दूधिया हो गया है। मछलियाँ मर रही हैं।

चलते-चलते, घंसौर से सारतत्व यह है कि नर्मदा पर अभी तक के सबसे बड़े हमले की तैयारी की जा रही है।

~

अब नर्मदा के एक छोर से दूसरे छोर तक जीप पर सवार रहते हुए मेरे भीतर का अधूरापन यह सोचकर बढ़ा जा रहा है कि पहली झलक में आने वाले दृश्यों और घटनाओं को देख किसी खास जगह के बारे में कोई कितना समझ सकता है! यही सोचते हुए ग्वारीघाट पहुँचा हूँ तो मानो यह घाट चार दशक पुरानी किसी दोपहर पर अटक गया है, जबकि इस पर संकट के नए बादल मंडरा रहे हैं।

क्या ऐसा हो सकता है कि नदी के दूसरे छोर पर मशीनों के खूँखार पंजे नर्मदा का सीना चीरकर रेत उलीच रहे हों और नदी के पहले छोर पर रेत ही नहीं बची हो। जवाब है—हाँ। नर्मदा के शुरुआती छोर जबलपुर के ग्वारीघाट पर आकर देखता हूँ, यहाँ कई घाटों तक रेत नहीं पहुँच रही है। बरघाट से विस्थापित नत्थूलाल पटेल के साथ जब आस-पास का दौरा किया तो पाया कि यहाँ के दो दर्जन से ज़्यादा गाँवों तक रेत नहीं पहुँच पा रही है। लेकिन, ऐसा क्यों है?

यहाँ सन् 1972 के बाद एक पीढ़ी ऐसी है जिसने रेत, पानी, जंगल, ज़मीन, घाट, उद्योग, धुआँ, बिजली, कॉरपोरेट, दमन, विस्थापन, वादे, राहत राशि, धोखे,

विरोध, पुलिसिया बल, हिंसा, तबाही, अन्याय जैसे शब्दों के बुरे-से-बुरे पहलू को झेला है।

बरगी बाँध विस्थापित संघ के नेता राजकुमार सिन्हा ऐसी ही पीढ़ी का प्रतिनिधित्व करते हैं। इनके साथ ग्वारीघाट और बरगी नगर घूमते हुए जाना कि संकट और संघर्ष किस तरह एक आम आदमी को विशेषज्ञ बना देते हैं। वे मेरे हर सवाल को शांति से सुनते हैं और बड़ी सहजता से बताते हैं।

वैसे इस सेक्टर से जुड़े कई विशेषज्ञों और संस्थानों ने इसका अध्ययन किया है। इनका वही कहना है जो हम देख रहे हैं कि इन घाटों तक रेत नहीं पहुँच पा रही है, क्योंकि बरगी बाँध को बाँधने के बाद कई दशकों तक पानी ठहरा हुआ है, इसलिए नदी के नीचे गाद जमा होती गई है, इसलिए पानी का स्तर ऊपर उठता गया है। पहले जब नदी बहती थी तो उसके साथ रेत भी बहकर आ जाती थी। अब नदी ठहर चुकी है। इसलिए, रेत भी नहीं पहुँच पा रही है।

बरगी नर्मदा पर बना पहला बाँध है। सन् 1972 में बनने वाला यह बाँध 1990 में राष्ट्र के नाम समर्पित हुआ। 'राष्ट्रीय जल विज्ञान संस्थान, रुड़की' का अध्ययन बताता है कि इस बाँध में गाद जमाव की दर जलग्रहण क्षेत्र के प्रति वर्ग किलोमीटर पर सालाना दो सौ तीस घन मीटर है। बरगी जलाशय की बनावट कुछ ऐसी है कि इसके पिछले हिस्से से बहकर आने वाले अवसाद कणों की गति कम नहीं हो पाती और वे बाहरी हिस्सों में बैठने की बजाय तेज़ी से मुख्य जलाशय में पहुँचकर गहराई तक जमा हो जाते हैं। इससे जल-स्तर तेज़ी से उथला हुआ है।

बरगी नगर में मछुआरा समुदाय के कई घर हैं। यहाँ पहुँचने के पहले राजकुमार सिन्हा बता चुके हैं कि जितना पानी नदी की सतह पर बहता है उतना ही नदी के नीचे भी बहता है। जब से बरगी बाँध बना है, नदी का पानी रुक गया, जिससे उसके नीचे पानी की शिराएँ भी रुक गई हैं और सतह के नीचे पानी का भंडार कम हुआ है। नतीजतन आस-पास नाले, कुएँ और तालाब भी रीत गए हैं।

बरगी नगर में मछुआरा समुदाय के संतू वर्मन से मुलाकात होती है। वे बताते हैं कि नर्मदा के भीतर मछलियाँ खत्म हो रही हैं। मैं पूछता हूँ, "कब से?" वे बताते हैं, "जब से बरगी बाँध बना है तब से।" मैं कहता हूँ, "ऐसा कैसे?" वे बताते हैं, "बाँध बाँधने के बाद बाँध से आगे धारा में बहुत कम पानी बचा है इसलिए। इसलिए, तरह-तरह की मछलियाँ कम हो रही हैं।"

परेशानी सिर्फ़ मछुआरा समुदाय की नहीं है, बागवानी से जुड़े समुदाय की भी है। जब भोगा गाँव से विस्थापित पुनाराम पाठक से मिलते हैं तो वे बताते हैं

कि बाँध बनने के बाद यह आम बात हो चुकी है कि बाँध के गेट बगैर किसी सूचना के खोल दिए जाते हैं। इससे साग-सब्ज़ियाँ चौपट हो जाती हैं। नर्मदा से उसके तटों की हरियाली भी छिन चुकी है। *जंगल रहे, ताकि नर्मदा बहे* यात्रा के दौरान खाली समय में नर्मदांचल को समझने में एक मददगार किताब साबित हो रही है। इसके लेखक पंकज श्रीवास्तव ने लिखा है कि नर्मदा को लेकर जो संस्थान हैं, वे उसके दोहन के लिए बने हैं।

आश्चर्य की बात यह है कि यहाँ सरकारी स्तर पर एक भी संस्थान ऐसा नहीं जो पानी, पत्थर, रेत, वनस्पति और मछली से लेकर उसमें उपयोग लायक किसी भी चीज़ को बचाने के लिए सीधे तौर पर जवाबदेह हो। गुजरात के साथ जल बँटवारे को लेकर 'नर्मदा नियंत्रण प्राधिकरण' है। बाँध या बिजलीघर बनाने के लिए 'नर्मदा घाटी विकास प्राधिकरण' है। लेकिन, नर्मदा के प्रवाह को प्रभावित करने वाले कारकों पर जानने-समझने के लिए कोई संस्थान नहीं है।

बरगी के अलावा तवा और बारना बाँधों से छोड़े जाने वाले पानी से मध्य-भारत के इन इलाकों में भारी तबाही मच जाती है। नर्मदा बेसिन पर दस बड़े बाँध मुख्यधारा पर, बीस बड़े बाँध सहायक नदियों पर, तीन सौ मंझोले बाँध और तीन हज़ार छोटे बाँध घाटी पर बँधेंगे। यहाँ से आप कल्पना कीजिए कि भविष्य में पूरी घाटी को जब करीब साढ़े तीन हज़ार बाँधों में बाँधा जाएगा तो उसी अनुपात में भंयकर खतरों से कौन बचाएगा?

इस समय तक नर्मदा पर बड़े बाँधों के कारण तेरह सौ किलोमीटर लंबी नर्मदा में से कोई साढ़े चार सौ किलोमीटर हिस्से में पानी थम चुका है। नदी का मूल तत्व है प्रवाह। लेकिन, आज यह एक तिहाई झील बन गई है। नर्मदा की निर्मल-अविरल छवि बदल रही है। हालत यह है कि आज बड़े बाँधों ने उसके ठहरे हुए हिस्से को मलेरिया जैसी बीमारियों का स्रोत बना दिया है। अब झाबुआ और अलीराजपुर इलाके में मलेरिया के बढ़ते प्रकोप से हर साल आदिवासी लोगों के मरने की ख़बरें सुर्खियाँ बन रही हैं।

मैं खुद नर्मदा के बारे में लगातार बुरी सुर्खियों को पढ़कर बड़ा हुआ हूँ। नर्मदा पर बनाये गए सरदार सरोवर, ओंकारेश्वर और इंदिरा सागर बाँधों से छप्पन हज़ार हैक्टेयर जंगल डूब गया है। इसमें अकेले इंदिरा सागर के कारण जैव-विविधता से भरपूर चालीस हज़ार हैक्टेयर जंगल डूब गया है। जंगल आज लगाया और कल तैयार नहीं हो जाता है। न ही उसकी संपदा को हुए नुकसान की भरपाई सरकारी या गैर-सरकारी वनीकरण से ही संभव है।

इसके अलावा, इंदिरा सागर बाँध ने भी होशंगाबाद से हंडिया के रास्ते में विशाल शिलाखंडों से टकराने वाले धावड़ी कुंड के कई जलप्रपातों को डुबोया है। इधर, संगमरमर पत्थरों पर धुआँधार पानी गिरने के लिए विख्यात जबलपुर का भेड़ाघाट भी बरगी बाँध के कारण खतरे में है। वजह, बाँध से बरसात का रुका हुआ पानी अचानक छोड़ने से संगमरमर के पत्थर खराब हो रहे हैं। लेकिन, ऐसे नुकसानों को नदी का नुकसान माना ही नहीं जाता, या फिर उनकी गणना नहीं की जाती है।

सच तो यह है कि नर्मदा के ऊपर हर सौ-पचास किलोमीटर पर एक नया संकट है। जैसे ग्वारीघाट में नाव हल्के से झटका खाकर जब किनारे से दूर ले गई तो नदी में तैरती हरी घास को देखकर नाविक चिल्लाते हुए बोला, "भैया यह घास जानलेवा है! कई लोग इसमें उलझकर डूब चुके हैं।" उसने नाव को पूरी ताकत से दूसरी तरफ़ घुमाते हुए बताया कि उस घास को अजोला कहते हैं।

बाद में जब मैंने उससे पता किया तो जाना कि हर साल फरवरी से मार्च के दौरान खूब फैलने वाली वह घास 'अजोल टेरीडोफाइटा' समूह की एक जलीय खरपतवार है। उसकी मौजूदगी इस बात का लक्षण है कि पानी अत्यधिक दूषित हो चुका है। यह पानी में जैव-विविधता की दुश्मन है।

किसी घुमक्कड़ ने कहीं लिखा है कि किसी दुरूह जगह जब शरीर फँस जाए तो आत्मा से होकर निकल जाना चाहिए। ऐसी जगह खुद के भीतर और खुद तक पहुँचने की संभावनाएँ अधिक होती हैं। संभावनाएँ होती हैं अपने आप को खोजने की। एक पल मेरे ज़ेहन में आया कि यदि वह नाव वहीं डूब जाती, या उस समय मैं अजोला घास में फँस गया होता तो? नदी किनारे का आदमी होकर भी तैरने के नाम पर मुझे तो थोड़ी देर हाथ-पैर चलाना भर आता है।

चलते-चलते, ग्वारीघाट से सारतत्व यह है कि सरकार मुनाफ़े के लिहाज़ से नर्मदा के आजू-बाज़ू जिन जगहों पर अधिकतम निवेश करने और विशालकाय ढाँचे बनाने के लिए तैयार है, उन्हीं जगहों पर निवेश से फँसकर होने वाले नुकसानों के कारणों को जानने के लिए एक अध्ययन कराने तक की ज़रूरत नहीं समझती।

~

बाँध से खेतों की ओर जाने वाली नहर के बारे में सोचकर आपके मन में क्या धारणा बनती है?

यही कि दोनों ओर पानी से लबालब खेत लहलहा रहे हैं। लेकिन, बरगी

बाँध से खेतों की ओर जाने वाली नहर के किनारे के खेत पानी से लबालब होकर दलदल बन गए हैं। और हरियाली मानो पानी में ही तैर रही है। जी हाँ, बरगी बाँध से खेतों तक पानी पहुँचाने के लिए अफ़सरों ने तीन दशक पहले जो काम शुरू किया था वह अब सिरदर्द बन गया है। इस नहर के बारे में दावा किया गया था कि वह पचास बरस तक लाभ देगी। उस दावे को अब अपनी आधी उम्र तक पहुँचने से पहले ही टूटते हुए देख रहा हूँ।

मैं राजकुमार सिन्हा के साथ मोटरसाइकिल से जब नहर किनारे के खेत मालिकों से मिलने निकला हूँ और खेत मालिकों से बात कर रहा हूँ तो वे बता रहे हैं कि बरगी से निकली बायें तट की नहर ने बीते साल चरगवां के पास कहर ही ढा दिया था।

मेरे बैग में रात में पढ़ी जा चुकी स्थानीय अख़बारों की एक साल पुरानी कतरनें हैं, जिनमें छपा है कि आस-पास के सात गाँवों के किसानों की सात सौ हैक्टेयर से अधिक की फ़सल सड़ गई है। सन् 1978 में बरगी से नरसिंहपुर तक जाने वाली नहर के लिये ग्यारह सौ करोड़ रुपये खर्च का अनुमान लगाया गया था। लेकिन, जब हम इस नहर के साथ-साथ चल रहे हैं तो अफ़सरों के दावों की पोल भी जहाँ-तहाँ खुल रही है। हकीकत यह है कि लाभ क्षेत्र के किसानों के खेतों के दलदल बनने से उनकी आजीविका का मुख्य ज़रिया छिनता जा रहा है।

हमें तलाश है ऐसे ही खेत मालिक की और बरगी बाँध के समीप खापा ग्वारी गाँव की शशिबाई हमें खेत में खड़ी मिलती हैं। उनसे बात की तो जाना कि बीते साल उनके खेत में कई क्विंटल गेहूँ की फ़सल खड़े-खड़े ही सड़ गई थी। हमने उनके साथ उनके खेत की एक फ़ोटो खींची। तीन दशक पहले बहती हुई नहरों के दोनों छोरों से हरियाली की जो फ़ोटो सरकार ने दिखाई थी वह अब मेरे सामने पानी से लबालब डूबी हुई है। आज शशिबाई खेत के बदले खेत की माँग कर रही हैं। मैंने बाँध से विस्थापितों की ज़मीन के बदले ज़मीन की माँग तो सुनी थी, पर यह नहीं सोचा था कि नहरों के लाभार्थी भी कभी खेत के बदले खेत माँगेंगे। लेकिन, यही सच है।

खापा ग्वारी से चालीस किलोमीटर तक नहरों से सटे खेतों का यही आलम है। यहाँ नहर-नहर कहर के बीच किसानों के हिस्से का पानी, पसीना, आँसुओं की बूँदें नए बिम्ब और अर्थ दे रहे हैं। नहर का कहर अब इनका दैनिक दुख है। यह रोज़मर्रा की ज़िन्दगी का भाग है। विकास के युग में विसंगतियों को देखने के लिए हमें बहुत दूर नहीं जाना पड़ रहा है। हम बस इस नहर के साथ-साथ चल रहे होते हैं।

वैसे विसंगतियों को समझने के लिए सत्तर के दशक का एक और प्रसंग है। सन् 1975 में नर्मदा की सहायक नदी तवा पर बाँध बना था। इसके बाद तवा नदी इलाके में तवा विकास प्राधिकरण ने तीन सौ करोड़ रुपये खर्च करके सात सौ नलकूप लगाए थे। हैरान करने वाली बात यह है कि ये नलकूप खेतों को सींचने के लिए नहीं लगाए गए थे। ये नलकूप खेतों में जमा पानी को उलीचने के लिए लगाए गए थे। लेकिन, नलकूपों से कोई लाभ नहीं हुआ।

यही वजह है कि योजना के सात साल बाद 'मिट्टी बचाओ अभियान' शुरू हुआ। कई गाँवों के खेत जल जमाव के शिकार बने। वहीं, कई घर भरभराते हुए ज़मींदोज़ हो गए। नहरें चालू हुईं तो निचले इलाके की सड़कें गायब होने लगीं। जल-भराव खेत, सड़क, घर और गाँवों की बिगड़ती स्थितियों को सुधारने का कोई भी उपाय अब तक नहीं सूझ रहा है।

नर्मदा, कभी कई विस्थापनों की एक साझा कहानी लगती है। कभी अलग-अलग विसंगतियों का एक उपन्यास। कभी विरोधाभासों का धारावाहिक। कहीं लूट की फ़सल। और इसके नीचे एक और धारा बहते देख रहा हूँ, जो न मालूम और कितने हज़ार लोगों को अपनी गर्त में लेती जा रही है। यह धारा नर्मदा और उसकी सहायक नदियाँ बीते तीस-चालीस सालों से एक नया इतिहास बनने की राह पर हैं। ये इस सदी के तमाम देशों की नदियों के मद्देनज़र विकास के विरोधाभास और विकास की विसंगतियों पर बहस की एक नई इबारत लिख रही हैं।

चलते-चलते, नहर-नहर, कहर है। बरगी बाँध से नरसिंहपुर जाने वाली नहर से सारतत्व यह है कि सरकार जिन जगहों पर लापरवाहियाँ कर चुकी है, उन्हीं जगहों पर सबक लेने की बजाय वहाँ पहले जैसी लापरवाहियों को दोहरा रही है।

~

4 अप्रैल की शाम साढ़े सात की ट्रेन से जबलपुर से करेली जा रहा हूँ। वहाँ से एक दिन के लिए बरमान और फिर वापस करेली से पिपरिया, इटारसी, केसला, होशंगाबाद रुकते हुए जाना है। कहीं एक, कहीं दो तो कहीं ढाई-तीन दिन रुक-रुककर भोपाल पहुँचना है। और फिर वहाँ से दिल्ली...

बारहवीं क्लास तक मेरे भीतर दो शहरों के बीच कड़ा मुकाबला चला करता था। जबलपुर और भोपाल के बीच। इस बात पर कि दोनों में से कौन-सा शहर बड़ा है। और कौन-सा शहर आगे निकलने वाला है। जबलपुर में मदनपुर जैसे

कितने गाँव समा सकते हैं और भोपाल में मदनपुर जैसे कितने गाँव समा सकते हैं। मदनपुर से जबलपुर शहर नज़दीक होने के बावजूद चाहता था कि डेढ़ सौ किलोमीटर दूर भोपाल में कहीं ज़्यादा मदनपुर समा जाएँ। वजह, साल में एकाध बार गर्मियों की छुट्टियों में नाना के घर महीना-पंद्रह दिनों के लिए भोपाल जाना होता था तो भोपाल से लगाव अधिक रहा। बाद में मुंबई, दिल्ली, चेन्नई और पुणे जैसे कई बड़े शहर देखे तो दोनों शहरों के आकार कुछ ज़्यादा ही छोटे लगे।

सोचता हूँ, 'महानगरों में ही कितने भोपाल और जबलपुर एक साथ समा जाएँगे।' इस बीच भोपाल के पास के कई मदनपुर जैसे गाँव तो समाते ही जा रहे हैं। गाँव शहर की ओर और शहर गाँवों की ओर बढ़े जा रहे हैं। जबलपुर भोपाल की ओर और भोपाल जबलपुर की ओर बढ़े आ रहे हैं। अब चिंता इस बात की है कि ऐसे ही चलता रहा तो एक दिन असल मदनपुर ही भोपाल और जबलपुर में न मिल जाए!

~

एक लंबा रास्ता पूरा करके दोबारा इस जगह पर हूँ, पर बगैर ज्योति के अकेला दिल पानी में डूबा जा रहा है। बरमान में सतधारा घाट की उतरती पक्की सीढ़ी पर अपना बैग बाजू में धर सुबह-सुबह नर्मदा में छलांग लगाते, तैरते बच्चों को देख रहा हूँ।

साथ यूट्यूब पर नर्मदा का सरल और एक बहुत ही प्यारा गीत सुन रहा हूँ। आवाज़ें हैं, मालती सेन और सोनम मिश्रा कीं। बोल हैं, 'धीरे-धीरे तो बहो माँ नर्मदे...'

"सुन, सुन, सुन, सुन, सुन, सुन तो माँ नर्मदे..." की झंकार में घुली बहती जल तरंगों को लेकर बाँसुरी की तान जब लंबा चढ़ाव चढ़ती है तो उचाट जीवन से दूर मैं अपने बचपन के बगीचे में पहुँच जाता हूँ। 'तुमरे सिवा कोई नइया, करो तो पार हमाई नैया...' गायिकाओं के ये बुंदेली कंठ मुझे गाँव की उन माँ-बहनों की गोदी में धकेल देते हैं जिनके साथ अपने पानीदार खेतों में बैठकर मैंने चने की भाजी को जड़ सहित उखाड़कर होरा यानी कच्चे मीठे दाने खाए थे।

नर्मदा कछार देशभर में दलहन और तिलहन के लिए जाना जाता है। लेकिन, अब यहाँ का क्रॉप पैटर्न बदल गया है। यहाँ के किसानों ने कैश क्रॉप के तौर पर पहले सोयाबीन उगाया और अब नकद रकम की नीयत से गन्ना उगा रहे

हैं। यह उत्तर भारत से आया मैकेनाइज़्ड फ़ार्मिंग का दौर है। यह थ्रेशर, हार्वेस्टर, ट्यूबवैल, स्प्रिंकलर, ट्रैक्टर जैसे यंत्रों पर टिका है।

नर्मदा कछार में हो रही मैकेनाइज़्ड फ़ार्मिंग पर वरिष्ठ फ़ोटोग्राफ़र व लेखक रजनीकांत यादव अपनी पुस्तक *नर्मदा की नई कथा* में लिख रहे हैं। जब जबलपुर में उनसे उनके घर पर मिला तो इस बारे में बात हुई। उन्होंने अपनी अप्रकाशित अधूरी पुस्तक से यह नोट लिखवाया : 'एक बार गलत टैक्नोलॉजी की ओर बढ़ जाने पर फिर लौटना कठिन है। मैकेनाइज़्ड फ़ार्मिंग तो हर हद पार कर गई है। विदेशी अपना कचरा कृषि उत्पाद बाहर भेजते हैं। पी.एल.-480 के लाल गेहूँ तो आपको याद ही होंगे। अकाल के समय वह "सुअर दाना" हमारे लोगों ने खाया और उसके बाद ज़हरीली घास फैली। अब वे यहाँ नपुंसक बीज फैला रहे हैं, जो फ़सलें तो देते हैं, लेकिन उपज से बीज नहीं बनते। घिनौना कृषि व्यापार है यह जेनेटिक इंजीनियरिंग।'

साठ के दशक में 'हरित क्रांति' के दौरान जो परिस्थितियाँ बड़े बाँध के कारण सिंचित क्षेत्रों में अधिक उपज देने वाले संकर बीजों के उपयोग से पंजाब जैसे राज्यों में बनीं, वही नर्मदा की इस पट्टी में तैयार हो रही हैं। जिस कैमिकल एग्रीकल्चर के कारण पंजाब की मिट्टी ज़हरीली होती गई और लोग कैंसर के शिकार हुए, वही पैटर्न यहाँ के लोगों को आकर्षित कर रहा है।

बरमान से कुछ दूर ही तो मेरा गाँव घर है मदनपुर। चाहूँ तो दौड़कर पहुँच जाऊँ! पर, नहीं। दोपहर बाद भोजन करके मैं करेली से पिपरिया के लिए रवाना हो रहा हूँ।

~

चलती ट्रेन से यात्रा के दौरान मैंने एक बात गौर की। बात यह कि नर्मदा की सहायक नदियाँ जहाँ-तहाँ रेंगती-सी दिख रही हैं। याद आया कि डिंडोरी से मंडला के रास्ते सक्का गाँव के एक बुज़ुर्ग ने मुझे बताया था कि बारह महीने तेज़ धार के साथ बहने वाली बुढ़नेर मैया की छाती अप्रैल के दिनों तक आते ही बैठ ज़ाती है। बुढ़नेर, कोई डेढ़ सौ किलोमीटर लंबी नर्मदा की एक सहायक नदी है। यह बैगाचक के केंद्रीय बिंदु तांतर और ठाड़पतरा नामक दो पहाड़ियों के बीच एक छोटे झरने के रूप में निकलती है। लेकिन, नर्मदा की सहायक नदियों की दुर्बलता को मैंने पिपरिया से कुछ किलोमीटर दूरी पर ग्राम बनखेड़ी में अपनी आँखों से दुधी नदी के रूप में देखा।

पिपरिया में रह रहे बाबा मायाराम ने अपनी किताब *सतपुड़ा के बाशिंदे* में अपने गाँव की दुधी नदी के बारे में लिखा है। दुधी नदी छिंदवाड़ा ज़िले में सतपुड़ा पहाड़ी के पातालकोट से कोई सौ किलोमीटर की यात्रा करती है। फिर होशंगाबाद ज़िले में खैराघाट के पास नर्मदा में मिलती है। इस बीच यह नरसिंहपुर और होशंगाबाद ज़िलों की सीमा भी तय करती बहती है। लेकिन, नर्मदा से मिलने के लिए अब इसका खैराघाट तक पहुँच पाना मुश्किल हो रहा है।

एक शाम बाबा मायाराम ने उनके घर पर यह किताब मुझे भेंट की। वे बताते हैं कि दुधी में पानी बरसात के चार महीने रहता है। बाकी समय दुधी केवल यादों में रहती है। अब इसके किनारे न कोसम के वृक्ष हैं, न उससे निकलने वाले लाख को धोने के लिए पानी। असल में दुधी के साथ कई गाँववालों की धार टूटी है। नहाने की बात छोड़ो, अब वहाँ न मछलियाँ हैं, न मछुआरे। नावें धूल खा रही हैं। वहाँ दुधी नदी कहाँ दिखती है, वहाँ तो उसका कंकाल दिखता है!

बुढ़नेर और दुधी सहित नर्मदा में मिलने वाली कई बड़ी सहायक नदियों की यही कहानियाँ हैं। नर्मदा की कुल इक्तालीस सहायक नदियाँ हैं। उत्तरी तट से उन्नीस और दक्षिणी तट से बाईस। नर्मदा घाटियों का जलग्रहण क्षेत्र एक लाख वर्ग किलोमीटर है। यह देश के भौगोलिक क्षेत्रफल का तीन फ़ीसदी है। नर्मदा की आठ सहायक नदियाँ सवा सौ किलोमीटर से अधिक लंबी हैं। अब यहाँ से ध्यान देने वाली बात यह है कि इनमें हिरन, बंजर, डेब, गोई, कारम, चोरल, बेदा जैसी कई बड़ी और मध्यम नदियाँ पानी की कमी से जूझ रही हैं।

विडंबना यह है कि जिन तीन दर्जन से अधिक नदियों के बूते नर्मदा तेरह सौ किलोमीटर लंबी यात्रा तय करती है, उन्हीं जलधाराओं की साँसें जगह-जगह टूट रही हैं।

कुछ दिन पिपरिया में रुकता हूँ। इन दिनों बाबा मायाराम के अलावा 'एकलव्य' संस्था के गोपाल राठी और पत्रकार नरेन्द्र मौर्य के साथ समय बिताने का बहुत लाभ होता है। एक सुबह बाबा मायाराम मुझे अपनी मोटरसाइकिल से बाघ आरक्षित सहित कई दुर्गम इलाकों में ले गए। पिपरिया से छूटते ही सारा दिन धूप और गर्म हवाओं ने पैर जमाए रखे। इस बीच दो-तीन बार रुके तो बाबा से विस्तार से बातें हुईं। घने जंगलों के भीतर के बाशिंदे बाघों को बचाने वाली योजना से डरे नज़र आए। वजह, बाघों को बचाने के लिए यहाँ से कोई पचास गाँवों को हटाया जाना है।

सतपुड़ा का इलाका देश भर में इसलिए अनूठा कहा जाना चाहिए कि

यहाँ सत्तर के दशक से विकास का जो नया दौर शुरू हुआ है, उसने तवा नदी पर बाँध, इटारसी में आयुध निर्माण कारखाने की स्थापना के साथ बहुत बड़ा जंगल खत्म कर दिया है। लेकिन, आधुनिक विकास पर सवाल उठाना ठीक नहीं समझा जाता है, इसलिए जो जंगल बचा है उसे ही बाघ आरक्षित क्षेत्र घोषित करके बाघ बचाने का कार्यक्रम चल रहा है। एक पूरा दिन विस्थापित ग्राम धांई और नई धांई के बीच सतपुड़ा की दुनिया मोटरसाइकिल से उतरती और चढ़ती रही। धांई के विस्थापितों के साथ लंबा समय बीता। तरह-तरह की प्रताड़ना के बावजूद उनके चेहरों पर मुस्कुराहट तैरती रही। संघर्ष और श्रम के बूते ये नई स्थानीय परिस्थितियों से पटरी बैठाने की कोशिश करते दिखे।

~

नर्मदा के जल-सा
एक पुराना ताल
लहरों पर संगीत
सतपुड़ा का पहाड़
चिड़िया, टिड्डियाँ और
तितलियाँ
सागौन की पत्ती-पत्ती पर हज़ारों हज़ार
खुशियाँ
किंतु बिखरा जीवन
दिन, बहुत कम
इसलिए गाते हैं, नाचते हैं
आदिम लोग और
हिल उठता है
पूरा जंगल ही
हर तीज-त्यौहार पर
झुंड के झुंड
एका बाँध झूम उठते हैं
साथ लाते हैं
अपनी औलादें

ताकि कल खुद न हों तो
आत्मा
युवाओं के देह, दिमाग में
रुके, घुटनों पर
थोड़ा मुड़े और
हाथ उठाए
नाच उठे
बार-बार, हर बार। —*नई धाई,* 8 अप्रैल 2011

पिपरिया के एक होटल में देर रात लेटकर सोचता रहा हूँ कि दुनिया के कुछ गिने-चुने शहरों को हज़ारों साल से आबाद रहने के कारण सनातन शहर कहा जाता है। इतिहास में इन शहरों में हज़ारों साल प्राचीन नगरीय सभ्यता के रहने के सबूत मिलते हैं। मोटरसाइकिल से सतपुड़ा की पहाड़ियों पर चढ़ते-उतरते हुए मैं अपने आप से पूछता रहा कि क्या तुमने कभी किसी पुरातनग्राम का इतिहास पढ़ा है!

भूगर्भशास्त्री और पुरातत्व विज्ञान के जानकार नर्मदा को अपनी तरह की एक अलग और प्राचीन नदी मानते हैं। नर्मदा अधिकांश प्रायद्वीपीय बड़ी नदियों से उलट पश्चिम की ओर पत्थरों को घाटी को काटती और जलप्रपात बनाती हुई बढ़ती है। कहा जाता है कि लाखों वर्ष पहले नर्मदा की ओर बहकर आते सैकड़ों नदी-नालों के अपवाह-तंत्र के आस-पास बड़े-बड़े दलदल और घास के मैदान थे। यह शाकाहारी तथा मांसाहारी जीवों का आश्रयस्थल था। जबलपुर के समीप डायनासॉर प्रजाति के मांसभक्षी के जीवाश्म मिले। आदिमानव की खोपड़ी होशंगाबाद के पास हथनोरा में मिली। इसी तरह, प्राचीन हाथी के अवशेष नर्मदा हिरन नदी के संगम के पास मिले।

इन मध्य भारत की छोटी-बड़ी नदियों के किनारे आदिवासी बहुल बसाहटें कितने सालों से आबाद रही होंगी! इनका इतिहास तो नदी किनारे इनकी परंपराओं में दर्ज है, जहाँ वे अपने पूर्वजों की तरह रहने की कोशिश कर रहे हैं। लेकिन, नदियों की धार के साथ जहाँ-तहाँ से भी हटाकर जैसे इनकी जीवनशैली, गीत, चित्र, प्रकृति में दर्ज मौखिक इतिहास को भी हटाया जा रहा है।

पिपरिया से होशंगाबाद की ओर रवाना होते हुए अब तक मैं एक हज़ार किलोमीटर से अधिक की यात्रा कर चुका हूँ। जब पहली यात्रा समाप्त होने की कगार पर होती है तो मेरे भीतर दूसरी यात्रा की गति तेज़ हो रही होती है। यह होती

है विचारों की यात्रा, जो शाम पिपरिया से इटारसी जाने के दौरान दौड़ पड़ी है।

विचारों की यात्रा दृष्टिकोण तय करती है। दृष्टिकोण ही तो यात्रा के दौरान विनाश को विकास और विकास को विनाश के तौर पर रेखांकित करता है। एक दृष्टि ही तो है जो नर्मदा की यात्राओं के दौरान या उसके उपरांत एक पर्यटक के वृत्तान्त में नदी का सौंदर्य तलाशती है। वहीं, किसी फ़ोटोग्राफ़र-लेखक के वृत्तान्त में टूटती, डूबती और समाप्त होती दुनिया की सच्चाई बयां करती है।

मेरी यात्रा ट्रेन के जनरल डिब्बे में खिड़की के बाहर नर्मदा किनारे के अलग-अलग तबके अपने हाथों में अपने-अपने चेहरे लिए दौड़ रहे हैं। मैं देखता हूँ कि मैं इन सबसे मिलकर आ रहा हूँ, ये विकास नाम की अलग-अलग समस्याओं से जूझ रहे चेहरे हैं।

मेरी दृष्टि में विकास के गिद्ध इन्हें नोच-नोच कर खा रहे हैं। मेरे भीतर के यात्री ने भीड़ में अपना सामान कसकर पकड़ लिया है। मेरा डर है कि नर्मदा के गाँव, कस्बे, खेत, खलिहान, सड़कें, स्कूल, घाट, हाट, मेले, ठेले, तालाब, छोटी नदियाँ, पेड़, पहाड़, झरने इत्यादि अपनों के हाथ न छोड़ दें!

मेरी विचारों की यात्रा का अगला और मुख्य ठिकाना ग्राम केसला, ज़िला होशंगाबाद में सुनील भाई का घर है, जहाँ इटारसी से बस पकड़कर शाम ढले पहुँचा हूँ। न सुनील सर और न सिर्फ़ सुनील, सुनील भाई नाम बगैर बात अधूरी ही रहेगी।

इस आदिवासी इलाके में तीन दशकों से रहते हुए ये कई घटनाक्रमों के साक्षी हैं और सुनील भाई के पास घटनाओं को देखने की अपनी अलग दृष्टि होती है। जहाँ बस ने उतारा वहाँ से टॉर्च के उजाले में 'समाजवादी जन परिषद्' के नेता सुनील भाई पतली गली से जब अपने घर लाए तो देखा कि पूरे गाँव की लाइट चली गई है। चिमनी जलाकर वे बोले, "थोड़ी देर में आ जाएगी, सबकी आएगी।" मिट्टी और खपरैल के छोटे-से उस घर पर जब उनका चेहरा याद आता है तो सोचता हूँ कि उस समय तक कहाँ सोचा था कि कुछ बरस बाद ही वे दुनिया से अचानक अलविदा कह जायेंगे और भोपाल में आयोजित उनकी श्रद्धांजलि-सभा में मुझे हाज़िर होना पड़ेगा।

"नर्मदा पर पहला बड़ा हमला जो बाँधों के साथ शुरू हुआ है, उसने नदी का कुदरती प्रवाह रोक दिया है। अब तुम जो घूमे हो और दूसरे किस्म के हमलों के बारे में बता रहे हो, उनसे नर्मदा के पानी का रुख कारखानों की ओर हो जाएगा।" भोजन बनाते हुए सुनील भाई मुझे यह भी बता रहे हैं कि कैसे नर्मदा

नदी को बचाने के लिए नीतिगत निर्णयों से जनता के अधिकारों को बेदखल कर दिया गया है। उन्हें अपने संसाधनों के प्रति परायेपन का एहसास कराया जा रहा है। जैसे नर्मदा को मरते हुए देखना ही उनकी नियति हो।

मैंने यात्रा के पहले दिल्ली में 'केंद्रीय जल आयोग' की रिपार्ट से यह जाना था कि नर्मदा में जल की आवक आधी रह गई है। होशंगाबाद से भोपाल जाने के दौरान जब बड़वानी पानी के निजीकरण पर शोध करने वाले रहमत भाई को कॉल किया तो जाना कि नर्मदा पर कुछ और खतरों के बारे में तो अनजान ही था। रहमत भाई के साथ बड़वानी में ही डेढ़ साल पानी के क्षेत्र में काम करने का अनुभव है। इन्होंने मुझे बताया कि अब खंडवा, इटारसी, बुदनी और बैतूल सहित मध्यप्रदेश के चालीस से ज़्यादा बड़े शहरों की माँग नर्मदा के पानी पर आकर टिक गई है। वहीं, तेज़ी से बढ़ते भोपाल, इंदौर और जबलपुर सहित मध्यप्रदेश के बीस बड़े शहरों की प्यास बुझाने के लिए नर्मदा का पानी पहले से ही दिया जा रहा है।

इसी के समानांतर बिजली पैदा करने के लिए महेश्वर और ओंकारेश्वर जैसी बड़ी परियोजनाओं को प्राथमिकता की सूची में रखा गया है। फिर नर्मदा के दोहन के लिए महाराष्ट्र, गुजरात और राजस्थान जैसे राज्यों की तैयारियाँ तो चल ही रही हैं।

सामान्य दृष्टि से नर्मदा आसन्न संकट के पीछे आबादी का बोझ है। एक विचार है कि आबादी विस्फोट के कारण जंगल कट रहे हैं, जबकि खेत, घर और कारखाने फैलते जा रहे हैं। ये सारे कारक मिलकर एक नदी पर इतना दबाव बना रहे हैं कि उसकी साँसें फूल रही हैं। वहीं, दूसरा तबका नर्मदा के संकट को सरकार की मौजूदा नीतियों से जोड़कर देख रहा है। यह मानता है कि नीतियाँ बनाने वालों का नज़रिया शहरी है। भोगवाद का यही शहरी नज़रिया प्राकृतिक संसाधनों को समाप्त कर देगा।

साहित्यकार ज्ञानरंजन के शब्दों में, "यह तात्कालिक दुनिया में पॉपुलर कल्चर की सेंध है।" इसलिए, सरकार कोई भी आए अंततः पकड़ेगी उसी नज़रिए वाली नीति को जो विशुद्ध तकनीकी है और नर्मदा को महज़ एक संसाधन तक सीमित रखती है।

दरअसल, नर्मदा पर जारी विकास को जनहित कहा जा रहा है। लेकिन, बाँधों को सिंचाई के नाम पर बनाने के बाद उसे कंपनियों को सौंपना कैसा जनहित है! एक हाथ से सरकार संसाधनों का दोहन करके संरचनाएँ खड़ी करती है और

दूसरे हाथ से संरचनाओं को कंपनी के हाथों सौंपती है। *संयुक्त राष्ट्र संघ महासभा* के घोषणा-पत्र में स्व-निर्धारण का जन अधिकार, सार्वजनिक भागीदारिता और प्राकृतिक संसाधनों पर स्वामित्व को विकास का सूचक माना गया है। पर, नर्मदा अंचल में जारी विकास तो तीनों सूचकों में से एक का भी संकेत नहीं करता है।

अब नर्मदा को देखकर रोया, हँसा या गाया नहीं जा सकता। वजह, अब वह इमोशन मर चुका है। सबको पता चल चुका है कि इसे काबू में रखा जा सकता है। तकनीक के आने से जब नज़रिया ही ऐसा हो रहा है तो यह मैया कैसे रही, यह तो मालगाड़ी बन गई। इधर सरकार की नीति है कि आइए हम आपको परोसने को तैयार हैं, ये लीजिए नर्मदा, ये लीजिए उसके जंगल, पहाड़ियाँ आदि और उधर कंपनियों के पास सारी खोदा-खादी, काटने, छांटने के लिए मशीनें तैनात हैं।

वे आएँगे और देखते-ही-देखते हमारी और तुम्हारी नर्मदा को मैदान बना जाएँगे...

सुबह होने में देर है

बायतु, राजस्थान

राजौ और मीरा, एक ही दुनिया के दो किस्से हैं, दो किरदार हैं। इधर हैं, अपनी अस्मत गंवा चुकी राजौ, जो गाँव के लाख विरोध के बावजूद न्याय के लिए अदालत में जा खड़ी हुई, लेकिन घर लौटी तो गाँव छूट गया।

उधर है, आदिवासी होने का दर्द झेलने वाली मीरा, जिसने गाँववालों से डरकर अदालत से मुँह फेर लिया और पहले की तरह गाँव में रहने में अपनी भलाई समझी।

दोनों यह मानती हैं कि गाँव के रास्ते थाने और अदालत आना-जाना और न्याय की लड़ाई लड़ना तो फिर भी आसान है, पर समाज के बगैर रह पाना बहुत मुश्किल है।

एक ने अदालत में लड़ना मंजूर किया, दूसरी ने गाँव में रहना। अब मैं खुद आपके सामने अपनी यात्रा का अनुभव साझा कर रहा हूँ, जिसे जानते-समझते आप ही तय करें कि कौन अधिक अँधेरे में है, किसके नज़दीक कुछ उजाला पहुँचा, गाँव...थाने...अदालत...समाज के बीच मौजूद उनकी दूरी और अपार दर्द से गुज़रते हुए।

बता दूँ कि यह वर्ष 2012 अगस्त के आख़िरी दिनों की बात है, जब मैं राजस्थान के पुष्कर पहुँचने के बाद थार मरुस्थल को पहली बार अपनी आँखों से देखने के लिए वहाँ के छोटे-छोटे गाँव घूम रहा था।

इसी दौरान एक दिन जोधपुर में एक दुकानदार ने पुराने अखबार की जिस कतरन पर मुझे समोसा लपेट कर दिया, उस पर भरतपुर ज़िले के गढ़ीपट्टी में 'बंदूक की नोक पर पाँच लोगों द्वारा एक दलित औरत से बलात्कार' की ख़बर छपी थी।

मुझे पता था कि भरतपुर, जोधपुर से दूसरे छोर पर है, पर इन्हीं दिनों इस इलाके में मानवीय हवस और अत्याचार की कई ख़बरें किन्हीं चीज़ों की तरह

मेरे साथ-साथ बँधी चल रही थीं। इनकी गाँठों को खोलने के लिए मैंने किसी जगह थोड़े दिन रुक जाना तय किया था। मैं जिस जगह रुका उस जगह का नाम था—बायतु।

बायतु, जयपुर से करीब पाँच सौ किलामीटर दूर और पाकिस्तान की सीमा से करीब सौ किलोमीटर पहले आने वाला एक कस्बा है। यहीं सामाजिक कार्यकर्ता भंवरलाल चौधरी ने *लोक-कल्याण संस्थान*, बाड़मेर कार्यालय के एक कमरे में मुझे कुछ दिन ठहरने को जगह दे दी।

यदि आप देश के उत्तर-पश्चिम की तरफ़ पाकिस्तान से कंधा मिलाने वाले राजस्थान के थार में बाड़मेर का मानचित्र देखें तो एक ब्लॉक के रूप में बायतु अच्छी-खासी जगह घेरता दिखेगा। बायतु से लगा अधिकतर भाग हरे रंग से रंगा है, जो थार का खाली स्थान दर्शाता है।

खाली स्थान मतलब मीलों दूर तक कोई बसाहट नहीं। यात्रा के दौरान ऐसी वीरान जगहों पर मेरी नज़रें ज़्यादा ही दूर तक जाती हैं। वहाँ जाकर ठहरना चाहती हैं जहाँ जीवन के चिन्ह हों। फिर वे चाहे भेड़-बकरियों के झुंड हों या किसी चरवाहे की मुस्कुराहटें, जिसके एक बार मुस्कुरा देने भर से वह रेगिस्तान में अजनबी नहीं रह जाता।

सोचता हूँ कि यदि मैंने बहुत सारी यात्राएँ अकेले न की होतीं तो अकेलेपन से पैदा होने वाली अनिश्चितता का डर इतना कम न रह जाता। लेकिन, भले ही अकेले घूमना मुझे आत्मविश्वास से भर देता हो और अक्सर यात्रा पर अपने साथ किसी और का न होना मुझे भला लगता हो, तब भी मैं ऐसी किसी जगह नहीं पहुँचना चाहूँगा, जहाँ मेरे अलावा मुझे किसी दूसरे आदमी की आवाज़ सुनाई न दे। फिर चाहे वह समंदर हो या रेगिस्तान का छोर, जिसके नज़दीक बैठ मैं अकेले उसे घंटों यूँ ही नहीं निहारना चाहूँगा। न मैं ऐसे किसी सुंदर दृश्य की कल्पना ही करना चाहूँगा, जिसका समय पलक झपकते ही गुज़र जाए।

इस मनोदृष्टि से सोचता हूँ तो भारत में करीब सात लाख गाँव हैं। मेरे हिस्से अधिक नहीं तो देशभर के हज़ार गाँव तो आए ही हैं, जहाँ से मैं गुज़रा हूँ, रुका हूँ और जिनके बारे में मैंने कुछ-न-कुछ लिखा भी है। इन्हीं में थार मरुस्थल के इन गाँवों का एक छोटा वृत्तान्त भी है, जिसमें आख़िरी पायदान पर खड़ीं राजौ, मीरा और गीता नाम की तीन महिलाओं ने जाति-व्यवस्था के कटु अनुभवों से गुज़रने में मेरी मदद की :

राजौ का गाँव सावऊ, बाड़मेर ज़िले के गोड़ा थाने से बारह किलोमीटर दूर

बताया गया। भंवरलाल की जीप से मुझे मुरली चौधरी और हनुमान के साथ एक पक्की सड़क से सावऊ तक पहुँचने में एक घंटा भी नहीं लगा। लेकिन, राजौ के भीतर की झिझक ने उसे डेढ़ घंटे तक बाहर आने से रोके रखा।

आख़िर राजौ की माँ ने हमें झोपड़ी के अंदर बुलाया तो हम जूते-चप्पल उतारकर अंदर एक दरी पर बैठ गए। मैंने राजौ की माँ और फिर उन्होंने मुझे, मुरली और हनुमान को बारी-बारी से देखा। इनमें मैं अकेला अजनबी हूँ। राजौ की माँ ने मुरली को एक कागज़ पकड़ाया। मुझे भी नई जगह नए लोगों के साथ सहज होने में थोड़ा समय लगता है। इसलिए, मैंने उनसे कुछ नहीं पूछा।

राजौ के साथ जो हुआ, वह 9 जून, 2008 की इसी कागज़ मतलब एफआईआर की कॉपी में दर्ज है, 'श्रीमान थाणेदार जी, एक अर्ज है कि मैं कुमारी राजौ, पिता देदाराम, आयु पंद्रह साल, जब गोड़ा से आने वाली बस से शहरफाटा पर उतरकर घर जा रही थी, तब रास्ते में टीकूराम, पिता हीराराम जाट ने पटककर नीचे गिराया, दाँतों से काटा, फिर...और उसने जबरन मेरे साथ खोटा काम किया। इसके बाद वह वहाँ से गाँव भाग गया। मैंने यह बात सबसे पहले अपनी माँ को बतलाई। मेरे पिता सौ कोस दूर मजूरी पर गए थे, पता चलते ही अगली सुबह लौटे। जब गाँववालों से इंसाफ़ नहीं मिला तो आज अपने भाई जोगेन्दर सिंह के साथ रिपोर्ट लिखाने आई हूँ। साबजी से अर्ज है कि जल्द से जल्द कड़ी कार्यवाही करें।'

"ये उन्नीस की हो गई है।" राजौ की माँ ने हमें राजौ की उम्र बताई। माँ से ही मालूम हुआ कि बचपन में उसकी सगाई अपने ही गाँव में पाबूराम के लड़के हुकुमराम से हो चुकी थी। लेकिन, वह परिवार अब न तो राजौ को ले जाने का नाम लेता है, न ही राजौ की कहीं दूसरी जगह शादी करने की ही बात करता है।

गाँववालों से तो मदद की आस पहले भी नहीं थी। कहने को दो कोस दूर पुनियों के तला गाँव में ताऊ है, साठ कोस दूर बनियाना गाँव में चचा है, अस्सी कोस दूर सोनवा गाँव में ननिहाल है, लेकिन खैर-ख़बर लेने कोई नहीं आता। यह झोपड़ा भी दो साल पहले गाँव में था, वहाँ से उठाकर दो कोस दूर यहाँ लाया गया है, गृहस्थी का हाल तो खस्ता था ही और खस्ता हो गया है। पंचों में चाहे खेताराम जाट हो या रूपाराम, खियाराम हो या अमराराम, सारे यही कहते हैं कि चिड़िया के पूरा खेत चुग जाने के बाद पछताने से क्या फ़ायदा!

"पर, खेत चुग जाने में राजौ का कसूर क्या था?" मैं उन लोगों से पूछना

चाहता था। फिर झोपड़ी से घूमकर मेरी नज़र गाँव की तरफ़ गई। पर, दूर-दूर तक मुझे बसाहट का कोई चिन्ह दिखाई नहीं दिया।

राजौ की माँ के कहने पर राजौ ने अपनी लंबी चुप्पी तोड़ी। उसने बताना शुरू किया कि कैसे उसके पिता देदाराम उस खोटी ख़बर को लेकर सबसे पहले गाँव के पंच खियाराम जाट के पास पहुँचे थे! उन्होंने इसे अँधेर और ज़माने को घोर कलयुगी घटना बताया, फिर उन्होंने देदाराम से बगैर पूछे आरोपी टीकूराम के यहाँ यह संदेश भी भिजवा दिया कि पंद्रह-बीस हज़ार देकर मामला निपटाने में ही भलाई है भई! मगर, टीकूराम के पिता हीराराम जाट ने साफ़ कह दिया कि वह न तो किसी को एक फूटी कौड़ी देने वाला है, न निपटारे के लिए कहीं आने-जाने वाला है!

फिर अदालत की दूसरी पेशी पर बाड़मेर कोर्ट के सामने आरोपी सहित पूरा कुनबा और गाँव के सारे पंच प्रधान जमा हो गए। अदालत के बाहर हर आदमी जज बना हुआ था। फ़ैसले सुना रहा था कि अस्मत गंवा चुकी महिला को आख़िर किस तरह पेश आना चाहिए। सबकी ज़ुबान पर सिर्फ़ यही बात थी कि केस वापस ले लो, कोर्ट-कचहरी का खर्चा-पानी भी दे देंगे। पर, टीकूराम को सामने देखकर राजौ बिफ़र पड़ी, उसने राज़ीनामा के तौर पर लाये गए पचास हज़ार पर थूककर ज़मीन पर दे मारे और वहीं सबको ऐसी खरी-खोटी सुनानी शुरू कर दीं कि एक न ठहरा।

इसके बाद, जिस चाचा ने राजौ का नाता जोड़ा था, उसी के ज़रिए पंचों ने तरह-तरह की बातें पहुँचानी शुरू कर दीं। जैसे, ''राज़ीनामा कर लो तो हम साथ रहकर गौना भी करवा दें''...''छोटे भाई की शादी भी करा दें,''...''नहीं तो छोटे का भी सब धरा रह जाएगा,''...''कोर्ट-कचहरी के चक्कर में पड़ने से अच्छा है, आपस में हिल-मिलकर रहना,''...''फिर वो तो लड़का है,''...''उसका क्या है,''...''जितना तुझे पैसा देगा, उतना कचहरी में लुटाकर छूट जाएगा,''... ''तू लड़की है,''...''फिर उम्र ही क्या है तेरी,''...''बाद में कोई साथ न देवे है बेटा,''... ''फिर बदनामी बढ़ाने में अपना ही तो नुकसान है,''...''तुझे अच्छे-बुरे का भेद पता न है,''...''और फिर पूरे गाँव की बदनामी सो अलग,''...

जब राजौ और उसके परिवार पर इन बातों का भी असर न हुआ तो कभी राजौ की जान की चिंता की गई, कभी उसके छोटे भाई की जान की चिंता की गई। लेकिन, अब तक तो किसी की नहीं गई। शायद वे भी चाहते होंगे कि ये सब भी जिएँ, लेकिन उस तरह जिस तरह वे चाहें कि इन्हें जीना कैसे चाहिए!

फ़िलहाल आरोपी टीकूराम ज़मानत पर रिहा है। उसकी शादी भी हो चुकी है। ज़ाहिर है आरोपी के रिश्तेदार आरोपी के साथ जिस मज़बूती से खड़े रहे, पीड़िता को उसके रिश्तेदारों से वैसा समर्थन नहीं मिला।

दूसरी तरफ़ तमाम डर, शर्मिंदगी, पाबंदियों से जूझने के बावजूद राजौ कोर्ट में केस लड़ रही है। उसे उसके इस फ़ैसले पर आज तक मलाल नहीं है, उसे एक ही चीज़ की आस है और ढाई अक्षरों का वह शब्द है न्याय। इसी आस में माँ-बेटी के गहने कुर्बान हो गए। ''गाँव आओ-जाओ तो अब सीधे कोई न टोकता, पर पीठ पीछे बातें होती ही हैं, तरह-तरह की।'' मेरे पूछने पर राजौ ने बताया कि आरोपी, उसके परिजन और पंचों को छोड़कर गाँव के बाकी लोगों के साथ उसके संबंध समय के साथ धीरे-धीरे सुधर रहे हैं।

राजौ के यहाँ से उठते ही बातचीत का सिलसिला खत्म ही हुआ था कि मैंने राजौ से कहा कि चिंता मत करना, जब मैं तुम्हारी ख़बर लिखूँगा तो उसमें तुम्हारा नाम बदलकर लिखूँगा और तुम्हारी फ़ोटो भी नहीं छपेगी। पर, वह ज़िद पर अड़ गई कि मेरा फ़ोटो खींचो और उसे ख़बर के साथ बढ़ा करके छापना। वह पहली बार मेरी आँखों में झाँककर मुझसे यह भी पूछने लगी कि उसकी ख़बर में उसका नाम क्यों नहीं छपेगा?

झोपड़ी के बाहर उसने खड़े होकर अपनी एक फ़ोटो खिंचवाई। फिर मैंने उससे पूछा कि वह अपना नाम छिपाना क्यों नहीं चाहती? उसने बेझिझक कहा, ''मेरा असली नाम और फ़ोटो ही देना भाई! नहीं तो कुछ मत छापना। गाँव के जिन ताऊ लोगों के सामने लाज-शरम से रहना था, उनके सामने ही घाघरा उतर गया तो दुनिया में जिन्हें हम जानते तक नहीं, उनसे बदनामी का कैसा डर!''

मैं हैरान था कि शुरुआत में जो लड़की इस मुद्दे पर बात करने के लिए घर से बाहर निकलने में झिझक रही थी, ये उसी के शब्द हैं। उसमें थोड़ी उम्मीद जाग गई। मुझसे थोड़ी देर बात करने भर से राजौ के जो मनोभाव बाहर निकले वही तो एक सामंती पुरुष-प्रधान समाज के खाँचे में नहीं बैठते। देश के बाकी भागों में भी देखा गया है कि समाज की सोच के उलट जब महिलाएँ प्रतिकार और संघर्ष करती हैं तो उन्हें मुख्य धारा से अलग-थलग कर दिया जाता है। कई बार उन पर यौन हमले भी होते हैं। दरअसल, महिलाओं के यौनांग को उनकी सबसे बड़ी कमज़ोरी के रूप में देखा जाता है।

इसके बाद, मुरली और हनुमान मुझे यहाँ से मीरा के गाँव बांडी धारा की ओर ले गए। किसी तरह का कोई ट्रैफ़िक तो नहीं फिर भी सावऊ से बांडी धारा तक पहुँचने और कच्चे, टेढ़े-मेढ़े लेकिन चौड़े रास्ते से होकर जीप में हिचकोले खाते हुए हमने मिनटों का समय घंटों में बिताया।

रास्ते में थार की तासीर पर बातें हुईं। यह तो मैंने पढ़ रखा है कि अरावली पहाड़ी के पश्चिम की तरफ़ थार भारत का सबसे बड़ा मरुस्थल है जो उत्तरप्रदेश और मध्यप्रदेश की ओर पैर पसार रहा है। गर्मियों में रेत के टीले आसानी से देखे जा सकते हैं। बताते हैं कि तेज़ हवाओं के चलते ये टीले एक जगह से दूसरी जगह चले जाते हैं। हालाँकि, अभी इलाके का तापमान तीस से पैंतीस डिग्री सेल्सियस रहता है।

ऐसे में इस समय यह तथ्य राहत देने वाला है कि अभी वैसी प्रचंड गर्मी नहीं है कि रेत के कारण थार में पारा पचास के पार हो जाए। न ही उतनी कड़कड़ाती ठंड ही है कि पारा शून्य के नीचे तक चला जाए। बरसात यहाँ अनिश्चित रहती है। इसलिए, सौ साल में अस्सी सूखे-अकाल के नाम रहे। लेकिन, ये सारी स्थितियाँ यहाँ के लोगों के लिए प्रत्याशित ही हैं।

सामान्य-ज्ञान की बहुत सारी बातों से अलग इन दिनों में मैंने कुछ बारीक बातों पर भी ध्यान दिया तो पाया कि यहाँ मीठे पानी की फ़सल उगाने से लेकर उसे बचाने के कई तौर-तरीके भी आम हैं। जैसे, गिलास को ओंठों से लगाए बगैर पानी पीना। जैसे, लोहे के बड़े कुंड में बैठकर नहाना और खारे पानी से नहाकर बचे हुए कुंड के पानी से कुंड में ही कपड़े धोना। जैसे, नहाने में डिटरजेंट की बजाय चिकनी माटी का उपयोग करना, ताकि माटी की परत जब कुंड के नीचे बैठ जाए तो ऊपर का पानी ऊँट आदि जानवरों के पीने के काम आए।

जब हम मीरा के घर पहुँचे तो वहाँ मीरा नहीं मिली। पति पूसाराम ने पूछने पर बताया कि घर के बाकी लोग अंदर गाँव में हैं और थोड़ी देर में आ जाएँगे। पूसाराम ने अपनी झोपड़ी के आँगन में हमारे बैठने के लिए खटिया बिछा दी। बदन पर काली बंडी पहने और आँखों पर चश्मा चढ़ाए बुजुर्ग पूसाराम ने हाथ जोड़कर हमारा अभिवादन किया। उन्होंने बैठने को कहा तो मैं भी उन्हीं के साथ खटिया पर बैठ गया। फिर मुरली के साथ बातों ही बातों में दो साल पहले मीरा और उन पर बीती बातों पर चर्चा शुरू हुई।

उन्होंने बताया कि तब कैसे इसी आँगन में रामसिंह राजपूत नाम का आदमी अपने कुछ दोस्तों के साथ नशे में धुत उन्हें बुरी-बुरी गालियाँ बक रहा था! उस

दिन भी पूसाराम घर में अकेला ही था। पहले तो उन्हें यही समझ नहीं आया कि रामसिंह उन्हें गालियाँ क्यों बक रहा है। फिर जब वह आँगन में बँधा पूसाराम का बकरा उधार खरीदने की बात पर अड़ गया तब पूसाराम को समझ आया कि रामसिंह किसी तरह उसे डरा-धमकाकर उससे उसका बकरा हथियाना चाहता है। पूसाराम के मना करने पर उसने बुज़ुर्ग पूसाराम के साथ जमकर मारपीट की। नज़दीक खेत में काम कर रहीं उनकी पत्नी मीरा को जब अपने पति की चीखें सुनाई दीं तो वे दौड़ी-दौड़ी आईं। देखा कि रामसिंह उनके बकरे को जबरन ले जा रहा है तो मीरा ने भी बकरे को छुड़ाने की कोशिश की। तब रामसिंह ने मीरा को भी खूब मारा-पीटा।

''वह 26 जनवरी यानी गणतंत्र-दिवस की सुबह थी। इसलिए सारे गाँववाले स्कूल में झंडा फहराने के लिए जमा थे। मीरा पूसाराम को लेकर तुरंत स्कूल की तरफ़ भागीं और अपना बकरा बचाने के लिए गुहार करने लगीं। फिर गाँववालों ने रामसिंह को बुलवाया। पर, वह नहीं आया। और उसी रोज़ वह इनका बकरा काटकर खा गया। अगली सुबह इनके (मीरा) साथ हमने थाने में शिकायत कराई,'' मुरली ने हस्तक्षेप किया।

जैसा कि पूसाराम ने बताया कि उसके बाद कोर्ट केस चला। लेकिन, इधर गाँववालों के समझौते के लिए बढ़ते ज़ोर के आगे भील समुदाय का यह बुज़ुर्ग दंपति दो महीने में ही समाज से हार गया। एक रोज़ ये दोनों ऐसे टूटे कि इन्हें राज़ीनामा के लिए हाँ बोलना पड़ा। मीरा को अपनी और अपने पति की मारपीट का भंयकर दर्द हमेशा के लिए भूल जाना पड़ा। उन्हें अपने बकरे की मौत और उसकी कीमत भी हमेशा के लिए भूल जानी पड़ी।

गाँववालों ने सिर्फ़ अस्पताल में लगा खर्चा दिलाने की गांरटी दी थी। हालाँकि, उन्होंने यह भरोसा भी दिलाया था कि अब आगे से वह ऐसा न करेगा। फिर रामसिंह राजपूत ने माफ़ी भी माँगी। यह अलग बात है कि केवल ऊँची जाति वालों से। पूसाराम से माफ़ी माँगने का सवाल ही नहीं था। यह बात आती तो गाँव में बहुतों के भीतर जाति का अहं आड़े न आ जाता!

''तो राज़ीनामा से खुश हैं?'' मैंने पूछा तो पूसाराम ने सिर हिलाकर मना कर दिया। कहा, ''राज़ीनामा कौन मेरी खुशी से हुआ था,'' और कुछ देर में उनका दर्द धीरे-धीरे आँसू बनकर बहने लगा। इस बीच, गाँव से लौटी मीरा ने घड़े से लोटा भरकर पानी पिया और पूरा समय पूसाराम को ध्यान से सुनती रहीं।

पूसाराम ने कहा, ''राज़ीनामा गाँववालों की खुशी से हुआ था, जिसकी

बड़ी लड़की की ही तीन लड़कियाँ हों, उसे तो हर चौखट पर नाक रगड़ने की लत पड़ चुकी होती है ना!..."

जब पूसाराम चुप हुए तो मीरा बोलीं, "इस बूढ़े आदमी को पटक-पटककर क्यों मारा? इसलिए कि उसे पता था कि हमारे बाप-दादा की तरह हम भी कमज़ोर हैं, उसने गाँव के किसी बड़े आदमी से कुछ क्यों नहीं माँगा, हमसे ही हमारा बकरा क्यों माँगा, इसलिए कि वह जानता था कि हम जैसों से ही वह बकरा छीन सकता है!"

पूसाराम बताते हैं कि मीरा की पसलियों से उठने वाली कराह ने महीनों तक उन्हें तकलीफ़ दी थी।

"फिर आपने समझौता किया ही क्यों?"

"समझौता कहाँ किया?" मेरी बात का जवाब पूसाराम ने दिया। बोले, "कुछ लोग बोले थे कि देख पूसा, कितने बड़े आदमी तेरे सामने हाथ जोड़ने को राज़ी हैं, तू उनकी बात न रखेगा, हम सब को रहना तो गाँव में ही है ना!"

फिर मीरा और पूसाराम ने सोचा कि बात तो सही ही है। खेत के पानी से लेकर आँगन के लिए गोबर, चूल्हे के लिए लकड़ियाँ, ब्याज पर लिए पैसे, आटा पिसाने के लिए चक्की और मजूरी ये सब तो बड़े आदमियों के भरोसे ही है।

"यदि ये सब नहीं होता तो..!"

"तो?"

"तो मैं आगे भी लड़ती, पर कुछ रोज में यह जगह छोड़नी पड़ती। यहाँ हमारी झोपड़ी है, ये आँगन है, खेत, ज़मीन है, दाना-पानी है। फिर बच्चे, बकरियों को लेकर कहाँ भटकते, घूमते?" मीरा ने जवाब दिया।

शाम ढलती देख मैंने सोचना शुरू किया कि और देर की तो लौटते समय सड़क और अधिक सुनसान हो जाएगी! इसलिए, हम बायतु लौटने के लिए आँगन से उठ गए। इन दोनों को सारी बातें खुलकर कहने का मौका मिला। यही कारण है कि दो-ढाई घंटे की बातचीत में उनका दर्द भी राजौ की तरह कसमसाते हुए मुखर होने लगा। चलती जीप से मैंने पीछे छूट रही उनकी झोपड़ी को एक बार फिर सिर घुमाकर उदास मन से देखा। मेरे मन में एक की बजाय दो झोपड़ियों का दर्द रेगिस्तान में चींटियों की तरह रेंगने लगा।

मुझे राजौ की कही वह बात याद आने लगी, "मेरा असल नाम और फ़ोटो ही देना भाई! नहीं तो कुछ मत छापना।" उसके ये शब्द पीढ़ियों की पीड़ा से उपजे प्रतिरोध का स्वाभाविक मनोभाव ही तो हैं, जो परंपरागत प्रवृत्ति के विरुद्ध

परिवर्तन के वाहक भी हो सकते हैं, लेकिन अशिक्षा, आर्थिक तंगी और सभी तरह की कानूनी अड़चनों से जूझने के बावजूद समाज की सोच और समाज पर निर्भरता ही उसके न्याय के रास्ते की सबसे बड़ी बाधा बन गए हैं।

कहते हैं, 'पाँच पंच मिल कीजै काज, हारे-जीते होय न लाज'। किंतु, जहाँ के पंच अपनी ताकत से जीत को अपने खाते में रखते हों, वहाँ के कमज़ोरों के पास हार और लाज़ ही बची रह जाती है। ऐसे में कोई कमज़ोर जीतने की उम्मीद से थाने और कचहरी के रास्ते जाए भी तो उसे जाती हुई राजौ और पूसाराम के साथ लौटती हुई मीरा मिलती है। तब राजौ से मीरा और गीता की दूरी और दर्द को महसूस करने के बाद यह सवाल इतना सीधा नहीं रह जाता है कि वह किसके साथ चले और किसके साथ लौटे?

~

और इधर, अजमेर स्टेशन उतरते ही मैंने भंवरीबाई को मोबाइल लगाया। वे लड़खड़ाती हुई बोलीं, ''तुम तो औरतों की आवाज़ लिखने के लिए आ रहे हो ना, सीधे अजमेरी-गेट थाने चले आना!'' नए शहर में थाने की बात सुन मैं अपने भीतर की लड़खड़ाहट को साधते बोला, ''पर हुआ क्या है?...ये तुम थाने में ही समझ लेना। हम तो पचास साल की बूढ़ी औरतें हैं, तुम लड़के ही हो, दो-चार थप्पड़ खा सको तो ही आना!''

वापस लौटने से तो अच्छा है अजमेर के अजमेरी-गेट थाने चलना। ऑटो से थाने पहुँचा। देखा, थानाधिकारी जी टेबल पर रखे 'सत्यमेव जयते' की प्लेट और पीछे की दीवार पर टँगी गाँधीजी की फ़ोटो के बीचोंबीच अपने बदन से एक सीधी रेखा बनाते हुए तने हैं। इधर, मैं नहीं जानता कि मैं उनके सामने हूँ, या ठीक निशाने पर हूँ।

इन दिनों कइयों के लिए यह बात समझ से परे है कि सिर्फ़ रसूलपुरा गाँव से दलित महिलाएँ कोई-न-कोई प्रकरण लेकर थाने क्यों पहुँच रही हैं? एक हफ़्ते में दलित-महिला अत्याचार की तीन-तीन शिकायतों के बाद तो पुलिसवाले भी इन शिकायतों से तंग आ गए हैं। दूसरी तरफ़, महिलाओं का आरोप है कि पुलिस दलित के संरक्षण और सम्मान के लिए बने कानून के विशेष प्रावधानों पर अमल करना तो दूर शिकायत दर्ज कराने वाले को ही हवालात की हवा खिला रही है।

रसूलपुरा के सुआलाल भाम्बी, उनकी पत्नी गीतादेवी और बेटी रेणु ने जब बीरम गूजर के ख़िलाफ़ जबरन गाय हथियाने और मारपीट का मामला थाने में दर्ज कराना चाहा तो सुआलाल भाम्बी को ही यह कहते हुए थाने में बैठा लिया गया कि अब तो जाँच के बाद ही पता करेंगे कि कसूरवार कौन है?

रसूलपुरा गाँव, अजमेर से जयपुर जाने वाली सड़क पर करीब दस किलोमीटर दूर है। यहाँ पहले दलित दूल्हा घोड़े पर नहीं चढ़ सकता था। किंतु, दस साल पहले हरकिशन मास्टर ने घोड़े पर चढ़कर पुराना रिवाज तोड़ा था। पंद्रह साल पहले भील समुदाय की छग्गीबाई सामान्य-सीट से जीतकर सरपंच बन गई थीं।

तब गाँव की इज़्ज़त का वास्ता देकर सारे पंचों को एक होना पड़ा था। अविश्वास-प्रस्ताव लाकर छग्गीबाई को छह महीने में ही हटा दिया गया था। छग्गीबाई का सामान्य-सीट से जीतना करिश्मा जैसा ही था। मैंने छग्गीबाई से उनके नंबर पर संपर्क साधा। उनसे चर्चा शुरू हुई तो वे बोलीं, ''तब मैं दलितों के वोटों से जीती थी। नतीजा सुनकर ऊँची जात वालों ने रसूलपुरा स्कूल घेर लिया था। मैं स्कूल के भीतर फँस गई थी। फिर पीछे कमज़ोर दीवार पर लगी खिड़की तोड़कर मुझे निकाला गया था। मुझे पुलिस की गाड़ी से भगाया गया था।''

एक गाँव के इन दो उदाहरणों से मुझे आपसी तनाव और टकराहटों की पूरी तस्वीर समझ आ गई। मूल बात यह थी कि परिवर्तन की इस प्रक्रिया को सबल वर्ग सहजता से स्वीकार नहीं कर पा रहा है और उसे अपने विशेषाधिकार के छिनने के रूप में देख रहा है। गणतंत्र की स्थापना के दशकों बाद भी इस वर्ग में यह चेतना नहीं आ रही है कि सभी नागरिक एकसमान हैं। यह नहीं जानना चाहता है कि जनतंत्र का सार 'एक मनुष्य, एक मूल्य' के सिद्धांत पर टिका है, क्योंकि यह हिंसा, अन्याय और घृणा के बूते अपना राज कायम रखना चाहता है।

इन सबका सबसे अधिक दबाव दलित महिलाओं पर पड़ रहा था, इसीलिए कुछ साल पहले इलाके की कुछ महिलाओं ने अपने अधिकारों के लिए समिति बनाई, नाम रखा—'महिला जन अधिकार समिति'।

इस बारे में भंवरीबाई बताती हैं, ''पिछले पाँच सालों में जब हम बाल-विवाह, मृत्यु-भोज और जाति-प्रथा जैसी बुराइयों के विरोध में बोलने लगे तो हमारा विरोध बढ़ने लगा। दलित महिलाएँ जब जाति-सूचक शब्द और गालियों पर आपत्ति जताने लगीं तो उनसे पूछा जाने लगा कि तुमसे तो हमेशा से ही इसी तरह बात करते आ रहे हैं, पहले भी तुम्हारे बच्चों को बिगड़े नामों से ही बुलाया

जाता रहा है, तब तो तुम्हें बुरा नहीं लगता था, अब क्यों लग रहा है?'' ज़ाहिर है कि इस तरह की टीका-टिप्पणियों और बहसों से आपसी संघर्ष बढ़ा।

दूसरी तरफ़, दलितों को गाँव की सार्वजनिक ज़मीन से होकर अपने खेत आना-जाना पड़ता है। शिकायत में तेजा गूजर पर आरोप है कि कुछ दिन पहले उसी रास्ते पर गड्ढा खोद दिया और काँटे की बाड़ लगाकर रास्ता बंद कर दिया। इसलिए, उसकी दलित महिलाओं से लड़ाई हो गई। ये महिलाएँ जब यह शिकायत लेकर थाने पहुँचीं तो थानेदारों को इन महिलाओं पर 'आए दिन आ रही आफ़तें' समझ नहीं आ रही हैं।

इन हिंसक प्रतिक्रियाओं के पीछे वे परिवर्तन की प्रक्रिया नहीं देख पा रहे हैं, जिससे ऊँची जाति वालों को समस्या है। इन्हें समस्या है समाज के उस एकाधिकार को चुनौती देने से, जिसमें यह निर्धारित है कि दलित महिलाओं को किस प्रकार का व्यवहार शोभा देता है।

इस तनावपूर्ण स्थिति में सुआलाल भाम्बी की गाय देर शाम तक जब घर नहीं लौटी तो उनकी पत्नी गीता और बेटी रेणु गाय का पता लगाने गाँव में घूमने लगीं। गीता बताती है कि बीरम सिंह ने उनकी गाय बाँध रखी थी। गाय माँगने पहुँचे तो माँ और बेटी के साथ गाली-गलौज और विरोध करने पर मारपीट की। उस वक्त तक गाँव का एक आदमी भी बीच-बचाव में न आया। ऐसे में जब गीता अपने पति सुआलाल और बेटी रेणु के साथ थाने में रिपोर्ट लिखाने आई तो तंग आकर थानेदार ने सुआलाल को ही बंद कर दिया। लेकिन, जब अजमेर के कुछ दलित-कार्यकर्ता थाने पहुँचे तो पुलिस कहने लगी कि सुआलाल को लेकर गाँव चलते हैं, यदि गाँव का एक भी आदमी यह कह दे कि वह गाय सुआलाल की है तो गाय सुआलाल की हुई।

सुआलाल का कहना है कि गाँव में तो कई गवाह मिल जाएँगे, पर मामला केवल गाय का ही नहीं है, गाय तो मेरी है ही, असल बात तो मेरी पत्नी और बेटी के साथ बेवजह मारपीट और गाली-गलौज की है, उसका न्याय चाहिए।

पुलिसवालों के हिसाब से ऐसे तो मामला सुलझने से रहा इसलिए, अगली सुबह गीता और रेणु को ज़िला व सत्र न्यायाधीश, अजमेर का रास्ता पकड़ना पड़ेगा। रात उन्हें अजमेर में ही कहीं बितानी होगी, सुबह होने तक हो सकता है कि उनके पास गाँव के पंच प्रधान पहुँच जाएँ, हो सकता है कि तब वे अदालत के बाहर मारपीट और इज़्ज़त का हर्जाना देने की भी बात करें और उनमें से ही कोई गीता और रेणु के मार्गदर्शक बन जाएँ! लेकिन, गीता और रेणु के शरीर पर

चोट के निशान ताज़ा हैं। दोनों इस बार किसी तरह का कोई समझौता न करने के बारे में बात कर रही हैं।

उन्होंने गाँव से थाने, थाने से अदालत तक का रास्ता तो तय कर लिया है लेकिन, आगे क्या वे अदालत के रास्ते पर चलकर गाँव के रास्तों पर वापस चल सकेंगी? रात हो चुकी है, अब यह सुबह ही तय होगा कि ये दोनों किस रास्ते पर चलेंगी, लेकिन सुबह होने में अभी देर है...

दंडकारण्य यूँ ही लाल नहीं है

दरभा, छत्तीसगढ़

मीना खलको!

"हाँ नाम सही तो लिखा तुमने और समाचार भी ठीक है तुम्हारा।" साथी ने पुष्टि की और व्याकरण की कोई त्रुटि किए बगैर मैंने पहली बार साफ़-साफ़ लिखा—

'मीना खलको! पुलिस के साथ मुठभेड़ में नक्सली युवती की मौत के मामले में नया मोड़' पत्रकारिता के '6क' नियम का पालन करते हुए इस सब-हैडलाइन से संपूर्ण समाचार बनाया 'निर्दोष आदिवासी युवती नहीं थी नक्सली, पुलिस ने किया बलात्कार और उतार दिया मौत के घाट'—

विपक्षी नेता की प्रेस-विज्ञप्ति में उठे प्रश्नों को भी पूरी जगह दी थी मीना खलको!

कोई तो रोता ही है, किसी का कलेजा तो पसीजता ही है मौत पर मीना खलको! ऐसा नहीं है कि हम पत्थर-दिल लोग हैं। कलेजा हमारा भी बैठता है, परंतु एक अड़चन है तुम्हारे साथ। तुम आए दिन अपराध की चौथी, पाँचवीं या छठी सुर्खी में क्यों बदल-बदल आती हो इस राज्य में मीना खलको!

पता है कि तुम्हें दोहराने के लिए तुम ज़िम्मेदार नहीं हो मीना खलको! 'पुलिस के मनोबल' के बारे में क्या सुना है तुमने? क्या क्लास और क्या समझ थी तुम्हारी मीना खलको!

इस मुद्दे पर आज ही एक समाचार संपादित किया है। तुम्हारी मौत एक रहस्य है। पर्दा न उठने के बाद भी समाचार रहोगी मीना खलको!

हाँ, अभी तुम्हारा समाचार नहीं लिखा जा रहा है। छोटे समाचार में कहीं दबी रह गई हो तो मेरा ध्यान गया नहीं। पर तुम्हारा समय शीघ्र लौटेगा। अपना अनुभव कहता है कि तुम फिर आओगी इस राज्य में। सियासी सुर्खियों के बीच तुम्हारी मौत फिर लौटेगी मीना खलको!

समाचारों में तब तक तुम्हारे ज़िंदा रहने की आस है पर हम यह नहीं कह सकते। समाचारों में ज़िंदा रहते तुम्हारी मौत के रहस्य से पर्दा उठ ही जाएगा पर, एक अड़चन और है तुम्हारे प्रकरण में अगर पर्दा उठने भी लगे मौत से तुम्हारी, तो फिर घटनाक्रम बदल-बदलकर बारंबार इस राज्य में तुम आती हो मीना खलको!

समाचार लिखते समय कई चरित्र ऐसे होते हैं जो हमारे मन-मस्तिष्क में घर कर जाते हैं। कई बार तो ऐसा हुआ कि मैं उनसे कभी नहीं मिला, फिर भी कई बार संवाद हुआ। ऐसी ही एक चरित्र है जिससे मैंने कुछ वर्ष पहले संवाद किया था। नाम था मीना खलको!

अप्रैल 2014 में नया-नया रायपुर आया था। उसके बाद जून 2017 तक *राजस्थान पत्रिका* के रायपुर और जगदलपुर संस्करणों में पत्रकारिता करने के दौरान इस प्रकरण से जुड़ी सुर्खियाँ मेरे मन-मस्तिष्क में रह-रहकर दौड़ती रहीं। समाचार हमें सीमित कर देते हैं। 'मीना खलको' से संवाद उसी से बाहर निकलने की छटपटाहट थी। कई बड़े युद्धों में यौन हिंसा हथियार की तरह प्रयोग होती है। विशेषज्ञ इसका उद्देश्य शक्ति-प्रदर्शन और बलात् जीतने और अपमानित करने की इच्छा बताते हैं। कई बड़े युद्धों में युवतियाँ सबसे अधिक दमन का शिकार हुई हैं। बस्तर में नक्सलियों के विरुद्ध युद्ध में भी यौन-उत्पीड़न के प्रश्न उठते रहे हैं।

इन प्रश्नों को मुख्यधारा की पत्रकारिता में लाने के प्रयासों के बावजूद कई बार मुझे लगता रहा कि मेरा लिखना लगभग बेकार जाएगा। छपकर भी यह विशेष काम नहीं आने वाला, पर मैं लिखता रहा हूँ। मैं सोचता हूँ कि मेरी बेचैनी मेरी अपनी है जो मुझे ही अशांत करती रहेगी, मगर मैं सोचता रहा हूँ। मैं दूसरों के दुखों से दुखी हो सकता हूँ, कई बार मुझे यह सोचकर ही खुशी हुई। चलो यही सोच क्या कम है मुझे बाकियों से अलग करने के लिए।

इसी सोच के साथ मैंने यात्रा और ठिकानों के एक समानांतर संसार में विशेषकर यात्राओं के दौरान डायरी लिखने की सोची। इसके लिए कई बार कोशिश की जो हर बार अधूरी रही। पिछले दिनों इन्हीं डायरियों को ढूँढ़ने पर सिर्फ़ एक डायरी हाथ लगी और जो लगी उसमें लिखे अपने ही विचार बासी पड़े थे। किन मोड़ों पर ये विचार बासी पड़े, यह तो नहीं मालूम, लेकिन इन्हें पढ़ते हुए लगा कि नये सिरे से सब लिखने बैठूँ। दरअसल, बाहरी अन्याय और अराजकता से जुड़ी घटनाओं-दुर्घटनाओं ने मेरे बनने की आंतरिक-यात्रा को इस तरह प्रभावित किया है कि पुराने पन्नों पर लिखे गए विचार पुराने पड़कर मुझे

ही चिढ़ा रहे हैं। इस डायरी में कई महत्त्वपूर्ण संदर्भ विवरण हैं। इसलिए, न इसे फेंकते बना और न ही रखते।

तो तिथियों को उसी क्रम में रखते हुए मैं इसे नए सिरे से लिखने बैठ रहा हूँ, ताकि वह सब लिख और सोच सकूँ जिसे लिखे और सोचे जाने की गुंजाइश पहले से बहुत कम हो रही है। अब तो असहमतियों को कुचलने की प्रक्रिया पहले से कहीं अधिक तेज़ हो रही है और देश के अलग-अलग राज्यों से मानवाधिकार कार्यकर्ताओं की गिरफ़्तारियाँ लगातार बढ़ती जा रही हैं।

स्थिति यह है कि 'नगरीय नक्सली' प्रायोजित प्रताड़ना का पर्याय बन चुका है। ऐसे में यह डायरी बस्तर और उसके आस-पास के मोर्चे पर है। अब हम पहले से अधिक अमानवीय परिस्थितियों में तो प्रवेश कर सकते हैं, लेकिन केशकाल घाट से होकर बस्तर के जंगल में प्रवेश नहीं कर सकते हैं, इसलिए इस अँधेर समय में मैं अपनी डायरी के बूते एक बार फिर केशकाल घाट से गुज़रते हुए बस्तर के जंगल में प्रवेश कर रहा हूँ। इस तरह, मैं अपना रचनात्मक प्रतिरोध दर्ज कर रहा हूँ...

सावधान! आगे घाट है

27 सितंबर 2015...''सुनो! क्या यही घाट है, जहाँ प्रवेश करने पर जीवन का कोई मूल्य नहीं बचता! या यही घाट है जहाँ से प्रवेश करना मानवीयता के और अधिक निकट जाने जैसा है!'' यह मैंने अपने आप से कहते हुए डायरी में लिखा।

मुझे कल दोपहर कार्यालय की ओर से आपातकालीन संकट के कारण कुछ दिनों बस्तर संस्करण में संपादकीय सहयोग करने के लिए तुरंत रायपुर से जगदलपुर पहुँचने को कहा गया है। इस समय दोपहर के साढ़े तीन बजे मैं छत्तीसगढ़ की राजधानी रायपुर से कोई तीन सौ किलोमीटर दूर जगदलपुर जाने वाली सड़क पर केशकाल घाट पार कर चुका हूँ। जो बस्तर के रास्ते संपूर्ण राज्य को दक्षिण-भारत से जोड़ता है। अब से पहले मैं बस्तर से दूरी बनाकर चलता रहा हूँ, इसके बावजूद जैसे एक लहर के पहले ही अनंत लहरें किनारा छू चुकी होती हैं, मैं आज बस्तर की पहली ही यात्रा के पहले ही अपनी कल्पनाओं की उड़ान द्वारा बस्तर की कई यात्राएँ कर चुका हूँ।

उजाड़-कथाओं के इस दौर में मुझे बस्तर हमेशा एक रक्तरंजित-पीड़ास्थल की अत्यंत भयावह अनुभूतियों के साथ दिखता रहा है, जिसमें इसकी तुलना किसी और क्षेत्र से नहीं की जा सकती है। जैसे अभी इस समय बस की खिड़की के

बाहर इस घाट के दस बेहद घुमावदार मोड़ों से निकलते हुए तक मेरी स्मृतियों में बस्तर का जो पहला दृश्य कौंध रहा है, उसमें भूख, अभाव, रोग, मृत्यु और अकाल-मृत्यु के अखबारी-ब्यौरे के बीच लाठियों पर पैरों को बाँधकर, उलटा लटकाकर लाया जा रहा एक महिला का शव है।

वर्ष 1947 के बाद भारत का भूगोल भले ही दो भागों में न बँटा हो। लेकिन, विभाजन के मुद्दे पर मेरा एहसास मेरी अनुभव-सीमा के परे अब यह सोचने पर विवश करता है कि बस्तर के भीतर-बाहर एक ही देश की सीमा में कई लाख आबादी विस्थापित क्यों हुई! हुई तो सुनियोजित उजाड़-योजनाओं के अलग-अलग अंतराल में इतनी बड़ी तबाही एक प्रमुख घटना की तरह प्रस्तुत क्यों नहीं हुई! वनवासियों की मार्मिक कहानियाँ साहित्य में 'आधी रात की संतानें' क्यों नहीं हुईं! या सिनेमा की 'गर्म हवा' क्यों नहीं बनी! इसके विपरीत सत्ता के नव-दावेदारों के युग में उजड़ने की यह अमानवीय प्रक्रिया स्थायी परिस्थितियों में बदल देने की सीमा तक क्यों पहुँच गई!

28 सितंबर 2015...(विश्राम-गृह में)...बस्तर में दोपहर डेढ़ बजे। दक्षिण-कौशल, दंडकारण्य, लाल-आतंक, लाल-गढ़, लाल-गलियारा...और न जाने क्या-क्या! बस्तर के साथ कई नाम जुड़ जाते हैं। लेकिन, लाल रंग बस्तर की पहचान बन गया है। बस्तर के कई रूप और हैं। जैसे-जनजातियों की समृद्ध संस्कृति वाला बस्तर, वृक्षों की घनी हरियाली से ढँकी मनमोहक घाटियों वाला बस्तर और नक्सल-गतिविधियों के लिए जाना जाने वाला बस्तर।

इसके इतर बस्तर लकड़ी, बाँस, माटी और धातुओं की अनूठी कलाकृतियों के लिए भी जाना जाता है। बस्तर का लोहा पूरी दुनिया मानती है। फिर भी अकूत संपदाओं से सम्पन्न यह भारत के अति-गरीब लोगों की धरती है। बस्तर का ज़िला-मुख्यालय बस्तर से दस किलोमीटर दूर जगदलपुर में है। कांकेर, कोंडागाँव, नारायणपुर, बीजापुर, दंतेवाड़ा और सुकमा कभी बस्तर ज़िले में थे। बाद में ये अलग-अलग ज़िलों में बँटकर बस्तर संभाग में आ गए। इंद्रावती नदी यहाँ की जीवन-रेखा और आस्था की सूचक है। बस्तर का अधिकांश भू-भाग कृषि-योग्य नहीं है। दूसरे अर्थ में जंगल ही यहाँ के खेत हैं और इस 'खलिहान' में कोषा, तेंदूपत्ता, लाख, साल बीज, इमली और अमचूर होता है। बहुत पहले कभी बस्तर में छत्तीस बोलियाँ थीं। इनमें से अब गोंड़ी, हल्बी, भतरी और धुरवी जैसी कुछ बोलियाँ ही शेष हैं। कहा जाता है कि बस्तर में मैना अधिक बोलती है और आदमी कम। किंतु, आदमी की चुप्पी कब गोलियों की गड़गड़ाहट और

बारूद के धमाके में बदल जाए, कुछ कहा नहीं जा सकता।

मैं इस समय अठारहवीं सदी में हूँ

29 सितंबर 2015...क्या आप किलो, दो किलो, अन्न की आस में नब्बे किलोमीटर लंबी पैदल-यात्रा करने की सोच सकते हैं? और इतना कष्ट सहने के बाद भी यदि आपको अन्न का एक दाना नसीब न हो तो क्या दशा होगी! किंतु, यही दुर्दशा है देश के सर्वाधिक दुर्गम भूखंडों में एक बस्तर की।

यहाँ से सोचिए.. महाराष्ट्र की सीमा के समीप अबूझमाड़ यानी अबूझ जंगल के मेटाबेड़ा गाँव में सत्ताइस परिवार अनाज और राशन-कार्ड पाने के लिए छह रातें पेड़ों के नीचे बिताते हैं। सातवें दिन जब वे नारायणपुर के खाद्य-विभाग कार्यालय पहुँचते हैं तो वहाँ बैठे एक अधिकारी के पास एक टका-सा उत्तर है, "तुम्हारे कार्ड नहीं बने।" छोटी-छोटी आवश्यकताओं के लिए नदी-नाले पार करना और नब्बे-सौ किलोमीटर तक पैदल चलना, यहाँ लोगों की आदत में शामिल है और इस तरह का समाचार आम जीवन का भाग है।

अपने समाचार-पत्र के जगदलपुर संस्करण कार्यालय में आज मैं पहली बार गया और दोपहर बारह की संपादकीय-बैठक के बाद समाचारों का रुझान जानने के लिए हफ़्ता-पंद्रह दिनों की अखबारी-फ़ाइल पलट रहा हूँ तो पिछले पन्ने के एक कोने में यह दबा समाचार मुझे चौंकाता है। यह बताता है कि एक आम बस्तरिया का बस्तरनामा यहीं से शुरू होता है, जिसमें कुछ किलो अनाज मानवीयता की सबसे बड़ी आवश्यकता है। गत दिनों से हर पन्ने के बैनर, फ़्लायर, लीड, एंकर और बॉटम समाचार बस्तर में दशहरा की तैयारियों से रंगे हैं।

मैं डीसी (डबल कॉलम) और टीसी (ट्रिपल कॉलम) के विवरणों से विशेष समाचारों के आइडियाज़ नोट कर रहा हूँ। इन्हें पढ़ते हुए पता चलता है कि अंतिम पंक्ति का आदमी यहाँ हर दिन किस तरह से ठगा जा रहा है और संक्षिप्त समाचारों में छपी उनकी विपत्तियाँ सामान्य दिनचर्या की तरह समाप्त हो रही हैं। 'नहीं मिला मिड-डे-मील का पैसा', 'मनरेगा की मज़दूरी पर अफ़सरों का डाका', 'पेंशन के लिए दर-दर भटक रहीं विधवाएँ' जैसे समाचार हैडलाइन बदल-बदलकर जहाँ-तहाँ रुटीन के पन्ने भरने के काम आ रहे हैं।

1 अक्टूबर 2015...आज मैंने बस्तर में अपनी पहली रिपोर्ट फ़ाइल की। हैडलाइन बनाई, 'ग्यारह की उम्र में बारह कि.मी. लंबा स्कूल का रास्ता'। यहाँ से देखिए...यह विपत्ति ज़िला-मुख्यालय से दक्षिण की ओर कोई दो घंटा दूर तुलसी डोंगरी पहाड़ी के चांदामेटा गाँव के नन्हे बच्चों पर आई है, जिन्हें अब हर दिन

ऊबड़-खाबड़ रास्तों से होकर आना-जाना पड़ रहा है। इस गाँव के बच्चों को पाँचवीं के बाद पढ़ने के लिए कोलेंग गाँव के मिडिल स्कूल आने-जाने में बारह किलोमीटर का अंतर पाटना पड़ रहा है। आश्चर्य यह कि एक वर्ष में उनके लिए यह रास्ता चार गुना लंबा हो गया है। ऐसा इसलिए कि सरकार ने चांदामेटा से चार किलोमीटर दूर छिंदगुर का मिडिल स्कूल बंद कर दिया है।

यह वेदना अकेले एक गाँव की नहीं बल्कि सरकार के युक्तिकरण के आदेश के कारण इस वर्ष बस्तर संभाग के सात सौ बयासी स्कूल एक झटके में बंद कर दिए गए हैं। कल मैंने दरभा ब्लॉक के शिक्षा अधिकारी अखिल मिश्रा से बात की। उन्होंने बताया कि यह सरकार का निर्णय है जिसका हम सिर्फ़ पालन कर रहे हैं।

जिन स्कूलों में बच्चे कम हैं उन्हें बंद करना ही था। हालाँकि, गाँव के सरपंच पंडरुराम समझ नहीं पा रहे हैं कि सरकार ने स्कूल बंद क्यों किया, जबकि स्कूल बढ़िया चल रहा था और उसमें बच्चियाँ भी आ रही थीं। यह अपनी आँखों देखी बस्तर की बदहाली की पहली झलक है। कहा जाता है कि स्कूल बच्चों को लोकतांत्रिक नागरिक बनाता है। इस दृष्टि से मैं जैसे-जैसे जंगल के भीतर घुसता गया वैसे-वैसे यह सपना टूटता गया।

हो सकता है कि मैं स्थानीय परिस्थितियों का अभ्यस्त नहीं हूँ। इसलिए मुझे यही समाचार एक्सक्लूसिव लग रहा हो। फिर भी मैं बस्तर को नई दृष्टि से देख-सुन पा रहा हूँ। इस पहले समाचार के साथ मैं पहली बार बस्तर के समाज और समय में हस्तक्षेप कर रहा हूँ, जहाँ मेरे कानों में प्रकृति का आदिम-राग तो सुनाई देता है लेकिन हरी-भरी पहाड़ी बेचैन है और कोई जलधारा आँखों में राहत देती नहीं दिखती।

3 अक्टूबर 2015...आज मेरी दूसरी ख़बर का हैडलाइन है—'बस्तर में एंबुलेंस की जगह चल रही चारपाई'। मध्यप्रदेश से विभाजित होकर छत्तीसगढ़ राज्य को अस्तित्व में आए डेढ़ दशक हो गए। किंतु, आज तक इंद्रावती नदी के पार सौ साल पुराना संसार ठहरा हुआ है। इस दौरान प्राकृतिक संसाधनों के दोहन के लिए निवेश का विकास तो तीव्र गति से हुआ। लेकिन, मूलभूत सुविधाओं की दृष्टि से इंद्रावती नदी के पार करीब पाँच सौ गाँव जहाँ के तहाँ रह गए। स्वास्थ्य सुविधाओं की ही दृष्टि से देखें तो ये गाँव अठारहवीं सदी पीछे हैं। ओझा यहाँ

का एमबीबीएस डॉक्टर है और गंभीर मरीज़ों को ही पच्चीस से तीस किलोमीटर दूर अस्पताल पहुँचाने के बारे में सोचा जाता है।

सड़क, पुल-पुलियों के अभाव में उन्हें नाव के बूते नदी पार कराई जाती है। इसके बाद अस्पताल की यात्रा शुरू होती है खटिया भरोसे। जगदलपुर में अस्पतालों के सामने खटियों की संख्या देख समझ आता है कि आख़िर क्यों बस्तर संभाग में हर वर्ष स्वास्थ्य कारणों से करीब चार हज़ार से अधिक मरीज़ों की मौत हो जाती है।

चाहें तो आप इस बात पर संतोष कर सकते हैं कि इस युग में भी यहाँ कई श्रवण कुमार अपने बीमार बुजुर्गों को कंधों पर ढोते हुए मिल जाएँगे। वहीं, रक्तपात से सना लाल-गढ़ रक्त की भारी कमी से जूझ रहा है। आदिवासी बहुल प्रदेश में उपचार के लिए एक लाख पैंतीस हज़ार यूनिट रक्त की कमी है।

अकेले बस्तर ज़िले में साढ़े तीन हज़ार से अधिक बच्चे गंभीर एनीमिया की चपेट में हैं। बीते वर्ष दो सौ से अधिक महिलाएँ प्रसव के दौरान दम तोड़ गईं। बरसात में साँपों के काटने से अकाल-मृत्यु का क्रम शुरू होते ही कुछ महीनों में ही सौ सवा सौ लोग सर्पदंश के शिकार बन जाते हैं। जुलाई-अगस्त में दूषित पानी और भोजन के कारण हैजा-अतिसार महामारी का रूप धर सैकड़ों के प्राण दबोच लेता है। मच्छरों के काटने से आम लोगों के मरने की तो ठीक-ठीक गिनती भी नहीं की जा सकती। हाँ, ऐसा कोई वर्ष नहीं बीतता जब सरकारी रिकॉर्ड पर मलेरिया से पचास से अधिक जवान न मरते हों। और तो और, नक्सली मुठभेड़ में घायल जवानों को भी उपचार के लिए रायपुर के निजी अस्पतालों में लाया जाता है। इस दौरान कई जवान लंबे-दुर्गम रास्तों में ही न्यौछावर हो जाते हैं। कुल मिलाकर, यहाँ जीना अत्यंत जटिल है, जबकि मृत्यु के असंख्य कारण हैं।

बस्तर का यही परिदृश्य किसी लेखक-पत्रकार को प्राकृतिक सौंदर्य और भाषा के इंद्रधनुषीय रंगों से बचा ले जाता है। देश के इस समस्या-ग्रस्त क्षेत्र की हरी पीड़ा और लाल विडंबनाएँ जनोन्मुख सरोकारों पर लिखने के लिए बाध्य करती हैं।

5 अक्टूबर 2015...आज मेरी फ़्लायर रिपोर्ट की हैडलाइन है—'बीस साल पहले गई बिजली अब तक नहीं लौटी'। जी हाँ! यह सत्य है कि आँधी के कारण तब से गाँव की बिजली गई तो अब तक नहीं लौटी। यह घटना नारायणपुर से

पैंतीस किलोमीटर दूर एहनार की है। किंतु, इस तरह की घटनाएँ यहाँ आम हैं।

बस्तर संभाग के करीब चार सौ गाँव लालटेन युग में हैं। कई गाँवों में बिना तारों के खड़े खंबे बताते हैं कि स्वतंत्रता के बाद यहाँ विकास के कदम ज़मीन पर नहीं पड़े। दूसरी ओर, केंद्र सरकार के ऊर्जा-मंत्रालय ने छत्तीसगढ़ से हरियाणा तक बिजली पहुँचाने के लिए नई ट्रांसमिशन-लाइन बिछाने की योजना बनाई है। बिजली की रिपोर्ट के सिलसिले में एक महीने पहले मैं नया रायपुर के संचालनालय में एक अधिकारी से मिला था। उसने बताया था कि ट्रांसमिशन-लाइन से जुड़ने के बाद अपनी आवश्यकता से अधिक बिजली उत्पादन करने वाला छत्तीसगढ़ दूसरे राज्यों तक आसानी से बिजली पहुँचा सकता है। हरियाणा तक तीन सौ पैंसठ किलोमीटर लंबी ट्रांसमिशन लाइन जोड़ने में करीब बारह सौ करोड़ रुपए खर्च होंगे।

इसके अलावा, तमिलनाडु तक ट्रांसमिशन लाइन बिछाने की योजना बनाई जा रही है। सरकार का दावा है कि बारहवीं पंचवर्षीय योजना में बिजली उत्पादन के कुल लक्ष्य का लगभग एक चौथाई योगदान अकेले छत्तीसगढ़ देगा। किंतु, दूसरी सच्चाई यह है और इसका ठीक-ठीक उत्तर किसी के पास नहीं है कि आज भी बस्तर के लगभग एक हज़ार स्कूलों तक बिजली क्यों नहीं पहुँची ? कुल मिलाकर, अनियमितता, उपेक्षा और विसंगतियों के त्रिकोण में दंडकारण्य के भीतर का घुप्प अँधेरा छंटने का नाम नहीं लेता है, जबकि छत्तीसगढ़ के संसाधनों का अँधाधुँध उपयोग करके बस्तर के बाहर रोशनी की लंबी-लंबी रेखाएँ खींची जा रही हैं।

~

बाज़ार में बिछ जाती हैं लाशें

7 अक्टूबर 2015...आज सुबह नौ बजे मोबाइल के रिंगटोन से मेरी नींद जल्दी टूट गई। सूचना मिली कि कल रात ओडिशा सीमावर्ती क्षेत्र में पुलिस ऑपरेशन के दौरान मारी गई एक नक्सली महिला का शव बरामद हुआ है। कुछ घंटों बाद अतिरिक्त पुलिस अधीक्षक विजय पांडे से पता चला कि यह मुठभेड़ दरभा से कोई पैंतालीस किलोमीटर दूर एक बसाहट के पास हुई। उनकी मानें तो नक्सलियों और पुलिस के बीच शाम से रात एक बजे तक चली गोलीबारी

के बाद बंदूकें भी बरामद हुईं। हालाँकि, इससे पहले कई मुठभेड़ें और नक्सली आत्मसमर्पण की लहरें फ़र्ज़ी सिद्ध हुई हैं, जिनकी चर्चा बाद में।

फ़िलहाल तो ज़मीनी पड़ताल के लिए मुझे जगदलपुर से दरभा घाटी पार करनी है। मैं चाहूँ तो दरभा घाटी नहीं भी पार करूँ। लेकिन, 'एक्सक्लूसिव' रिपोर्ट के लिए इसके पार जाने को तैयार हूँ। सब जानते हैं कि 25 मई 2013 भारतीय राजनीति के इतिहास में कभी न भूलने वाला दिन है। इसी दिन दरभा घाटी पर एक बड़े नक्सली हमले के दौरान कांग्रेस के बड़े नेता महेन्द्र कर्मा, नंदकुमार पटेल और विद्याचरण शुक्ल सहित तीस से अधिक कार्यकर्ता मारे गए थे। मैंने करीब ग्यारह बजे अपने साथी रिपोर्टर अमित मुखर्जी के साथ मोटरसाइकिल से लाल घाटी कही जाने वाली दरभा घाटी को पार करने के लिए जगदलपुर छोड़ दिया।

मुझे आश्चर्य हुआ कि अमित जगदलपुर का ही है, लेकिन उसने बताया कि उसने अपने जीवन में दरभा घाटी कभी पार नहीं की। खैर, एक से दो भले। हमें सिर्फ़ इतना पता है कि यह घटना दरभा के आस-पास हुई है, लेकिन इसकी ठीक दिशा और बसाहट के बारे में इस समय तक हमें कुछ नहीं मालूम। हम दोनों ने जिस एक सूत्र के भरोसे घटनास्थल तक पहुँचने का खतरा उठाया, उसका मोबाइल लगातार बंद बताता रहा।

दोपहर दो बजे हरी पहाड़ी से सड़क पर दौड़ते वाहन यहाँ अधिक ही सावधानी से दौड़ रहे हैं। इस बीच सामने से फ़्लैग-मार्च करते हुए मोटरसाइकिलधारी सुरक्षाबलों की टुकड़ियाँ हमारी मोटरसाइकिल को चीरकर आजू-बाजू से निकल गईं। लगा, हम ऐसे अपरिचित-सुदूर अंचल में हैं जहाँ दो पक्ष एक-दूसरे के रक्त के प्यासे हैं। दोनों पक्ष हर एक को संदेह से देखते हैं, जबकि अभी तक हमें दोनों पक्षों में से कोई नहीं जानता।

इस समय तक हम, दोनों की पकड़ से बाहर हैं। लेकिन, दोनों का डर हवा में तैर रहा है। प्रकृति अपने रंग में होती है तो हरी होती है, लेकिन यहाँ असुरक्षा के बोझ तले इस हरे-भरे स्थान में मुझे डर का रंग ही हरा दिखाई देने लगा।

यकायक मुझे याद आया कि मैं किसी का पुत्र, पति और पिता हूँ और अपनी दो वर्ष की बच्ची श्रुति के साथ आकार लेते सपने, एक मकान और उच्च जीवन-स्तर जैसी मध्यम-वर्गीय चिंताओं में तैर रहा हूँ। सुकमा की ओर जाने वाली एक सूनी सड़क पर इन विचारों के साथ मोटरसाइकिल की आवाज़ कानों में और अधिक गूँजने लगी है। मैं सोचता हूँ कि जब इतनी देर में बगैर कुछ हुए हमारी यह मनोदशा है तो शाम से देर रात एक बजे तक चलती गोलियों के बीच

उस जगह का एक पिता अपनी बच्ची को कोई कहानी कैसे सुनाता होगा जहाँ हम जा रहे हैं! फिर भी हम चालीस कि.मी. प्रति घंटे की गति से चलते रहे। मैंने अमित से कहा, ''भाई, गाड़ी एकसमान गति से दौड़ाते रहना।''

दरभा पहुँचने पर हर आदमी एक-दूसरे को ऐसे टोहता रहा मानो इसके कुछ किलोमीटर आगे कुछ हुआ ही न हो! मुठभेड़ के दस घंटे बाद हर एक ऐसा लग रहा है मानो रात की घटना के बारे में कुछ नहीं सुना। हम भी दो अजनबी किससे क्या पूछें! लिहाज़ा, किसी तरह सूत्र के घर तक पहुँचे जहाँ दरवाज़े पर ताला लटका मिला। अब घटनास्थल तक पहुँचें तो कैसे?

यह सोचते हुए हम दरभा थाने पहुँचे। एक वर्दीधारी जवान को पत्रकार होने का हवाला देकर मुठभेड़ और घटनास्थल तक पहुँचने के बारे में बात की। उसने चेताया कि अभी तो पैंतालीस किलोमीटर बीहड़ में घुसना खतरे से खाली नहीं। इसके बाद न वह अधिक बोला और न हमने बेवजह सक्रियता दिखाई। बस्तर की परिस्थिति ऐसी है कि नक्सली और पुलिस दोनों में से किसी एक की भी 'गलतफ़हमी का शिकार' बनने में अधिक देर नहीं लगती।

अब अन्य समाचार की खोज में हम एक सरकारी कार्यालय पहुँचे। एक अधिकारी से पूछा कि किसी सुरक्षित गाँव का ऐसा स्कूल बता दीजिए जहाँ बच्चों की पढ़ाई के बारे में कुछ जान सकें। उसने बताया कि यहाँ कोई चप्पा सुरक्षित नहीं। मेरी आँखें उसके सिर के ठीक पीछे दीवार पर बस्तर संभाग के मानचित्र पर चली गईं। उसने खिड़की से बाहर झाँकते हुए मुझे बताया, ''बाहर देखो, आज दरभा का बाज़ार लगा है, यह बाज़ार भी सुरक्षित नहीं है। बाज़ार में पता नहीं कब गोलियाँ चल जाएँ और देखते-ही-देखते खून से लथपथ लाशें बिछ जाएँ!''

तो यहाँ किसी जगह किसी पर विश्वास नहीं किया जा सकता? कैसा समय है यह? लेकिन, इसी समय की दोपहर में हम बस्तर का हाट-बाज़ार घूम रहे हैं। यहाँ अधिकतर महिलाएँ हैं। सुखरी बाई कहीं दूर से सूखी मछलियाँ लेकर आई हैं। इसी तरह, कोई महिला महुआ तो कोई रंग-बिरंगी चूड़ियाँ बेच रही है। दोने में बेर के आकार के छोटे टमाटर बेचने वाली बुज़ुर्ग मेहतरीन बाई से मैंने पूछा कि ये सारे टमाटर कितने के हैं तो उन्होंने पहले तो अजीब तरह से घूरा और फिर थोड़ी देर देखने के बाद मुस्कुराईं तो जान में जान आई। मेरे प्रश्न के उत्तर में उन्होंने 'दस-दस के पाँच नोट' उँगलियों के इशारे से हिसाब बता दिया। कई मील दूर तोकापाल से पैदल चलकर पहुँचीं पचास पार मेहतरीन बाई को दिन भर में महज़ पचास रुपए कमाने के लिए आख़िर यहाँ क्यों आना पड़ा?

यह सवाल दो-तीन बार पूछने पर वे हँसकर कुछ-कुछ बोलीं। लेकिन, मुझे कुछ समझ नहीं आया। यहाँ हँसी और मुस्कुराहट की भाषा ही काम कर सकती है। एक महिला जंगली वृक्षों की दातुन बेच रही है। ये भी दिन भर में पचास से अधिक क्या कमा पाएगी! यही वजह है कि जीवन के इस पड़ाव में जीने की लड़ाई लड़ने वाली इन महिलाओं को हाट में पाया तो मुझे बड़ी राहत मिली। दरभा का भय एक झटके में कम हो गया!

ऐसा कोई रंग नहीं जो हाट में नहीं दिख रहा है। किंतु, लाल रंग सब रंगों पर भारी पड़ रहा है। यह रंग तो प्रेम और क्रांति का होता है। हम देखते हैं कि महिलाएँ माटी के अलग-अलग आकार के लाल बर्तन लेकर कतारबद्ध बैठी हैं। अधिकतर महिलाएँ इसी रंग की साड़ी में हैं। सिर ढँकने वाले गमछों से लेकर सामान ढोने वाले गमछे भी लाल। इन्हीं गमछों को बिछाकर लाल मिर्च और लाल गुड़ बिक रहा है। यहाँ तक कि माटी भी हल्के लाल रंग की है।

इसी रंग के साये में प्रेमी जोड़े मिलते हैं। समाज इस प्रेम-संबंध को स्वीकार करता है। एक बुजुर्ग ने बताया कि उनका विवाह भी इसी हाट में तय हुआ था। यहाँ से यह कल्पना करना मुश्किल है कि हिंसा की परछाईं में प्रेम कैसे पनपता होगा! तथ्य यह है कि कभी नक्सली बाज़ार में अपने लोग पुलिस और पुलिस के मुखबिरों पर हमला कर देते हैं तो कभी पुलिस रक्तपात के संदेह में हाट बंद करा देती है। औरछा और नेतानार बाज़ारों में हुई मुठभेड़ में नक्सली कई जवान और बड़े व्यापारियों की हत्या कर चुके हैं।

एक इलेक्ट्रॉनिक सामान बेचने वाले से पूछने पर उसने बताया कि यहाँ टॉर्च की बैटरी सबसे अधिक बिकती है। एक चबूतरे पर जगदलपुर का व्यापारी टेंट लगाकर तिल, सरसों, इमली और महुआ खरीदता दिखा। वह हर सप्ताह पचास हज़ार तक की चीज़ें खरीद लेता है। एक पंक्ति में पेड़ के नीचे बैठकर कुछ लोग सल्फी (बस्तर की बीयर) की चुस्कियाँ ले रहे हैं।

दूसरी पंक्ति में बेसन के गर्म पकौड़ों के शौकीन पकौड़े खा रहे हैं। बस्तर संभाग में साढ़े तीन हज़ार से अधिक गाँव हैं। अनुमान है कि यहाँ साढ़े चार सौ से अधिक हाट लगते हैं। ये हाट लोगों के उत्साह, मिलन और अनुशासन का संगम हैं। यहाँ से देखने पर यही लगता है कि विशालकाय बाज़ार को छोटा बाज़ार और विशालकाय सभ्यता को छोटी सभ्यता को रौंद डालने का कोई अधिकार नहीं है।

11 अक्टूबर 2015...दोपहर तीन बजे एक गाँव के सारे घर बंद हैं। बूढ़ी अम्मा बैठी टकटकी लगाकर हमारी ओर ही देख रही हैं। पूछने पर बताया कि यहाँ

कोई नहीं है, सब जंगल में हैं। पूछा तो बिना डरे अपना नाम बताया—सुक्को। इसके बाद सुक्को बाई हर प्रश्न पर उत्तर के स्थान पर बस अपनी मुस्कुराहट बिखेर देती हैं। यह समझना कठिन है कि पूरे गाँव पर 'लाल आतंक' का साया है या सुरक्षाबलों की दहशत का असर। नक्सली इन्हें अपने पक्ष में करना चाहते हैं और सुरक्षाबल अपने। इन दो पक्षों के बीच द्वन्द्व के मुहाने पर आम बस्तरिया के अपने पक्ष का कोई अर्थ नहीं रह जाता।

दंतेवाड़ा से कोई पचास किलोमीटर दूर यह गाँव है अरनपुर। यहाँ गाँव की अधिकतर बस्तियों में यह आए दिन की बात है। वजह, बीते दिनों बस्तर के कई क्षेत्रों में नक्सलियों के साथ मुठभेड़ की घटनाएँ हो चुकी हैं, जिसके कारण बस्तर की आंतरिक बसाहटों में स्थिति तनावपूर्ण बनी हुई है और यहाँ तक पहुँचना और भी अधिक दुर्गम हो गया है। यहाँ के युवकों पर नक्सली और सुरक्षाबलों का इतना अधिक दबाव रहता है कि वे अपने प्राण बचाने के लिए और भी अधिक घने जंगल की शरण लेते हैं।

सुक्को बाई शायद यह नहीं जानतीं कि दंतेवाड़ा से यहाँ पहुँचने के लिए सुरक्षाबलों के दो कैंपों से होकर गुज़रना पड़ा है! सुरक्षाबल अधिकारी ने इस अति-संवदेनशील क्षेत्र में आने के लिए मना किया था। फिर भी किसी तरह यहाँ पहुँचे। सोचा कि बस्ती है तो हलचल होगी ही। पर, यहाँ दिन के उजाले में रात-सा सन्नाटा पसरा है।

यहाँ से जगदलपुर की ओर लौटते हुए यह एहसास और अधिक पुष्ट होता है कि बस्तर का समूचा संघर्ष और टकराव मनुष्य के साँस लेते रहने और मूलभूत जीवन-अधिकारों के बारे में है। सबसे अंतिम पंक्ति में धकेली गई जनसंख्या के बारे में है, जो संपूर्ण गरिमा के साथ अपने स्थान पर उपस्थित रहना चाहती है।

~

पहले खेत छीने, अब कह रहे, 'टाटा'

16 अक्टूबर 2015...''टाटा के बाय-बाय कहने से हमारे घाव तो भर नहीं जाएँगे ना! कोई बताएगा कि दस बरस से किस कसूर की सज़ा दी गई हमें? पहले आपने स्टील प्लांट का झूठा सपना दिखाया। फिर बेवजह ही हमारी ज़मीन हड़प ली। कुछ किए बगैर हमें बर्बाद कर दिया। जब कुछ करना ही नहीं है तो भैया अब हमें हमारी ज़मीन तो लौटा दो! बताया था कि प्लांट लगेगा तो दस

गाँव उजड़ेंगे, सो दस बरस से दस गाँवों में विकास का एक काम नहीं हुआ।"

यह दर्द है कुरसाराम कश्यप का, जो जगदलपुर से पश्चिम की ओर तीस किलोमीटर दूर चित्रकोट जाने वाली सड़क से हटकर सटे बंडाजी गाँव के रहवासी हैं। बंडाजी, छिंदगाँव, कुम्हली, ठाकुरगुड़ा, बेलर, दुरागाँव, छोटा परोदा, दावपाल, सिरिसगुड़ा और बेलियापारा गाँव लोहंडीगुड़ा विकासखंड के अंतर्गत आने वाले गाँव हैं, जहाँ वर्ष 2005 में राज्य सरकार और टाटा कंपनी ने लोहंडीगुड़ा मेगा स्टील के नाम से संयंत्र स्थापित करने के लिए अनुबंध किया था। तब बस्तर को भिलाई की तरह विकसित करने का दावा किया था। किंतु, इस बीच संयंत्र स्थापित करने का काम शुरू नहीं किया गया। अब कहा जा रहा है कि टाटा पूरी योजना से कदम खींच रहा है।

यह बस्तर के सबसे सम्पन्न किसानों का क्षेत्र है। यहाँ उपजाऊ खेतों से प्रतिवर्ष दो बार फ़सल ली जाती है। ग्रामीणों का कहना है कि सरकार अब भी हमारी भलाई चाहती है तो तुरंत ज़मीन के पट्टे वापस दे दे। लोहंडीगुड़ा से कुछ कोस दूर बंडाजी पहुँचने के लिए पक्की सड़क नहीं है। मैं कच्ची पगडंडी के बूते यहाँ तक पहुँचा। ग्रामीणों से बात की तो उन्होंने बताया कि दस वर्ष से उन्हें बिना अपराध की सज़ा भुगतनी पड़ रही है। यहाँ तक कि अधिकारी पहचान-पत्र बनाने तक में ना-नुकुर करते हैं। बस्तर के विकास के नाम पर बस्तर के लोगों का ही विकास रुक गया है। लोहंडीगुड़ा के संघर्ष की कथा लंबी है। लेकिन, इसकी व्यथा का सार यह है कि राजसत्ता के सहयोग से उद्योग स्थापित करने का झूठा दावा करके जंगल-जंगल, पहाड़-पहाड़ और बस्ती-बस्ती भूमि अधिग्रहण का खेल खेला जा रहा है।

बस्तर के भीतर कई स्थान हैं, जहाँ जीवन का रत्ती भर मोल नहीं, जहाँ 'सभ्यता' का विकास अलग-अलग अंचलों की जनजातियों को रौंदकर जीतने की अपार महत्त्वाकांक्षा से लैस है। जिनका उद्देश्य जंगलों में अतिक्रमण करके अपने विचार और निजी कंपनियों को स्थापित करना है। बस्तर के भीतर वंचितों का अदृश्यीकरण ही आज की सच्चाई है, जिसने भूगोल से ही नहीं साहित्य-राजनीति सहित जीवन के हर क्षेत्र से उनके स्थान पर पहले से कहीं अधिक अधिकार जमा लिया है।

छत्तीसगढ़ में विकास के कदम बढ़कर पूरा जंगल रौंद रहे हैं। खनन कारोबारी यहाँ की बहुमूल्य संपदा को बेरोकटोक देश-विदेश में बेच रहे हैं। विवरण एकत्रित किए कि केंद्र सरकार के आँकड़ों में बीते वर्ष इस राज्य से

इक्कीस हज़ार करोड़ रुपए का खनिज निकाला गया है, जिसके बदले सरकार के खज़ाने में तैंतीस सौ करोड़ रुपए की ही रॉयल्टी आई। स्पष्ट है कि खनन कारोबारी प्रतिवर्ष जितने मूल्य का खनिज निकाल रहे हैं, उस अनुपात में नाममात्र की रॉयल्टी सरकार को मिल रही है।

वहीं, अवैध खनन के मामलों में लगातार बढ़ौतरी के बावजूद प्रतिवर्ष हज़ारों करोड़ रुपए घाटे का अनुमान सरकार को नहीं है। महत्त्वपूर्ण बात यह है कि राज्य में प्रतिवर्ष अवैध खनन के औसतन साढ़े तीन हज़ार प्रकरण न्यायालय में पहुँच रहे हैं। इस दौरान अवैध खनन में लिप्त कारोबारियों से महज़ तेईस करोड़ रुपए का ही जुर्माना वसूला गया है।

जगदलपुर लौटते समय, दूरी जितनी लंबी, उदासी उतनी ही चौड़ी होती जाती है। रात जब रोशनी की एक बारीक लकीर के सहारे शहर की चकाचौंध की तरफ़ बढ़ते हैं तो मैं आदतन पीछे मुड़कर देखता हूँ। पीछे अँधेरे में सब डूब रहा है। ठीक इसी अँधेरे में डूबे और पीछे भागते समय में मैं अपने हिस्से का एक दुख भोग रहा हूँ।

24 अक्टूबर 2015...मेरा जन्मदिन है। यह बाकी दिनों की तरह ही होता है, पर अपनों की दुआ-सलाम और प्यार-मुहब्बत के कारण विशेष बन जाता है। आज मुझे बलौदाबाज़ार शहर के समीप परसवानी नाम के एक गाँव में जाने का अवसर मिला। यहाँ बीस वर्ष पहले सीमेंट बनाने वाली एक निजी फ़ैक्ट्री स्थापित हुई। तब से अब तक यहाँ की चट्टानों को खोदकर ज़मीन को ऐसा बर्बाद किया गया कि बाँध का पानी सूख गया है। नतीजा, चूना पत्थरों की खदानों ने पूरे गाँव का जीवन दरिद्र बना दिया। इसीलिए, मैंने अपनी अगली रिपोर्ट की हैडलाइन पहले ही सोच ली है—'सीमेंट फ़ैक्ट्री पी गई पूरे गाँव का पानी'।

परसवानी में इस वर्ष तो सूखे में खेत और पशुओं को पानी पिलाना दूभर हो गया। सरपंच बलरामजी ने बताया कि गाँव में अस्सी प्रतिशत चूना खदानें हैं। पहले एक हज़ार एकड़ ज़मीन पर खेती होती थी। लेकिन, अब सिर्फ़ दो सौ एकड़ ज़मीन पर। खेत खराब होने के कारण अधिकतर लोग बेरोज़गार हैं। लालजी गायकवाड़ ने बताया कि दो दशक पहले यहाँ ढाई हज़ार से अधिक पशु थे। लेकिन, अब लोग पशु रखना नहीं चाहते। खनन गतिविधियों से चारागाह भी समाप्त हो गए। दो सौ एकड़ का चारागाह सिर्फ़ दो एकड़ में सिमट गया है। पचहत्तर पशु अकाल मौत मारे जा चुके हैं।

वहीं, सीमेंट फ़ैक्ट्री की अधिकतम पत्थर खोदने की भूख इस सीमा तक बढ़ गई है कि उसने गाँव में आने-जाने का रास्ता रोक दिया है। अब फ़ैक्ट्री इसी पर अधिकार करके बड़े भू-भाग पर खनन की तैयारी कर रही है। इस तरह, तीन बड़ी खदानों ने पूरे गाँव को घेर लिया है। यह गाँव मुख्य रास्तों से कटकर खदान में समाता जा रहा है। कहने के लिए यहाँ गाँव खाली करने की कोई आधिकारिक घोषणा नहीं की गई है। लेकिन, ऐसा दबाव बनाया जा रहा है कि लोग अपने आप ही गाँव छोड़ दें।

बस्तर और इसके आस-पास संसार के ऐसे अनगिनत दृश्य हैं, जिनमें जनजाति के गले में पूँजी का फंदा कसता जा रहा है। कॉरपोरेट लॉबी का वश चले तो वायुयानों से इनके पहाड़, नदी, जंगल, लाद-लादकर नगरों और महानगरों तक पहुँचा दें। जनजाति की कीमत पर विकास का लाभ शहरों को मिला है। एक लोकतांत्रिक देश की अवधारणा में समान अवसर, समान अधिकार तथा समान सम्मान का उल्लेख है। इस दृष्टि से छत्तीसगढ़ अपनी राजधानी रायपुर और देश की राजधानी दिल्ली से दिन-ब-दिन दूर होता जा रहा है।

सबसे मुश्किल है यहाँ सच्चाई जानना

4 मार्च 2016...बस्तर में सबसे मुश्किल है नक्सलियों से जुड़ी किसी घटना की सच्चाई जानना। यहाँ लोकतंत्र का इस सीमा तक गला घोंट दिया गया है कि हर मुठभेड़ के बाद जितने मुँह उतनी बातें होती हैं। हों भी क्यों ना? 1 जनवरी 2016 को चिंतलनार थाना अंतर्गत सत्तर नक्सलियों के आत्मसमर्पण की घटना फ़र्ज़ी सिद्ध हुई है।

बस्तर के पत्रकार साथियों ने रहस्योद्घाटन किया है कि चिंतलनार और आस-पास के ग्रामीण तथा हाट-बाज़ार गए लोगों को पुलिस घेरकर थाने ले गई। इन्हीं लोगों से फ़र्ज़ी-समर्पण का नाटक कराया गया। जिन लोगों ने फ़र्ज़ी-समर्पण से मना किया, उन्हें जेल भेज दिया। उधर, नक्सल प्रभावित बीजापुर ज़िले की आदिवासी महिलाओं का कहना है कि इसी साल 11 जनवरी से 14 जनवरी के बीच बासागुड़ा थाने के अलग-अलग गाँवों में जवान पहुँचे। उन्होंने उनके साथ सामूहिक अनाचार किए। पहले भी ऐसे प्रकरणों में जवानों की संलिप्तता

सामने आई है। किंतु, यह तर्क देकर कि जवानों का मनोबल न टूटे उनके विरुद्ध कार्रवाई नहीं की जा रही है।

28 जून 2016...दूसरा महत्त्वपूर्ण प्रश्न यह है कि कोलंबिया में शांति स्थापित हो सकती है तो बस्तर में क्यों नहीं? बीते दिनों लैटिन अमरीकी देश कोलंबिया में सरकार और विद्रोही संगठन 'रिवोल्यूशनरी आर्म्ड फ़ोर्सेस ऑफ़ कोलंबिया' के बीच पचास वर्ष से चल रहे गृहयुद्ध को रोकने के लिए दोनों पक्षों के बीच एक स्थायी संघर्ष विराम पर सहमति बन गई है। कोलंबिया और बस्तर की स्थितियों में भले ही अंतर हो, फिर भी दोनों जगह शांति के बीज हैं।

इसके अगले दिन केंद्रीय गृह सचिव राजीव महर्षि की अध्यक्षता में हुई बैठक में बताया गया था कि बीते साल नक्सली ऑपरेशन के दौरान बस्तर की ज़मीन पर पैंसठ से अधिक लोगों का खून बहा है। साल-दर-साल नक्सली हमलों में चालीस प्रतिशत तक बढ़ोतरी हो रही है। बस्तर में चालीस लोगों पर एक सुरक्षाबल तैनात है। स्पष्ट है कि यहाँ की स्थिति कश्मीर की तरह ही जटिल और चुनौतीपूर्ण बनी हुई है।

बस्तर में नक्सल वर्ष 1980 के दौर में पनपा और वर्ष 2005 से संघर्ष ने अत्यधिक ज़ोर पकड़ लिया। पहले 'सलवा जुडूम' फिर 'ग्रीन हंट' और अब हिंसा का तीसरा वीभत्स दौर चल रहा है। राज्य को लगता है कि हिंसा और 'माइंड वार' से वह नक्सलियों पर लगाम लगा लेगा।

'सलवा जुडूम' को लेकर लंबे समय तक सर्वोच्च-न्यायालय में प्रकरण चला। इस दौरान पाँच सौ से अधिक लोग मारे गए। नब्बे से अधिक महिलाओं ने अपने साथ हुए अनाचार की शिकायतें कीं। लाखों लोग गाँव छोड़ने पर मजबूर हुए। प्रश्न है कि सरकार बड़े पैमाने पर सशस्त्र-बलों के बूते यदि नक्सलियों को समाप्त करना चाहती है तो ये सिमटते क्यों नहीं? दरअसल, सरकार नक्सली हिंसा को सिर्फ़ कानून-व्यवस्था की समस्या मान रही है, जबकि इसकी जड़ में सामाजिक और आर्थिक कारण छिपे हैं।

तीसरी ओर शांति समझौते के लिए पहली बड़ी बाधा है—अविश्वास। वार्ताओं के दौरान केंद्र सरकार पर आंध्रप्रदेश के नक्सली नेताओं को धोखे से मारने का आरोप है। वर्ष 2010 में राज्य और नक्सलियों के बीच मध्यस्थता कर रहे स्वामी अग्निवेश ने संवाद के लिए तैयार नक्सली नेता आज़ाद को धोखे से मारे जाने की आशंका जताते हुए इस प्रकरण में उच्च-स्तरीय जाँच की माँग की

थी। आज स्थिति यह है कि सरकार नक्सलियों से संवाद से पहले बंदूक छोड़ने की बात कहती है, जबकि नक्सलियों का उत्तर है कि हमने बंदूक छोड़ दी तो सरकार संवाद ही क्यों करेगी!

चौथी ओर यह अनुभव भी है कि कॉरपोरेट बाज़ार और राजसत्ता की केंद्रीकृत नाल जनजातीय जीवन को जंगल से काटने के लिए हर बार बंदूकों का सहारा ले, यह आवश्यक नहीं। बस्तर के आस-पास बंदूक की ठूँठ के समानांतर क्रूरता का एक अदृश्य कुचक्र चल रहा है जो पहले नीति, अर्थव्यवस्था, राजनीति और समाज-संस्कृति का सहारा लेता है। फिर हर ओर ऐसा दृष्टिकोण रचता है जिसमें 'सभ्य' बनाने के लिए जनजातियाँ प्रताड़ित होती हैं।

अंतत: आगे का एक मर्मस्पर्शी घटनाक्रम हिंसा के दूसरे रूप को स्पष्ट करते हुए बताता है कि 'सभ्यता' का यह दुष्चक्र किस प्रकार वनवासियों को मुआवज़ा, पुनर्वास, नौकरी से लेकर अंतत: वन से विस्थापित और कथित मुख्यधारा में मज़दूर स्थापित करता है।

और अंत में

30 जून 2017...'हीरा जिन्हें चाहिए रख लें, हमें पेट भरने को ज़मीन दे दें'—इस वक्तव्य के पीछे एक दारुण--कथा है। इसकी पृष्ठभूमि में है नक्सल प्रभावित गरियाबंद ज़िले का पायलीखंड गाँव जहाँ हीरों का अथाह भंडार है।

राज्य सरकार ने ज़मीन के असली मालिक को उसकी ज़मीन से उजाड़कर खदान तो छीन ली है। लेकिन, क्या वह इन हीरों को सुरक्षित रख पा रही है? यही उत्तर ढूँढ़ने मैं, मेरे राज्य संपादक जिनेश जैन, छायाकार त्रिलोचन मानिकपुरी और सहयोगी ज़ाकिर रिज़वी रायपुर से लगभग दो सौ किलोमीटर दूर घने वनांचल से होकर पायलीखंड गाँव पहुँचे। यहाँ पहुँचकर हमने देखा-जाना कि सरकार को अब तक एक भी हीरा हाथ नहीं लगा है, जबकि तस्करों ने हीरों का अकूत खज़ाना लूट लिया।

जिस स्थान को हीरों का खज़ाना बताया गया, वहाँ हमने देखा कि ज़मीन के नाम पर गहरी खाइयाँ बन गई हैं। पता किया तो पता चला कि यह ज़मीन नैनसिंह नेताम की है। संयोग से नैनसिंह आस-पास ही बकरियाँ चराते मिल गए। वर्ष 1993 में अविभाजित मध्यप्रदेश सरकार ने नैनसिंह की ज़मीन पर हीरा-भंडार की पुष्टि की थी।

हम नैनसिंह से पुराने दिनों के बारे में पूछने लगे। कोई आधे-एक घंटे

में नैनसिंह अपने बचपन के दिनों में लौटे। बताने लगे, ''तब दादी ने चमकीले पत्थरों को देखकर मुझसे कहा था कि अपने खेत के भीतर सोने से भी कीमती रत्न हैं, शायद हीरे! तब मैं इतना छोटा था कि समझा नहीं दादी क्या बोल रही हैं! लेकिन, अब समझ आ रहा है कि ये हीरे किस तरह से मेरी ज़िन्दगी को बचपन में ही तबाह कर गए। तब पिता ज़िंदा थे और हमारी आँखों के सामने ही बाबू लोगों ने मूँग की खड़ी फ़सल बड़ी बेरहमी से उखड़वा दी थी।''

मैंने नैनसिंह से जाना कि बाबू लोग उनके पिता को किस प्रकार का लालच देते थे। बकौल नैनसिंह, ''वे कहते थे कि तुम्हारे खेत में हीरे हैं तो यह सरकार की ज़मीन हुई। अच्छा-खासा मुआवज़ा मिलेगा, इतना सारा पैसा कि दो-तीन पीढ़ियों को कोई काम नहीं करना पड़ेगा।'' किंतु, नैनसिंह के पिता ने ज़मीन देने से साफ़ मना कर दिया। फिर एक दिन पुलिस आई और चार एकड़ खेत को लोहे के तारों से घेर दिया। लोहे का बड़ा गेट लगा दिया। तब नैनसिंह के पिता दूसरे के खेतों में मज़दूरी करने लगे। पिता की मृत्यु के बाद नैनसिंह अपनी माँ के साथ मज़दूरी करने लगे और अब विवाह बाद पत्नी के साथ मज़दूरी कर रहे हैं।

इसके बाद हम गाँव घूमकर लोगों से बतियाने लगे। लगा कि यह दुनिया चमत्कारों से भरी है। पर, इस दुनिया के लोगों को चमत्कार की दरकार है। यहाँ आस-पास जंगल साफ़ हो गया है। मगर, जंगल के रहवासियों के तन अब तक ढँके नहीं हैं।

इस गाँव के सरपंच चमार सिंह नेताम हैं। हम उनसे मिलने उनके घर पहुँचे। उन्होंने बताया कि बात पच्चीस-तीस साल पहले की है, जब गाँववाले खेत के चमकीले पत्थर उठाकर नज़दीक में मैनपुर के व्यापारियों को बीस-पच्चीस रुपयों में बेच आते थे। बाहरी लोगों को पता लग गया कि यहाँ हीरे हैं, लूटने वाले मालामाल हो गए। लेकिन, यहाँ के गोंड और कमार आदिवासी आज भी महुआ बीनकर गुज़ारा करते हैं।

सरकारी सुरक्षा के लिहाज़ से खदान पर सीमेंट के दो जर्जर खंबे हैं। मेन गेट ज़ंग खाकर ज़मीन पर सड़ रहा है। पूरी खदान हीरा निकालने के लिए तस्करों के सामने खुली है। बरसात में जब इंद्रावती नदी का बहाव तेज़ होता है तो गाँव की सड़क नदी में डूब जाती है। तब यह क्षेत्र पुलिस और प्रशासन की पहुँच से दूर हो जाता है। इसी समय अवैध खनन सबसे अधिक होता है। पड़ोसी राज्य ओडिशा और रायपुर के हीरा-व्यापारी बरसात के मौसम में यहीं डेरा डाल लेते हैं।

अंत में हम नैनसिंह के घर पहुँचे। देखा कि एक छोटी झोपड़ी में रहने वाले इस परिवार के पास अपने अतिथियों को बैठाने के लिए कुर्सी तक नहीं है। हम घर के आँगन में बोरे बिछाकर बैठ गए। पूरा परिवार किसी तरह दो जून की रोटी के लिए जूझ रहा है। नैनसिंह पूछ रहे हैं, ''सरकार गाँव के बाहरी लोगों का क्यों बाल बांका न कर सकी, जिन्होंने ट्रकों से खेतों की मिट्टी उलीची, हमारे हीरे निकाले, उन्हें तराशा, बेचा और अब बड़े मज़े लूट रहे हैं!''

हम लौटने के लिए खड़े हुए तो नैनसिंह की माँ जेमनीबाई ने हमें रोक लिया। वे रोने लगीं। उनके पोपले चेहरे में धँसी आँखों से दो बारीक आँसुओं की धाराएँ बहने लगीं। मैंने उनके चेहरे से मुँह फेर लिया, मगर फिर उनका हर एक शब्द मेरे कानों में नगाड़े की तरह गूँजने लगा, ''हमें कुछ नहीं मिला। और, बेटा हमें कुछ चाहिए भी नहीं! हमें हमारा खेत भी नहीं चाहिए। उसे तो आठ-दस साल में ही चोरों ने ऐसा खोद डाला कि कोई काम का न रहा। हमें एक लाल पैसा नहीं मिला। हमें एक फूटी कौड़ी चाहिए भी नहीं।''

लाल रंग प्रेम और क्रांति का होता है। लेकिन, इनकी यह दशा इनके दुबले बदन पर लिपटी सुर्ख लाल रंग की साड़ी से मेल नहीं खाती। जेमनीबाई मेरे और पास आईं। मेरे गालों को हाथों से छूकर मुझे भीतर तक तर कर दिया। बोलीं, ''सरकार तुम्हारी तो सुनेगी। तो हमें ज़मीन का छोटा-सा टुकड़ा दिलवा दो ना! दिलवा दोगे ना!''

खंडहरों में एक गाइड की तलाश

मदकूद्वीप, छत्तीसगढ़

मैगलन फर्डिनेंड पुर्तगाली नाविक था। कहा जाता है कि वह पहला यात्री था, जिसने पूरी दुनिया की यात्रा एक बार में पूरी की। दक्षिण अमेरिका को पार करके वह एक विशाल महासागर से होकर गुज़रा। इसमें लगभग तीन महीने से भी अधिक का समय लगा। यात्रा के दौरान मैगलन जिस महासागर से गुज़रा वह बहुत ही शांत था। इसलिए, उसे 'प्रशांत महासागर' कहा गया।

कोई पाँच सौ साल पुरानी यह यात्रा इतिहास में एक बड़ा मोड़ सिद्ध हुई और इस बात की पुष्टि हुई कि धरती चपटी नहीं है, बल्कि गोल है। असल में वह एशिया के लिए पश्चिम से होकर भी पहुँचा था।

इस तरह के कई प्रसंगों से हमने स्कूल के दिनों में ही यह जान लिया था कि यात्राओं का इतिहास भी मानव-सभ्यता जितना ही लंबा और पुराना है। हम में से कई लोगों की यात्राएँ भले ही मैगलन की तरह न इतिहास को नया मोड़ देने वाली सिद्ध हों, न पूरी दुनिया को घूमने जैसी हों। न किसी नई सभ्यता की खोज करने वाली हों और न ही बहुत अधिक लंबी हों। इन सबके बावजूद हर एक के भीतर एक यात्री बैठा होता है। मुझे पता है कि मेरे जैसे यात्री के लिए छोटी-से-छोटी यात्रा भी मेरे भीतर के छोटेपन को बड़ा बनाने में सार्थक भूमिका निभाती है। हर यात्रा देश के भीतर की दुनिया को समझने का रोडमैप बनती है।

मेरी स्मृतियों की यात्रा के एक पड़ाव से दूसरे पड़ाव के बीच ऐसी ही एक छोटी-सी यात्रा है। इसमें लोग मौन हैं, किंतु पत्थर बोलते हैं। जहाँ वर्तमान के खंडहरों में अतीत की पीड़ा है, जहाँ मैं खुद को हज़ारों वर्ष पुरानी उस जगह पर बैठा पाता हूँ, जहाँ कभी मानव-बस्ती थी, एक ऐसा द्वीप जिसमें पुरखों की आत्मा बसती थी।

द्वीप है मदकूद्वीप

मदकूद्वीप की यात्रा अकूत संपत्तियों के चमचमाते एक ऐसे टापू की यात्रा है, जिससे आदमी किनारा कर गया है। साल 2016, 15 अगस्त की छुट्टी का दिन

था, जब हम चार पत्रकार साथी छत्तीसगढ़ की राजधानी रायपुर से मदकूद्वीप जा रहे थे। रायपुर से बिलासपुर हाइवे पर कोई अस्सी किलोमीटर दूर है बेतलपुर गाँव। वहाँ से मदकूद्वीप के लिए रास्ता मुड़ा था। हम उस रास्ते से मुड़ गए थे। लगभग चार किलोमीटर लंबा यह संकरा रास्ता बरसात के कारण और अधिक चुनौतीपूर्ण होता जा रहा था। उस पर अधिकतम बीस किलोमीटर गति से ही कार चल सकती थी।

यात्रा के दौरान अतीत को देखने का दृष्टिकोण वैसा नहीं रह जाता जो उसके पहले होता है। मुझे यात्रा ने हर बार वर्तमान और भविष्य के लिए नई दृष्टि दी है। लिखने के लिए आत्मविश्वास दिया है। व्यक्तिव को नई ताज़गी और ताकत दी है। मन को और अधिक संवेदनशील बनाया है। कल्पनाओं में यथार्थ के रंग भरने में मदद की है। यात्रा बोरियत मिटाने की मंशा भर नहीं होती। यात्रा कुछ जानने की जिज्ञासा से शुरू होती है।

इसलिए मदकूद्वीप का नाम आते ही आँखों में समंदर नज़र आने लगा। इसलिए, समंदर से कोसों दूर छत्तीसगढ़ में कोई द्वीप होने भर की सूचना ने ही हमें रोमांचित कर दिया। फिर मदकूद्वीप की यात्रा तो सामान्य-ज्ञान का विषय भर नहीं, एक सभ्यता के उसके स्थान से उजड़ जाने के अबूझ प्रश्न को अपनी आँखों से देख लेने की उत्सुकता का बिंदु भी बन गया। इसलिए, यहाँ नदी का नाम आते ही मेरे भीतर एक और नदी बहने लगी। पहाड़ी होने की बात होते ही मेरे मन में एक और पहाड़ी बनने लगी। बिखरी शिलाकृतियों की जानकारी मिलते ही मेरे मस्तिष्क पर कुछ शिलाकृतियाँ घूमने लगीं। जिन्हें देखने से पहले मैं उनकी कल्पना करने लगा।

कोई दो घंटे में हम मदकूद्वीप से ठीक पहले शिवनाथ नदी के किनारे तक आ पहुँचे थे। मदकूद्वीप चारों तरफ़ से शिवनाथ नदी से घिरा है। इसलिए मदकूद्वीप तक पहुँचने के लिए शिवनाथ नदी को पार करना अनिवार्य था। बारिश रुकी थी। किंतु, धमतरी के गंगरेल बाँध से पानी छोड़े जाने से शिवनाथ नदी उफ़ान पर थी। नदी पर बना एनीकट का रपटा भी डूबा हुआ था। उस पर चल कर मदकू के टापू पर पहुँचना जान जोखिम में डालने जैसा था। हमारे लिए द्वीप के रहस्यों को जानने की उम्मीद टूटती दिख रही थी। लगा, बेकार ही आए।

घंटों बाद, उफ़नती नदी में चल रही थिरकती डोंगी देखकर सबकी आँखों में थोड़ी चमक आ गई। यह डोंगी आस-पास के केवट मछली पकड़ने के लिए इस्तेमाल करते हैं। डोंगी नदी के किनारे आई तो सरगाँव से हमारी यात्रा में जुड़े

जोगिन्दर सिंह ने आंधू केवट से बात की। वह थोड़ा ना-नुकुर करने के बाद हमें नदी पार कराने को तैयार हो गया। डोंगी में केवट के साथ चार लोग ही बैठ सकते थे। किंतु, आंधू केवट सहित हम पाँच लोग जान हथेली पर लेकर बैठ गए। यदि एक और एक ग्यारह तो डोंगी पर सवार कुल पाँच जन पचपन बराबर लग रहे थे।

उफ़नती नदी को डगमगाती डोंगी से पार करने का यह अनुभव नया और डरावना था। मैं अपने पत्रकार साथी विनोद डोंगरे, अभिषेक जैन और त्रिलोचन मानिकपुरी के चेहरे पर तनाव देख खुद भी घबरा गया था। पूछना चाहता था कि इस डोंगी से पार तो लग जाएँगे? पर, डोंगी से टकराती दरिया की आवाज़ सुन सुन्न पड़ गया। दुबला आंधू अपने दो पतले चप्पुओं के सहारे तेज़ बहाव के विरुद्ध तिरछे कोण से मुहाने की ओर खींचे जा रहा था। पानी की गहराई और उफ़ान देख मुझे वैसे ही डर लगता है। उस पर जब हम नदी के बीचोंबीच पहुँचे तो आंधू मस्ती के मूड में आ गया।

वह छत्तीसगढ़िया गाने पर थिरकता हुआ डोंगी को हिला-हिलाकर हमें और अधिक डराने लगा। वह डोंगी को एक ओर पूरा झुकाकर दूसरी ओर झटके से हवा में उछल जाता था। बार-बार डोंगी उलटने को होती। लगा, मदकूद्वीप तक पहुँचने की उमंग हमें ज़िन्दगी से दूर बहा ले जाएगी। हमारे डराने-धमकाने, चीखने-चिल्लाने का उस पर कोई असर होता नहीं दिखा। जब हम गिड़गिड़ाकर उसके सामने अपने प्राणों की भीख माँगने लगे तब जाकर वह थोड़ा पसीजा और हमारी हालत पर देर तक खिलखिलाकर हँसता रहा। हमने उस पागल को सुरक्षित पहुँचाने पर अधिक रुपए देने का लालच भी दे दिया था। लेकिन, उसने बगैर एक रुपया लिए हमें पार लगा दिया।

किसी तरह, द्वीप के किनारे लगते ही पहाड़ी पर जंगल का नज़ारा देख सभी के चेहरे दमक उठे। स्वाभाविक भी था, क्योंकि सभी के चेहरों पर तनाव की जगह उत्साह पहले से कहीं अधिक बढ़ गया था।

शिवनाथ नदी के पानी से घिरे मदकूद्वीप पहुँचते ही हमें लगा कि हम जंगल पहुँच गए। लंबे अरसे से मदकूद्वीप से जुड़ाव रखने वाले भगवती प्रसाद मिश्रा हमारे साथ थे। कहा, ''शिवनाथ नदी के बहाव ने मदकूद्वीप को दो हिस्सों में बाँट दिया है।'' उन्होंने अपने हाथ से दूसरे हिस्से की ओर संकेत करते हुए कहा, ''वो देखो, वह दूसरा हिस्सा है, वह लगभग पैंतीस एकड़ में है, वह भी मदकू है और इस भाग से कटकर अलग-थलग हो गया है।'' हमें वहाँ तक पहुँचने के

लिए फिर डोंगी चाहिए थी, लेकिन आंधू चार घंटे में लौटने का दिलासा देकर दूसरे किनारे लग चुका था।

इसलिए हम द्वीप के दूसरे भाग पर नहीं जा सके। पहला हिस्सा कोई पचास एकड़ का था, जहाँ वर्ष 2011 में पुरातत्व द्वारा उत्खनन से पुरावशेष मिले थे। हम सब वहीं खड़े थे।

नदी किनारे से पुरावशेष के मूल अकूत खज़ाने तक पहुँचने की पगडंडी के दोनों तरफ़ पेड़ों के घने झुरमुट थे। वहाँ नदी से बहते पानी की कलकल आती आवाज़ के बीच पूरा नज़ारा ही लयबद्ध लग रहा था। चलते-चलते जैसे ही पुरातत्व स्थान का द्वार दिखा, हमारी उत्सुकता भी शिवनाथ नदी की तरह उफ़ान पर आ गई। मुख्य द्वार से अंदर पहुँचते ही दाईं ओर दो मंदिर थे।

हमारा लक्ष्य उन्नीस मंदिरों के उन समूहों को देखने का था, जो जानकारों की राय में गुप्त कल्चुरी कालीन पुरावैभव की कहानी बयां कर सकते थे। नदी किनारे सातवीं से दसवीं शताब्दी पुरानी सभ्यता का संसार वहाँ ठहरा हुआ था। हम उन गलियों में घूमते हुए उन खंडहरों में झाँक रहे थे, जहाँ हज़ारों वर्षों से वर्षा के थपेड़ों, ग्रीष्म की तपन और तेज़ हवाओं को झेलती शिलाकृतियाँ रखी थीं, जिसके आस-पास दूर तक कोई मानव आबादी अब नहीं रह गई थी।

लेकिन, भगवती जी ने बताया कि नज़दीक ही एक पुजारी परिवार सहित रहता है। वीरेंद्र कुमार शुक्ला नाम के उस पुजारी से मिले तो पता चला कि मदकूद्वीप पर वे वर्ष 1985 से रह रहे हैं। उनका कहना था कि पुरा-मंदिरों के समूह वाला गर्भगृह पहले समतल था। जब खुदाई हुई तो वहाँ उन्नीस भवनावशेष मिले और कई प्रतिमाएँ बाहर आईं।

असल में खुदाई के बाद वहाँ बिखरे भवनावशेष के पत्थरों को मिलाकर मंदिरों का रूप दे दिया गया था। इन मंदिरों को लेकर कई तरह के दावे और मिथ गढ़े जा चुके थे और उन्हें किसी-न-किसी पुरातन कहानी से जोड़कर धार्मिक स्थल बनाने की कवायद शुरू हो चुकी थी। कुछ नए मंदिर बन गए थे। पुरानी मूर्तियों के साथ नई मूर्तियाँ बैठा दी गई थीं। इतिहास को धार्मिक आस्था के गुणगान तक सीमित बना दिया गया था। कुल मिलाकर, अतीत पर आस्था का अधिकार स्थापित हो चुका था।

हमने वहाँ आए रामशिखर से बात की। उन्होंने बताया कि वे पूजा-पाठ के सिलसिले में अक्सर आते रहते हैं। उनकी एक बात हमें जायज़ लगी, "अब

तक संरक्षण को लेकर कोई खास काम नहीं हो पाया है।'' हमने भी देखा था कि हवाई जहाज़ के हैंगर जैसा लोहे का डोम बनाकर उन मंदिरों को धूप और बरसात से सुरक्षित तो कर लिया गया था। लेकिन, सदियों पुरानी उस विरासत की पुख्ता सार-सँभाल करने वाला कोई नहीं था। क्या आधे-अधूरे साधनों से हम उस धरोहर को बचा पाएँगे?

यह सवाल इसलिए भी अहम हो चुका था कि मुंगेली और बलौदा बाज़ार ज़िले को वहाँ मिलाने वाली शिवनाथ नदी के किनारों को रेत माफ़िया जिस तरह से खोखला कर रहा था, वह उस मदकूद्वीप के लिए बड़ा खतरा बना हुआ था। ज़मीन में छिपे अनमोल रहस्यों को बाहर लाने के लिए गहन शोध के साथ ही राजकीय संरक्षण भी ज़रूरी है। आख़िरी सवाल है कि सातवीं से दसवीं शताब्दी की यह सभ्यता वहाँ से लुप्त क्यों हुई? सवाल है कि क्या उस रहस्य से कभी पर्दा उठेगा?

जहाँ तक भवनों के गिरने की बात है तो उसके बारे में कहा जाता है कि कोई डेढ़-दो सौ साल पहले शिवनाथ नदी में भयंकर बाढ़ आई थी। उसका प्रवाह दक्षिण से उत्तर की ओर था। जिससे सारे मंदिरों के पत्थर दक्षिण से उत्तर की ओर ढहे। द्वीप पर चारों ओर जमी महीन रेत को भी बाढ़ का प्रमाण बताया जाता है। बताया जाता है कि यह द्वीप बाढ़ के पानी में बहुत समय तक डूबा रहा। उससे बहुत सारे पत्थर टूट-फूट गए।

''इन खंडहरों में देखो रोज़ी, एक गाइड खड़ा है!'' यह डायलॉग मुझे वहाँ याद आया, जो आर.के. नारायण के प्रसिद्ध उपन्यास *गाइड* पर वर्ष 1965 में इसी नाम से प्रदर्शित देव आंनद की फ़िल्म का है। मुझे लगा कि मदकूद्वीप के मूक खंडहरों के बनने और उसके बाद की भी तो कहानी होगी। उनके पीछे पूरा इतिहास छिपा होगा।

नदी की ओर पीठ किए खंडहर के हरी-काली काई लगे पत्थर उनके होने का सुकून तो दे रहे थे, लेकिन अफ़सोस कि मदकूद्वीप के खंडहरों के बारे में शोध करने लिए न तो 'गाइड' का पुरातत्वविद् मार्को था और न ही सही दिशा दिखाने वाला 'राजू'।...और वहाँ से लौटने के लिए भी हम आंधू केवट के ही भरोसे थे, जो एक लंबी प्रतीक्षा के बाद आख़िरकार डोंगी से आता दिखा। अपना वादा निभाने के लिए हमने उसे दिल से दुआएँ दीं। पर, उसने किनारे लगी डोंगी पर बैठे-बैठे बीड़ी सुलगा ली और हाथ से कुछ देर सुस्ताने का संकेत किया।

मैं अपने पूर्व यात्रानुभवों से तब तक यह जान चुका था कि छत्तीसगढ़ इतिहास के अलग-अलग कालखंडों की विविध संस्कृतियों का भी गढ़ है। राज्य में सात हज़ार से अधिक धरोहर हैं। लेकिन, विरासत के मामले में सम्पन्न होने के बावजूद यह पूरा क्षेत्र उपेक्षा का मारा है। ऐसे ही, पारंपरिक जल-स्रोत के केंद्र तालाबों को भी पाटा जा रहा है। इसी तरह, अनेक गुफाओं और पहाड़ियों पर उकेरे गए शिकार आदि के दृश्य यह संकेत करते थे कि उस धरती पर कभी आदि-मानव का बसेरा था।

राज्य की दो दर्जन से अधिक पहाड़ी-शृंखलाओं पर आदि-मानव के शैलचित्र ढूँढ़े गए। इनमें रायगढ़ ज़िले के ग्राम ओंगना के पहाड़ पर दस सिरों वाली रावणनुमा मानव-आकृति और खरसिया के पास भंवरखोल की गुफा में अंकित मत्स्य-कन्या शामिल हैं। कांकेर ज़िले के ग्राम उड़कुड़ा की पहाड़ियों में मेगालिथिक युग के आदि-मानवों द्वारा निर्मित चित्र हैं। दुर्ग ज़िले में दल्लीराजहरा मार्ग पर चितवाडोंगरी में निर्मित ड्रेगन की आकृति और चितवा डोंगरी के शैलाश्रय की दीवारों पर गेरुए रंग में अंकित शैलचित्रों में आदिम समाज की कृषि आधारित जीवन-शैली की झलक है।

कोरिया ज़िले के मुरेरगढ़ की पहाड़ी के शैलचित्रों में निर्मित पशु और आदिम-समूहों की दिनचर्या के प्रमाण हैं। बस्तर ज़िले के केशकाल और लिमदरिया तथा सरगुजा ज़िलों में सीतालेखनी और ओड़गी की पहाड़ियों में प्राचीन शैलचित्र हैं। इन शैलचित्रों की तिथि लगभग ईसा पूर्व तीन हज़ार वर्ष बताई गई है। घने जंगलों से घिरे पहाड़ों की बाँहों में बनाए गए अधिकांश शैलचित्र समय के प्रवाह में धुँधले पड़ गए हैं। फिर भी वे क्या रंग थे, जो धूप, धूल और हवा के थपेड़े सहते हुए आज तक अपने स्थान पर जमे हैं।

आंधू केवट की डोंगी से मैं कहूँ या न कहूँ, पर मेरे भीतर कोई-न-कोई कहानी हमेशा चल रही होती है। जब हम चार दोस्त उस शाम रायपुर की ओर लौटे तो मेरे मानस पर प्राचीन नगर का मानचित्र उभरने लगा। एक कहानी चलने लगी। कहानी में काफ़ी कुछ तो ज़मीनी था, पर पता नहीं कैसे थोड़ी-थोड़ी रुमानियत भी घर करती गई!

समय के एक अंतराल के बाद ऐसी ही कुछ कहानियाँ तो आपस में ऐसी घुल-मिल जाती हैं जैसे सच में ज़िन्दगी में घटी हों और पकड़ में तब आती हैं जब हकीकत से कहीं ज़्यादा 'हकीकत' की तरह सामने आने लगती हैं। जैसे

सरोकार के रिपोर्ताजों के बीच कहीं प्रेम ने अपना बिस्तर बिछा लिया हो। जैसे यात्रा के दौरान सच में घनी दोपहरी, उफ़ान मारती नदी और किनारों पर खड़े लोग मिले हों। बाकी उनके बीच वह संगीत सुनाई दे रहा हो जो खंडहरों के बीच उस समय बजा ही नहीं था।

वहाँ से लौटने के बाद मैं भी ऐसी ही कहानी में टांके डालने लगा था। इसमें कुछेक प्रसंग सच में घटे थे और बाकी उनके बीच हज़ारों वर्ष पुराने संवाद चल रहे थे। कुछ आज भी याद हैं।

धान के कटोरे में राहत का धोखा

अछोटी, छत्तीसगढ़

"मैं गोली मार दूँगा! मरना तो है ही, साला सामने आया तो गोली मार दूँगा! बताओ यार, पटवारी ने मेरा खेत नहीं देखा, मेरे से मिला नहीं, और गलत लोगों का नाम लिख ले गया। मैं देखता हूँ बदमाश को, छोड़ूँगा नहीं!"

थोड़ी देर बड़बड़ाने के बाद एक हाड़-मांस का ढाँचा खुद को लाठी के सहारे टेकता हुआ दरवाज़े की चौखट तक आया और उकड़ूँ बैठ गया। इधर हम में से किसी ने कहा, "लट्ठ तो बाज़ू रख दो दादा," उत्तर में लट्ठ बाज़ू रख दिया गया। फिर अस्सी साल के बुजुर्ग की आँखों से टप-टप टपक रहे आँसुओं की धार से सबका मन पसीज गया।

जगदीश सोनी ने अपने तीन बेटों के साथ पंद्रह एकड़ खेत में धान बोया था। किंतु, मानसून की बेरुखी ने पूरी फ़सल चौपट कर दी। खेत से एक दाना घर नहीं आया। ऊपर से परिवार पर एक लाख रुपए का कर्ज़ चढ़ा है। इसे चुकाने के लिए फूटी कौड़ी नहीं। घर में खाने के लाले पड़ गए।

फिर सूखा! मध्य भारत के एक बड़े इलाके के साथ छत्तीसगढ़ उस साल फिर सूखे की चपेट में था। फिर कुछ गाँवों को इसने बुरी तरह झुलसा दिया था। राजधानी रायपुर से सिर्फ़ पच्चीस किलोमीटर दूर दुर्ग ज़िले का वह गाँव इन्हीं में से एक था। 'धान के कटोरे' पर आया वह संकट न तो पिछले एक दो साल में पैदा हुआ था। न एक-दो साल में छंटने वाला था। न ही इस इलाके में आया यह अकेला सूखा था। किंतु, यह एक दूसरी कहानी है।

सूखे के बाद अकाल न पड़े, इसीलिए सरकार ने राहत बाँटने की घोषणा कर दी। किंतु, सूखे के नाम पर राहत की फ़सल अन्नदाताओं के लिए धोखा साबित हुई। इसके साथ ही वह सूखा उसके पहले और बाद के सूखों को समझने में सहायक साबित हुआ।

"ऐ मुन्ना इन्हें कुछ खेत घुमाकर ऑफ़िस ले आना, मैं वहीं बैठा हूँ। तू

कुछ किसानों को खेत में खड़ा कर दो-चार फोटू-बोटू खींचवा दे। बाकी बातें वहीं, ठीक!'' यह बात सरपंच हेम साहू ने मुन्ना को अपनी मोटरसाइकिल देते हुए कही। फिर वे पैदल ही पंचायत भवन की तरफ़ बढ़ गए।

4 फरवरी 2016, सर्द सुबह की बात थी जब मैंने अछोटी गाँव के कई सारे खेत और किसानों की फ़ोटो खींचीं। इसके बाद लौटते समय जगदीश सोनी के दरवाज़े के सामने उनसे बातें कर रहा था तो वे बात-बात पर अचानक फूट पड़ते थे। हर एक को उनका मर्म पता था, क्योंकि खेतों का सूखा पूरे गाँव पर छाया था। उनके साथ पूरा गाँव ही अन्न-पानी की चिंता में डूबा था।

सन् 2016 की जनवरी को राज्य सरकार ने सभी सूखा पीड़ितों को मुआवज़ा देने की घोषणा की तो अस्सी साल के जगदीश सोनी के मन के किसी कोने में यह आस जागी कि चलो उनकी परेशानी थोड़ी तो कम होगी। किंतु, जगदीश सोनी का नाम सूखा प्रभावित किसानों की सूची से गायब था।

बाकी कई किसान एक ही बात दोहरा रहे थे, ''खेत देखना है, चलो खेत, खुद देख लो फ़सल कैसे खड़ी-खड़ी सूख गई! पर पटवारी ने हमारा नाम नहीं लिखा।'' एक किसान मुझे वापस खेत की ओर चलने के लिए ज़िद करने लगा। दरअसल, अछोटी के ही लगभग दो सौ छोटे किसान परिवारों में से सरकार ने सिर्फ़ निन्यानवे को ही सूखा-राहत का पात्र माना था।

कुछ देर में खेत-गाँव से होकर पंचायत लौटे तो सरपंच हेम साहू बहुत सारे ग्रामीणों को साथ लिए मेरी प्रतीक्षा में बैठे थे। वे कोरे कागज़ पर गाँव का नक्शा खींचने लगे। बगैर कुछ पूछे बताने लगे, ''यह देखिए, यह अपना गाँव है, गाँव के पास से यह नहर निकल रही है, इस साल इस नहर से समय पर पानी नहीं छोड़ा गया। इससे नहर किनारे के ये इतने सारे खेत सूख गए।'' मैंने पूछा, ''ऐसे कितने गाँव होंगे?'' उन्होंने लिखवाना शुरू किया—अछोटी, नारधा, चेटवा, मुरंमुंदा, ओटेबंध, गोड़ी, मलपुरी...

मैंने गाँव से बाहर निकलते हुए तत्कालीन कलेक्टर आर. संगीता को कॉल किया। उन्हें अवगत कराया कि सर्वे स्तर पर गड़बड़ियों की शिकायतें बढ़ती जा रही हैं। इस समय अछोटी गाँव में हूँ, जहाँ सौ से अधिक किसान असंतुष्ट हैं। उन्होंने मेरी बात पर असहमति जताई। कहा, ''कुछ लोगों के नाम शायद छूट गए होंगे, लेकिन सर्वे की प्रक्रिया सही है।'' फिर मैंने छत्तीसगढ़ सरकार के तत्कालीन कृषि मंत्री बृजमोहन अग्रवाल से बात की। उनका कहना था, ''सरकार ने अधिकारियों को यह ज़िम्मेदारी दी थी कि वे किसानों को राहत राशि बाँटें,

शिकायतें तो मिलती ही हैं, पर मुझे लगता है कि किसान उतने नाराज़ नहीं हैं जितना विपक्ष बता रहा है।"

उस दिन शाम सात की संपादकीय-बैठक से पहले मैं *राजस्थान पत्रिका* के अपने रायपुर कार्यालय लौट आया और बैठक में इस मुद्दे पर रिपोर्ट फ़ाइल न करने का समाचार सुनाया। असल में रायपुर से सूखा राहत पहुँचाई जा चुकी थी। किंतु, इस राहत-काल को समझने के लिए एक यात्रा अनिवार्य हो चुकी थी। इसलिए, आनन-फानन में कोई सतही रिपोर्ट लिखने की बजाय मैंने उन्हें अगले चौबीस दिन रायपुर की चार अलग-अलग दिशाओं के छह ज़िलों के कई गाँव और खेत-खेत घूमकर सूखा प्रभावितों की व्यथा पर रिपोर्टिंग की एक धारावाहिक योजना बताई। इसे हरी झंडी मिल गई।

इसके बाद मैंने रायपुर को यात्राओं का केंद्र माना और रायपुर से टुकड़े-टुकड़े में चार यात्राएँ कीं। पहले चरण में रायपुर से दुर्ग और राजनांदगाँव, दूसरे चरण में रायपुर से महासमुंद, तीसरे चरण में रायपुर से जांजगीर-चांपा और चौथे चरण में रायपुर से धमतरी ज़िले के ग्रामीण अंचल तक डेढ़ हज़ार किलोमीटर से अधिक लंबी यात्राएँ कीं।

ये यात्राएँ और भी लंबी हो सकती थीं। लेकिन, सूखे की जटिलता को समझने के लिए यात्राओं के दौरान मैंने कई जगह देर तक ठहरना ज़रूरी समझा था। यही वजह है कि वर्षों बाद सूखे के संबंध में मुझे सिर्फ़ घटनाएँ ही दिखाई नहीं देने लगी थीं, बल्कि उनके पीछे के क्रम में एक प्रक्रिया समझ में आने लगी थी और उसके मूल में छिपे कारणों को ढूँढ़ने में मदद मिलने लगी थी। और कुछ बातें पढ़ने की बजाय अपने अनुभवों से जानीं कि सूखा कोई 'फ़ेज़' नहीं है कि आया और चला गया। इसके दूरगामी प्रभाव होते हैं।

~

यात्राओं के दौरान मुझे ध्यान आया कि मेरी हर अच्छी रिपोर्ट उस जगह से होती है जहाँ पीड़ा, दुखों का पहाड़ होता है, दुनिया नरक बन चुकी होती है और मानसिक वेदना तथा उत्पीड़न अपने चरम पर और मानवीयता मरणासन्न होती है। यात्राओं के पीछे मेरी अपेक्षा यह जानने की थी कि सूखे का इतना बड़ा संकट अन्नदाताओं की गृहस्थी को कैसे प्रभावित कर रहा है। इस दौरान मैं समय और जगहों तक पहुँचने की कठिनाइयों का विवरण शामिल नहीं कर सका, लेकिन

उन अनुभवों से जाना कि कैसे बर्बाद हुई फ़सल के बाद मुआवज़ा निर्धारण और वितरण का खेल अन्नदाताओं के साथ एक छलावा बनकर रह गया।

प्रभावितों के लिए आबंटित बजट न के समान सिद्ध हुआ था। हर ओर के दृश्य बयां कर रहे थे कि राहत में चूक तो हुई है। सूखे का एक अर्थ होता है कि सब कुछ पूरी तरह समाप्त नहीं हुआ है। इसी आशा में हरियाली के प्रयास हमेशा जारी रहते हैं। किंतु, सूखे के बाद राहत के सूखे को देखकर लगा कि खेतों की ज़मीन ही नहीं दरक गई थी, हर ओर सत्ता की संवेदना भी दरक गई थी।

अनियमितताओं का आलम यह था कि जब मैं रायपुर लौटकर वापस आया तो मेरे हाथ में लिखित-शिकायतों का एक बड़ा बैग था। कायदे से यह बैग अधिकारियों के लिए था। इसमें कोने-कोने से जमा पत्रों में किसानों के चेहरों की चिंता, उनका दुख, असंतोष और आक्रोश दर्ज था। पत्रों के पुलिंदे में जांजगीर-चांपा के कोरबी गाँव के किसान उमेंद राम ने यह शिकायत की थी कि उन्होंने सरकारी कार्यालयों के कई चक्कर काटे, लेकिन कहीं कोई सुनवाई नहीं हुई।

मैंने कंप्यूटर के सामने फ़ाइल में उमेंद राम की शिकायत को और अधिक विस्तार देती अछोटी गाँव के रिखीराम साहू की पीड़ा टाइप की। रिखीराम की चिंता थी कि गाँव का हर किसान इस तरह भारी कर्ज़ में डूबा है कि कई किसानों के पास अगले साल बोने के लिए बीज भी नहीं हैं। ऐसे में क्या उन्हें अगले साल अपने खेत खाली छोड़ने पड़ेंगे! सीधी बात है कि किसानों की फ़सल खराब होने के कारण उनकी रही-सही जमापूँजी खर्च हो चुकी थी।

उस साल सूखे ने तो किसानों की ज़िन्दगी में गहरा घाव दिया ही, साथ ही सरकारी राहत से भी उन्हें वंचित कर दिया गया था। स्थिति यह बन गई थी कि किसानों के पास खेतों में बोने के लिए बीज तक नहीं बचे थे। इसे देखते हुए अगले साल बुआई की आशा पर भी पानी फिरता दिख रहा था। इसीलिए, जहाँ-जहाँ गया, वहाँ-वहाँ छोटे किसान यही माँग करते दिखे कि सरकार मुआवज़ा राशि न बाँटे। इसकी जगह किसानों का कर्ज़ माफ़ कर दे।

यात्रा में लौटते हुए हमारा शरीर तो साथ लौटता है पर, मन तुरंत नहीं लौटता है। बहुत दिनों बाद लौटता भी है तो पूरा नहीं लौटता है। मैं आँखें खोलकर यादों का एक मार्ग बना रहा होता हूँ तो मुझे याद आता है कि एक बच्चा साइकिल चलाता हुआ सूखे खेतों के संकरे रास्ते से गाँव की ओर जा रहा था और उससे पीछे एक और छोटा बच्चा साइकिल चलाने की ज़िद में चिल्लाता दौड़ रहा था। और उन दोनों के पीछे-पीछे मैं...

पहुँच गया सुकुलदैहान गाँव। राजनांदगाँव ज़िले के इस गाँव में सूखा घर-आँगन की चमक छीन ले गया। असंतुष्ट लोगों ने बताया कि सरकार ने फ़सल घाटे के बदले आठ-आठ हज़ार रुपए बाँटे हैं। उन्होंने चीखते हुए पूछा था कि आठ-आठ हज़ार में होता क्या है? राजनांदगाँव, छत्तीसगढ़ के तत्कालीन मुख्यमंत्री डॉ. रमन सिंह का गृह-ज़िला है। किंतु, यहीं के किसान तब राजधानी रायपुर में बड़े आंदोलन की तैयारी कर रहे थे।

यात्रा के दूसरे चरण में जब मैं जांजगीर-चांपा क्षेत्र पहुँचा तो वहाँ भी प्रशासन की बेतुकी चाल दिखी। वहाँ कई महिला किसानों से मिलना हुआ। गाँवों तक पहुँचकर समस्याओं का विस्तार समझ में आया। जैसे एक पंक्ति में कहूँ तो बहुत सारी महिलाएँ खेती के काम से जुड़ी होने के बावजूद किसान की पहचान से दूर हैं और इन्हें किसी तरह का लाभ देने के बारे में सोचा तक नहीं जाता। खैर, बात यदि राहत तक सीमित भी रखी जाए तो मेरी बात होती है कोरबी गाँव की बिसाहिन बाई यादव से। वे लिख नहीं सकतीं, इसलिए उनका दुख मैंने अपने साथ ले गए कोरे पन्नों पर लिखा।

वे बोलीं, ''एक एकड़ से भी कम ज़मीन है मेरे बेटे के नाम। मुआवज़ा दिया नहीं। बेटे विनोद को तीन महीने से मनरेगा का पैसा भी नहीं दिया।'' बड़ी देर से उनकी आँखें सूखी लग रही थीं, लेकिन बताते-बताते वे भावुक हो गईं। नम आँखों से पूछा, ''घर कैसे चलेगा?'' इस विकट परिस्थिति में प्रदेश के किसानों के सामने सबसे महत्त्वपूर्ण प्रश्न यही था, ''घर कैसे चलेगा?''

दरअसल, शिकायतों के ढेर में एक पते की बात यह भी थी और लंबी पड़ताल के बाद इस पर मुहर भी लग चुकी थी कि संयुक्त परिवारों में रहने वाले पच्चीस एकड़ तक के कई छोटे किसान परिवारों की तीस प्रतिशत से अधिक फ़सल खराब हुई है, फिर भी उनके नाम राहत-सूची से काट दिए गए थे।

बिसाहिन बाई का दुखड़ा जानने के बाद मैंने डेस्कटॉप पर एक डाटा शीट खोली। उन्होंने बताया कि सूखे के बाद अन्नदाता आख़िर इतना बर्बाद, बदहाल और बेबस क्यों है। सच्चाई यह है कि छत्तीसगढ़ में अड़तीस लाख किसान हैं, जिनमें अस्सी प्रतिशत से भी ज़्यादा छोटे किसान हैं, जिनके पास दो एकड़ से भी कम ज़मीन है।

इसी तरह, छत्तीसगढ़ में सैंतालीस लाख हैक्टेयर कृषि ज़मीन है। इसमें अधिकतम तीस प्रतिशत खेती की ज़मीन ही सिंचित है। सीधी बात थी कि सत्तर प्रतिशत से अधिक किसानों के पास सिंचाई का कोई साधन नहीं है। इसमें भी

जिनके पास सिंचाई के साधन थे, वे भी सही समय पर बिजली मुहैया न होने सहित कई कारणों से धान को नहीं सींच सके थे। किंतु, सरकार ने इस श्रेणी के किसानों को मुआवज़ा देने के मामले में कोई विचार नहीं किया तो नहीं ही किया, जबकि इस वर्ष सूखे के कारण भू-जल स्तर काफ़ी नीचे जाने से नलकूप काम नहीं कर रहे थे। वहीं, सिंचाई के दौरान बिजली आपूर्ति में भी भारी कटौती की गई थी।

अपने बड़े बैग से निकालकर मैं एक-एक कर अन्नदाता की वेदना पलटता गया। मुझे दिनेश यादव का शिकायती-पत्र हाथ लगा, जो उन्होंने तब लिखा था जब वे महासमुंद ज़िले के नर्रा गाँव में अपने बड़े परिवार के साथ बैठे थे। उन्होंने बताया कि सरकारी कर्मचारियों ने कार्यालयों में बैठकर ही सर्वे कर दिया। इस वजह से उनके जैसे कई किसानों का हक मारा गया। इस दौरान कुछ किसानों ने यह भी लिखा कि लागत नहीं निकलने के भय से उन्होंने अपनी फ़सलों को मवेशियों के हवाले कर दिया।

इन्हें शासन ने सूखा राहत-सूची के योग्य नहीं माना। इसके अलावा शिकायत करने वालों में जिनके नाम थे वे राहत-सूची में तो थे, फिर भी मुआवज़ा न मिलने की देरी से अधीर हो रहे थे। राहत ऊपर से रिसते-रिसते वहाँ तक आने से पहले ही सूख रही थी। वहाँ जाकर जाना कि सूखा तो बुरा होता ही है, पर सूखे से बुरा होता है सूखे के नाम पर राहत की झूठी आस जगाना।

समाचारों की पुरानी कतरनों के सहारे कुछ दिन पीछे जाएँ तो शुरुआत में राज्य की तत्कालीन रमन सिंह सरकार ने केंद्र की नरेन्द्र मोदी सरकार से सूखा राहत के लिए छह हज़ार करोड़ रुपए माँगे थे। केंद्र ने सिर्फ़ बारह सौ करोड़ रुपए का राहत पैकेज दिया। राज्य सरकार ने करीब आठ सौ करोड़ रुपए की राशि सूखा पीड़ित किसानों को मुआवज़ा बाँटने के लिए रखी। इस बीच फरवरी के आख़िरी दिनों तक राजस्व और आपदा प्रबंधन विभाग के अधिकारियों का यह मानना था कि प्रदेश में मुआवज़ा वितरण का काम पूरा हो चुका है। अब इससे अधिक राशि बाँटने की ज़रूरत नहीं है।

इस दौरान मैंने कई बार कई-कई किसानों की शिकायतें विभाग के तत्कालीन सचिव के.आर. पिस्दा के सामने रखीं। किंतु, उन्होंने बातों-ही-बातों में बताया, ''किसी ज़िले से सूखा राहत के लिए और अधिक राशि की माँग नहीं आने के बाद यह निर्णय लिया गया है कि अब इससे अधिक राशि बाँटने की ज़रूरत नहीं है।'' मैंने उनकी और उनके जैसे तमाम नीति निर्धारकों की प्रतिक्रियाओं को

वर्ज़न के तौर पर अपनी शृंखलाबद्ध ख़बरों में छापा। उनके वर्ज़न से स्पष्ट था कि विभाग ने सूखा पीड़ितों में सिर्फ़ तीन सौ अस्सी करोड़ रुपए की राशि बाँटी। अर्थात् केंद्र से आई राशि में से आठ सौ करोड़ रुपए से अधिक की राशि बच गई।

दूसरी तरफ़, जांजगीर-चांपा में बलौदा क्षेत्र के मनरेगा मज़दूरों का तीन महीने से भुगतान नहीं हुआ। विषम परिस्थितियों में जब मैं देश के एक और निर्धनतम और सूखे इलाके तक पहुँचा तो देखा कि वहाँ पलायन दस्तक दे चुका था। पलायन का नाम आते ही न जाने क्यों मेरे दिमाग में धड़धड़ाती हुई बहुत सारी रेलगाड़ियों की आवाज़ें आपस में मिल-जुल जाती हैं।

इसके अलावा, एक अनकही आवाज़ मेरे भीतर से भी उठ रही होती है। और इसके साथ वह दृश्य भी, जो कई साल पहले झाँसी रेलवे स्टेशन का है, जिसमें एक डिब्बे के बाहर पैर रखने की जगह ढूँढ़ती आँखों के बीच मुझे शौचालय से सटे दरवाज़े पर अपने बच्चे को कंधे पर लादे बैठी एक महिला का कभी बयां न हो सकने वाला चेहरा दिखाई देने लगता है।

इसके पहले मैं देख चुका था कि जांजगीर-चांपा ज़िले के कोरबी गाँव में भी कई घरों पर ताले लटके थे। वे गरीबी-रेखा के नीचे जीवन जीने वाले परिवारों के घर थे। सूखे से परेशान उस इलाके के कई परिवार अपनी रोज़ी-रोटी की तलाश में गाँव छोड़ चुके थे। अधिकतर आदिवासी परिवार नागपुर, मुंबई और पुणे जैसे बड़े शहरों की ओर चल पड़े थे। ज़िंदा रहने की रणनीति के तहत वहाँ हर तीसरे घर में कोई-न-कोई आदमी गाँव छोड़कर मज़दूरी के लिए बाहर जा चुका था।

पेट और अनाज की अधूरी इच्छाओं के बीच की दूरी को पाटने के लिए कई ज़िन्दगियाँ दर-दर भटक रही थीं। उस समय तक घास-फूस या खपरैल के घरों और ईंट, पत्थर या माटी की बनी जर्जर दीवारों को उनके हाल पर छोड़ खेतिहर किसानों की बड़ी आबादी पलायन कर चुकी थी।

यात्रा के तीसरे चरण में मैं महासमुंद क्षेत्र पहुँचा तो देखा कि भूख और पलायन की यही प्रेतछाया यहाँ के बागबाहरा, पिथौरा, बसना, झलप, सरायपाली और भंवरपुर जैसे अनगिनत गाँवों तक पहुँच चुकी थी। होली के बाद वहाँ हर तीसरे घर पर ताले लटके थे। परिजन अपने पीछे बुझे हुए चूल्हे छोड़ गए थे जिनके बारे में उन्हें भी पता नहीं था कि वे कब जलेंगे।

इधर, रायपुर में पलायन को लेकर पिस्दा से मैंने फ़ोन पर बात की तो उनका कहना था, "पलायन हर साल ही होता है, पर हमारे पास किसी भी ज़िले

से अब तक पलायन की सूचना नहीं आई है।'' तब उनसे मेरा अगला सवाल था कि इस साल मनरेगा के तहत कितने मज़दूरों ने काम माँगा? जवाब था, ''तेरह लाख मज़दूरों ने काम माँगा।''

असल में सरकार सूखे से निपटने के नाम पर मुआवज़ा बाँटने का दिखावा कर रही थी। राहत की राशि वैसे ही कम कर दी और उस पर भी अनियमितताओं की बाढ़ आई हुई थी। किसानों को उस समय ही विशेष संरक्षण देने की ज़रूरत थी। छत्तीसगढ़ में एक बड़ा वर्ग उसी समय मजबूरी में पलायन करता है। स्थितियाँ और अधिक बिगड़ीं तो डर लगता है कि कहीं कोई अन्नदाता मौत को गले न लगा ले।

इस परिस्थिति में अन्नदाताओं को मनरेगा के भरोसे नहीं छोड़ा जा सकता था। किंतु, उन्हें तो भगवान भरोसे छोड़ा जा चुका था। कई और पत्रों में बंद पीड़ाओं को खोलते-खोलते मेरा दिमाग खराब होने लगा था। मैंने अपने कमरे का दरवाज़ा बंद किया, हाथ में रखे इन शिकायती पत्रों को वापस बैग में डाला, लाइट बुझाई और मोबाइल पर एक फ़िल्म देखने लगा...

छह साल का दीनू आत्महत्या करने वाले हर किसान के अंतिम-संस्कार के दौरान शवों के नीचे रखे सिक्कों को चुपके से उठा-उठा कर जमा करता जाता था और अंत में जब उसी के हाथों उससे उसके पिता के शव के नीचे सिक्के रखे जाने का संस्कार कराया जाता है तो कलेजा मुँह को आ गया।

आख़िरी दृश्य में घर के आँगन से किसान का शव ले जाते समय किसान की पत्नी अलका घर के आँगन में फूट-फूटकर रो रही थी। किंतु, मैं उसका रुदन भी नहीं सुन सकता था। वजह, किसान की गर्भवती विधवा की सारी आवाज़ें निर्देशक ने म्यूट कर दी थीं। इसलिए, पिछले सभी दृश्य एक-दूसरे को खामोशी से साधे गुज़रते जा रहे थे और मैं बस मूक दर्शक बन देर रात छटपटाता रहा।

यह दृश्य मराठी फ़िल्म 'ग्राभिचा पाऊस' का था। इस मार्मिक कथानक में निर्देशक सतीश मन्वर ने विदर्भ के एक गाँव में सूखे की स्थिति से जूझते किसानों की दशा को उजागर किया है। इसमें बताया गया है कि कैसे एक छोटे किसान की आत्महत्या की आशंका में उसका पूरा परिवार जीता है। किसान को बचाने के हरसंभव प्रयास के बावजूद पूरा परिवार कैसे उसे नहीं बचा पाता है। किसना नाम का यह किसान एक के बाद एक कई कठिन परिस्थितियों का सामना करता रहता है और कपास की एक अच्छी फ़सल पाने के लिए एक के बाद एक हर चीज़ गंवाता जाता है।

किसान की पत्नी अलका पहली बार किसना के भीतर अपने परिवार से बढ़ रही दूरी को बहुत समीप से देखती है। असल में सूखे की उदासीनता के बीच वह किसना के चेहरे पर आत्महत्या की परछाईं देख रही होती है। वह अपने बेटे दीनू और सास को उस पर हर समय नज़र रखने के लिए कहती है। वह किसना को खुश करने और परिवार के प्रति आकर्षित करने के लिए तरह-तरह के जतन करती है। कभी उधारी का सामान लेकर मीठे व्यंजन बनाती है तो कभी खुद सज-संवरकर रिझाती है। किसना में जीने की अदम्य इच्छा-शक्ति है और वह खेत तो दूर उस पेड़ को बेचने के लिए भी राज़ी नहीं है जिसके आस-पास उसके बचपन की कई सुखद यादों का घेरा है।

किसना पत्नी के ज़ेवरों को गिरवी रखकर नागपुर से कपास के बीज खरीदता है। मानसून की देरी से बीज खेत में फूट नहीं पाते हैं तो बाकी के ज़ेवर भी बेचकर फिर बीज खरीदता है। नई फ़सल आने पर बच्चा नई शर्ट का सपना पालता है। परंतु, फिर एक बार बरसात की अनियमितता से परिवार के हिस्से सिर्फ़ दो क्विंटल कपास आता है, उसे भी सूदखोर पुराने कर्ज़ की भरपाई की एवज में घर से जबरन उठा ले जाता है। सारे के सारे फिर खाली हाथ रह जाते हैं। मगर, यहाँ तक भी किसना का साहस जवाब नहीं देता है।

वह शहर के एक बैंक जाता है और कर्ज़ लेकर बोरवेल खुदवाता है। परंतु, बिजली की नियमित आपूर्ति न होने से उसका बोरवेल काम नहीं करता है। दर्शकों को लगता है कि यह किसान पता नहीं कब टूटकर आत्महत्या कर लेगा। परंतु, किसान आख़िर तक नहीं थकता है। उसकी मौत होती है। परंतु, आत्महत्या से नहीं। ट्रांसफ़ार्मर के तारों से देर रात बिजली चुराने के दौरान करंट लगने से सुबह खेत में उसका शव पड़ा मिलता है। सुबह,वह इस व्यवस्था के बीच उलझकर दम तोड़ चुका होता है।

जब मैं यात्रा के आख़िरी चरण में छत्तीसगढ़ में धमतरी ज़िले पहुँचा तो यहाँ के छोटे किसान रतन साहू की कहानी सुनकर मेरी आँखों के सामने पल भर में 95 मिनट लंबी 'ग्राभिचा पाऊस' फ़िल्म की रील दौड़ गई। रतन साहू ने बीते साल सूखे के कारण अपने खेतों में धान सींचने के लिए पंप खरीदा था। उसे स्थानीय साहूकार से कर्ज़ लेना पड़ा।

अपनी फ़सल बचाने के लिए उसे इसके अलावा कोई चारा नहीं दिख रहा था। इससे आगे की कहानी किसना से बहुत मिलती-जुलती थी। छत्तीसगढ़ के ग्रामीण अंचल को चिन्हित कर तब मैं सूखे के बाद राहत नाम के धोखे को एक

निश्चित क्षेत्र तक सीमित करके ज़रूर देख रहा था, किंतु अपने अनुभवों से कह सकता हूँ कि यही हाल भारत के दूसरे सूखाग्रस्त गाँवों में देखा जा सकता है।

दरअसल, देशभर के बाकी किसानों का भी यही हाल है। जिसमें वे एक ओर सूखा जैसी आपदा, सरकारी अनदेखी, बाज़ार के दबाव और निवेश के अभावों के बीच अपने हाड़तोड़ परिश्रम से ज़मीन से अनाज उगाने के लिए संघर्ष कर रहे हैं और दूसरी ओर पूरी व्यवस्था 'अपराधी' लगने लगी है जिसमें दलाल, नेता और सूदखोर किसान का खून चूस रहे हैं।

यात्रा के बाद और बगैर किसी यात्रा के बावजूद लिखने पर जब अपना ही लिखा पढ़ता हूँ तो बहुत साफ़ यह अंतर समझ आता है कि यात्राएँ किसी लेखक या पत्रकार को यथार्थ के अनुभवों से पूर्ण कर उसके लेखन को समृद्ध बनाती हैं। उदाहरण के लिए, किसानों के बारे में लिखे अपने यही विवरण जब मैं इस कल्पना के साथ पढ़ता हूँ कि मैंने ऐसी कोई यात्रा की ही नहीं थी तो अपना लिखा हुआ भी 'अतिशयोक्ति' लगने लगता है।

अपना संस्मरण लिखने से पहले उत्तरप्रदेश के सूखे की रिपोर्टिंग करते हुए किसी पत्रकार का यह संस्मरण पढ़ा तो एक क्षण मुझे भरोसा ही नहीं हुआ कि, 'मृत किसान की पोस्टमार्टम रिपोर्ट में उसके शरीर के अंदर 35 ग्राम अन्न का पचा हुआ गुदा मिला जो लगभग सात दिन पुराना था।'

इसी तरह, ओडिशा के दाना मांझी ने दस-बारह किलोमीटर तक अपनी पत्नी का मृत शरीर ढोया था। उसके पास इतने पैसे भी नहीं थे कि वह एक कफ़न की व्यवस्था कर पाता। ऐसे अनगिनत संस्मरण हैं जो वर्षों तक मन-मस्तिष्क पर नमी छोड़ते हैं।

यही वजह है कि पीड़ित और पर-पीड़ित लेखक अपने अनुभवों से अपने समय का सबसे ज़िम्मेदार गवाह बनता है जो अपने लेखन से अपने समय की गवाही भी दे रहा होता है। यात्राओं से लौटकर जब भी मैंने लिखा है तो अपने समय के एक ज़िम्मेदार गवाह की तरह इस बात को भी ध्यान में रखा है कि मैं मनुष्यता के पक्ष में कितनी अच्छी तरह से गवाही दे पा रहा हूँ।

अगली कड़ी में आख़िरी जनगणना के आँकड़ों ने भूख और कर्ज़ के बोझ तले खेती-बाड़ी की बिगड़ती हालत की ओर मेरा ध्यान दिलाया। बीते एक दशक के दौरान छत्तीसगढ़ में किसानों की संख्या बारह प्रतिशत तक घट गई थी। इसी अवधि में सत्तर प्रतिशत खेतिहर मज़दूर बढ़ गए थे। 'धान के कटोरे' में खेतिहर मज़दूर बनने वाले अधिकतर छोटे किसान ही थे। कहीं औद्योगिक परियोजना,

तो कहीं विकास के लिए भूमि-अधिग्रहण, तो कहीं खेती में बार-बार घाटा सहते रहने के कारण इस तबके ने अपने खेतों से तौबा कर ली थी।

इसके आगे किसानों का अपने खेतों से पलायन करना एक तरह से आत्महत्या के बराबर ही है। वजह, खेती इनके खून में बहती थी, खेती इनकी दुनिया थी, ये खेती से जीते थे, ये खेती से खाते थे, खेती ही जानते थे और खेती के अलावा कुछ नहीं जानते थे।

मैंने एक छोटी-सी पड़ताल के बाद जाना कि छत्तीसगढ़ में अस्सी प्रतिशत छोटे-मझौले किसान हैं। अधिकांश असिंचित रकबा इन्हीं के पास है, जो मानसून पर निर्भर होने के कारण साल में एक बार ही फ़सल ले पाते हैं। सूखे की मार भी सबसे अधिक इन्हीं पर पड़ती रही है। राहत की राजनीति के शिकार भी सबसे पहले यही बनते हैं। इनमें अधिकांश आदिवासी और दलित हैं। यही लोग बड़ी संख्या में काम के लिए पलायन करते हैं। किंतु, सरकार की ओर से इन क्षेत्रों में मनुष्य, पशुधन और फ़सल पर पड़ने वाले विषम जलवायु के बुरे प्रभावों से बचाने के कोई टिकाऊ प्रयास नहीं दिखते।

नौकरशाह हरकत में तभी आता है जब बीज रोपण अवधि का आधे से कहीं अधिक समय बगैर पर्याप्त बरसात के गुज़र जाता है। प्रभावशाली वर्ग के लिए यही एक नई फ़सल बुआई का मौसम होता है। इसी समय सरकार की पीठ पर चढ़कर वह इन सूखे क्षेत्रों में एक और फ़सल काटता दिख रहा होता है।

नया राज्य बनने के करीब दो दशकों में सिंचाई का रकबा तेईस से बढ़कर महज़ बत्तीस प्रतिशत तक ही पहुँच सका। इसका एक अर्थ है कि सरकार ने इस ओर कभी विशेष ध्यान नहीं दिया। सिंचाई की असुविधा के कारण नब्बे प्रतिशत किसान साल में एक बार ही फ़सल लेते रहे। यही वजह है कि 'राष्ट्रीय नमूना सर्वेक्षण संगठन' की रिपोर्ट बता रही थी कि दो हैक्टेयर तक की ज़मीन पर खेती करने वाले छोटे या सीमांत किसान उसकी आमदनी से औसत मासिक खर्च की भरपाई नहीं कर पाते। अनुभव बता रहे थे कि किसी साल फ़सल अच्छी हो और सही समय पर कटाई भी हो तब भी छोटे किसान की सारी परेशानी हल नहीं हो जाती है।

दरअसल, इसके बाद दूसरी कष्टदायक यात्रा होती है। यह शुरू होती है फ़सल को खरीद-केंद्रों तक ले जाने वाली महँगी ढुलाई से। इस बीच स्थानीय स्तर पर बिचौलियों को खेत से ही औने-पौने दाम पर फ़सल खरीदने का मौका मिल जाता है।

दरअसल, छोटे किसानों के पास अनाज के भंडारण की व्यवस्था नहीं होने से वे दो-चार महीने धान को नहीं रोक सकते। इसलिए, बाज़ार में फ़सल के दामों में बढ़ौतरी का भी इन्हें लाभ नहीं मिल पाता। किंतु, किसान की आय दोगुनी तक बढ़ा देने के सभी सरकारी दावों के बीच सबसे बड़ा मुद्दा यह है कि उसे उसकी फ़सल का उचित दाम क्यों नहीं दिलाया जा सका है?

सरकारी आँकड़ा है कि सत्रह राज्यों यानी आधे देश के किसान परिवारों की औसत आय बीस हज़ार रुपए सालाना है। इससे कहीं ज़्यादा रुपए तो हम ऑफ़िस आने-जाने में खर्च कर देते हैं। एक ओर डीज़ल, खाद, पानी, बिजली और बीज के दाम लगातार बढ़ते रहे। दूसरी तरफ़, किसान को अपनी फ़सल का न्यूनतम मूल्य मिलना तक दूभर होता रहा। इस देश की कृषि-नीति उत्पादन बढ़ाने के लिए तो है। लेकिन, इसमें किसान की उपज का दाम बढ़ाने को प्राथमिकता नहीं दी गई है।

दरअसल, बीमारी कुछ और है और दवाइयाँ दूसरी पिलाई जा रही हैं। संकट कुछ और है और समाधान कहीं और ढूँढ़े जा रहे हैं। संकट किसानों की आमदनी का है और समाधान के नाम पर राहत बाँटने का दिखावा किया जा रहा है। सरकारी आश्वासन, सब्सिडी, राहत और मनरेगा बस कुछ समय की मरहमपट्टी हैं।

असल में किसान इस देश का सबसे बड़ा वोट-बैंक ही नहीं लैंड-बैंक भी है। इसलिए, विकास की आड़ में ऐसी परिस्थिति बनाई जा रही है कि गाँवों के छोटे किसानों की बड़ी आबादी शहरों की ओर आकर विभिन्न क्षेत्रों में मज़दूर बन हाथ बँटाए और इसी के समानांतर चंद पूँजीपतियों के लिए बड़े पैमाने पर भूमि-अधिग्रहण हो। कुछ इस प्रकार की परिस्थिति बना दी गई है कि हर स्थिति में किसान गरीब ही रहेगा। लेकिन, गाँवों में सरकारी नीतियों से पीड़ित मज़दूर किसान, मछुआरा किसान, महिला किसान, आदिवासी किसान, भूमिहीन किसान, उजड़े किसान और खेत मज़दूर के दर्द का उफ़ान खेती-बाड़ी को पार कर पूरे शहर का संकट भी बन गया है। रोज़गार का संकट वहाँ भी गहराता जा रहा है।

प्रेमचंद की *गोदान* से लेकर कई नवीनतम रचनाओं तक हिन्दी साहित्य की यात्रा अन्नदाता की दयनीयता को बयां करती है। आठ दशकों के इस समय में खेती-बाड़ी शहरी सभ्यता के गर्त में चली जा रही है। भूमि-सुधार बहुत पहले सम्पन्न मान लिया गया है। भूमि-अधिग्रहण का मुँह दिन-ब-दिन फैलता जा रहा है। आर्थिक सुधारों के दौर में किसानों का खेतों से बेदखली का कार्यक्रम चरम

पर है। सामंतवाद कॉरपोरेट और मुक्त-बाज़ार में बदल रहा है, जबकि गाँव में सूदखोरी के हालात जस-के-तस हैं।

ऐसे में अवध के बाद अब विदर्भ, मराठवाड़ा, आंध्र, तेलंगाना, तमिलनाडु, पंजाब, हरियाणा, बुंदेलखंड और देशभर के किसानों के आगे की यात्रा और अधिक कठिन और यातनापूर्ण होती जा रही है, इसलिए लेखन की संवेदना की सीमा मध्यमवर्गीय समस्याओं के पार गाँव, खेत और किसान के और अधिक नज़दीक पहुँचने की माँग कर रही है।

और अंत में विदा

15 जुलाई, 2017 को सुबह 11 बजे *आज़ाद हिन्द* ट्रेन से पुणे के लिए रवाना होते ही बेमन से अब एक और शहर रायपुर भी छूटने लगा। रायपुर में ढाई साल पहले मैंने पहले दिन से ही खुद को एक मेहमान समझा था। अब जाने का समय है तो लगता ही नहीं इतना समय कैसे इतनी जल्दी गुज़र गया! लग रहा था कि अब एक और 'भोपाल' छूटने को है।

वर्ष 2002 में भोपाल एक्सप्रेस से दिल्ली रवाना हुआ था, तो पीछे पूरी दुनिया छूटती दिखाई दी थी और तब पहली बार भोपाल शहर का महत्त्व पता चला था। अपनी जीवन-यात्रा में अब तो आदत हो चली है जब धड़धड़ाती ट्रेन के साथ एक के बाद एक दो-तीन शहर और उनके साथ उतने ही संसार पीछे छूटते देखता हूँ।

अब जब कई शहर एक जैसे बनाए जाने के लिए तेज़ी से बदले जा रहे हैं, तब भी हर शहर का वही संसार यादों में बसा है और वैसा ही दिखता है जैसा सालों पहले छोड़ा था। यही एहसास याद दिलाता है कि कोई शहर जहाँ का तहाँ स्थित रहकर भी आपके चलते ही पीछे तो छूट जाता है! रायपुर के छूटते ही बतौर पत्रकार मेरी मुख्यधारा की पत्रकारिता के आगे अल्पविराम लग रहा है।

रायपुर को सलाम!

16 जुलाई, 2017 की सुबह पुणे स्टेशन पर उतर गया हूँ...

❑❑❑

स्थापित 1912
100 वर्षों की श्रेष्ठ प्रकाशन परम्परा
राजपाल

राजपाल एण्ड सन्ज़ की स्थापना एक शताब्दी पूर्व 1912 में लाहौर में हुई थी। आरम्भिक दिनों में अधिकतर धार्मिक, सामाजिक और देश-प्रेम की पुस्तकें प्रकाशित होती थीं और हिन्दी के अतिरिक्त अंग्रेज़ी, उर्दू व पंजाबी भाषा में भी पुस्तकें प्रकाशित की जाती थीं।

1947 में भारत-विभाजन के बाद राजपाल एण्ड सन्ज़ को नए सिरे से दिल्ली में स्थापित किया गया और साहित्यिक पुस्तकों के प्रकाशन का आरम्भ हुआ। रामधारी सिंह दिनकर, महादेवी वर्मा, बच्चन, अज्ञेय, शिवानी, आचार्य चतुरसेन, विष्णु प्रभाकर, राजेन्द्र यादव, मोहन राकेश, रांगेय राघव, कमलेश्वर और अन्य साहित्यिक लेखकों की कृतियाँ यहाँ से प्रकाशित होने लगीं। राजपाल एण्ड सन्ज़ से प्रकाशित *मधुशाला, कुरुक्षेत्र, मानस का हंस, आवारा मसीहा, कितने पाकिस्तान, आषाढ़ का एक दिन* जैसी पुस्तकें हिन्दी साहित्य की 'क्लासिक पुस्तकें' मानी जाती हैं और आज भी लोकप्रियता के शिखर पर हैं। भारत के राष्ट्रपतियों और प्रधानमंत्रियों की पुस्तकें प्रकाशित करने का गौरव भी राजपाल एण्ड सन्ज़ को प्राप्त है। नोबेल पुरस्कार से सम्मानित अर्थशास्त्री डॉ. अमर्त्य सेन की सभी पुस्तकों के हिन्दी अनुवाद यहाँ से प्रकाशित हैं। अन्तरराष्ट्रीय चर्चित पुस्तकों के अनुवाद, विश्वविख्यात कोशकार डॉ. हरदेव बाहरी द्वारा सम्पादित 'राजपाल' शब्दकोशों की श्रृंखला और किशोरों के लिए सैकड़ों पुस्तकें राजपाल एण्ड सन्ज़ से प्रकाशित हुई हैं।

पाठकों के स्वस्थ और सुरुचिपूर्ण मनोरंजन और ज्ञानवर्धन के लिए समर्पित राजपाल एण्ड सन्ज़ से हिन्दी और अंग्रेज़ी में पुस्तकें प्रकाशित होती हैं जो देश के सभी बड़े पुस्तक-विक्रेताओं और विश्व भर के ऑनलाइन विक्रेताओं के यहाँ उपलब्ध हैं।

राजपाल एण्ड सन्ज़

1590 मदरसा रोड, कश्मीरी गेट, दिल्ली-6, फोन: 011-23869812, 23865483
email: sales@rajpalpublishing.com, facebook: facebook.com/rajpalandsons
website: www.rajpalpublishing.com